JAMES WALVIN

BREVE HISTORIA DE LA ESCLAVITUD

Título original: *A Short History of Slavery*

Copyright © 2007 by James Walvin
© de la traducción: Carlos Acevedo, 2020
© de esta edición: Kalandraka Editora, 2020
Rúa de Pastor Díaz, n.º 1, 4.º B - 36001 Pontevedra
Tel.: 986 860 276
editora@kalandraka.com
www.kalandraka.com

Colección ÁGORA K

Faktoría K de libros es un sello editorial de Kalandraka
Ilustración de portada: Adrià Fruitós

Impreso en Book Print Digital, L'Hospitalet
Primera edición: octubre, 2020
Segunda edición: noviembre, 2020
ISBN: 978-84-16721-68-9
DL: PO 288-2020
Reservados todos los derechos

JAMES WALVIN

BREVE HISTORIA DE LA ESCLAVITUD

TRADUCIDO POR CARLOS ACEVEDO

Introducción
Esclavitud y abolición

El Reino Unido y los Estados Unidos prohibieron su propia trata de esclavos en el Atlántico en los años 1807 y 1808, pero dicho comercio sobrevivió (sobre todo en Brasil y en Cuba) hasta su desaparición en la década de 1860. A lo largo de los tres siglos y medio anteriores, se habían transportado, aproximadamente, doce millones de africanos a bordo de los buques negreros del Atlántico. De ellos, unos diez millones y medio sobrevivieron hasta desembarcar en América. La mayoría de las grandes potencias navales de Europa occidental y de América participaron, en mayor o menor medida, en aquel sistema de tráfico de esclavos. Sin embargo, fueron los británicos quienes, llegados a la mitad del siglo XVIII, demostraron ser los más competentes en las sórdidas técnicas necesarias para transportar grandes cantidades de africanos de manera rápida y rentable hasta las plantaciones americanas.

Tras la abolición de la trata de esclavos, y ya en el siglo XIX, llegó el confuso y azaroso desmantelamiento de la esclavitud negra por toda América, comenzando con la sublevación de los esclavos de Haití en la década de 1790, hasta la emancipación de los escasos esclavos que quedaban en Brasil en 1888. Gran Bretaña puso fin a la esclavitud en sus colonias entre los años 1833 y 1838 mediante una ley del Parlamento (y abonando una estratosférica indemnización a los propietarios de esclavos). En cambio, en los Estados Unidos, la abolición de la esclavitud desencadenó el derramamiento de sangre que supuso la guerra civil (1861-1865).

De principio a fin, la esclavitud fue un sistema caracterizado por la brutalidad. Además, tuvo grandes consecuencias en tres continentes: en América, cuyo potencial económico se puso en marcha gracias a las generaciones de esclavos traídos de África; en Europa, que organizó todo el sistema y se benefició de él y, por supuesto, en África, cuya enorme pérdida de población, con la consiguiente violencia y agitación social, generó un daño incalculable y duradero. Pero la esclavitud atlántica tuvo unas consecuencias más profundas de lo que pueda sugerir esta breve afirmación, pues constituyó un factor fundamental en la transformación de Occidente. La esclavitud fue el medio que permitió a Occidente erigirse en una posición de dominio económico y político indiscutible. En otras palabras, la mano de obra esclava africana, trasladada a América, fue imprescindible para la creación de la riqueza occidental y el consiguiente arrinconamiento de otras regiones y pueblos frente al poder global de Occidente.

Estamos, pues, ante un período histórico que es importante no solo por sí mismo, sino por su influencia en un panorama histórico mucho más amplio, mucho más de lo que se suele creer. En todo caso, la historia de la esclavitud atlántica es interesante por muchas otras razones, a veces desconcertantes. A los lectores y estudiantes modernos a menudo les cuesta concebir que se pudiera infligir semejante sufrimiento a tantas personas, a una escala tan grande, con tan poca vacilación y sin ningún tipo de escrúpulo. Es como si la esclavitud atlántica fuera una actividad moralmente neutra para quienes participaban en ella de forma más activa (que eran decenas de miles), desde los marineros más humildes hasta los mayores terratenientes y tratantes de esclavos. La historia de la esclavitud está plagada de relatos de personas occidentales (sobre todo blancas) dedicadas a traficar con seres humanos negros de la manera más grotesca, pero sin darse cuenta de lo que hacían. Los capitanes negreros, los hacendados y las autoridades coloniales (que solía ser gente muy temerosa de Dios) recogían en sus diarios y libros de contabilidad los más violentos y degradantes relatos de cómo trataban a los esclavos, y sin el menor atisbo de duda respecto a sus actos.

Las vacilaciones morales y religiosas apenas se cuelan entre las descripciones de sus actividades profesionales, centradas en el trato cotidiano y directo con los africanos y sus descendientes esclavizados. También es verdad que esta historia tiene otra cara. De principio a fin, siempre hubo personas conscientes que se sentían incómodas ante la esclavitud africana, y que se daban cuenta de los problemas teológicos y morales que suponía este hecho, pero, normalmente, estaban fuera de los entornos esclavistas. En general, esas voces quedaban marginadas o silenciadas por el poder del comercio internacional y bajo la seductora música de aquel lucrativo negocio realizado a costa de los esclavos africanos. El bienestar material que la esclavitud reportaba era tan abundante y universal –excepto para los esclavos, claro– que las objeciones morales parecían fuera de lugar. ¿Por qué preocuparse por los africanos cuando sus esfuerzos daban tanta riqueza a tanta gente de ambas orillas del Atlántico?

Visto desde hoy, todo nos parece muy extraño, de todo punto incompatible con la sensibilidad y valores actuales. Y del mismo modo, dentro del contexto general de la esclavitud transatlántica, existe otro curioso desafío para los lectores modernos. Aunque, durante siglos, la esclavitud apenas causó reparos morales en Occidente, al final acabó en el centro de un torbellino de indignación y rechazo ético. Aquella institución que había perdurado durante siglos sin suscitar demasiada oposición acabó considerándose una ofensa a los valores cristianos y una mancha en la conciencia occidental. Es evidente que algo había cambiado. ¿Qué había sucedido para que la esclavitud (y la trata) se convirtiera en semejante monstruo inmoral e irreligioso? Si la trata de esclavos y la esclavitud eran tan inmorales y anticristianas en 1830, por poner un ejemplo, ¿por qué no se pensaba lo mismo en 1730 o en 1630? ¿Acaso la esclavitud había cambiado? ¿Era Occidente el que había cambiado? ¿O es que la esclavitud acabó desempeñando un papel totalmente distinto en el ámbito occidental?

En el presente libro, intento abordar estas cuestiones describiendo a grandes rasgos tanto la historia de la esclavitud atlántica como su decadencia y desaparición. Se trata de un estudio de la esclavitud en el ámbito atlántico poscolombino y termina centrándose en los británicos, que fueron los principales armadores negreros durante el lamentable apogeo de esta actividad a mediados del siglo XVIII. También he intentado situar el relato de la esclavitud transatlántica dentro de un contexto histórico más amplio, repasando algunos de sus antecedentes principales, y termino recordando que la esclavitud no se acabó con la erradicación de la esclavitud negra de América.

El libro se presenta en dos niveles: en primer lugar, se muestra una historia narrativa, que va avanzando a lo largo de los capítulos de forma cronológica. En cada capítulo se añade una selección de fragmentos extraídos de documentos, en los que se ilustran los temas desarrollados en el texto. Sin embargo, el libro no es un simple comentario de una selección documental. Cada parte –tanto mis palabras como los textos citados– presenta argumentos paralelos, pero relacionados, y como tales deben valorarse.

Primera parte

La esclavitud antes de la Edad Moderna

1. LA ESCLAVITUD EN EL MUNDO CLÁSICO

La esclavitud era omnipresente en las sociedades de la Antigüedad. Prosperó en el antiguo Egipto, donde se esclavizaba a los africanos del sur, y fue una institución fundamental en las civilizaciones clásicas de Grecia y Roma y sus correspondientes imperios y colonias. Posteriormente, la esclavitud se expandió de la mano del islam. En todas esas sociedades, el número de esclavos se iba incrementando por crecimiento vegetativo, gracias a los hijos de las mujeres esclavizadas, pues estos ya nacían esclavos. Además también conseguían esclavos de fuera de sus territorios, y así surgieron las rutas de trata por las que circulaban los esclavos –como cualquier otra mercancía– desde las regiones más remotas hasta los mercados de esclavos y las capitales de Egipto, Grecia, Roma y los territorios musulmanes. El método de esclavización inicial más común consistía en la violencia. Así fue como el antiguo Egipto absorbió ejércitos de esclavos nubios y somalíes, capturados en el sur y trasladados al norte para trabajar en las tareas más duras y en los ejércitos, mientras que a las mujeres se las solía esclavizar para el trabajo doméstico y como concubinas. Los esclavos también eran muy comunes en las ciudades griegas, donde había igualmente una separación por sexos a la hora de asignar tareas pesadas y tareas domésticas. Esa mano de obra esclava era lo que permitía a los griegos liberarse de las tareas y obligaciones cotidianas y participar en diversas actividades cívicas. Así pues, no deja de ser irónico que, en determinados momentos importantes, la esclavitud fuese fundamental para la vida democrática de los griegos.

La esclavitud romana nos resulta más familiar, quizá por ser más reciente y estar mejor documentada. Los grandes éxitos de las legiones romanas a lo largo del Imperio, desde el Oriente Próximo hasta el norte de África y el norte de Europa, suministraban ejércitos de esclavos al centro del Imperio, tanto para las ciudades como para las labores agrarias e industriales. Los esclavos romanos estaban presentes en todas partes. Se ha calculado que, en el momento de mayor esplendor del Imperio, las victorias militares podían proveer a Roma de más de medio millón de esclavos al año. El sistema de la esclavitud transatlántica, que nos resulta más conocido y consistía en la esclavización de los cautivos por medios violentos para su posterior transporte a grandes distancias, también era común en los sistemas de la Antigüedad. Entre el 15 y el 35 por ciento de la población de Atenas, y tal vez un tercio de la población romana, estaba formado por personas esclavizadas. Desde el punto de vista económico, no hay duda de que valía la pena transportar esclavos, a pie o por mar y a lo largo de grandes distancias –desde Nubia hasta Egipto, desde Britania hasta Roma, desde el mar Negro hasta Grecia–, y era tan rentable como, posteriormente, enviar esclavos en barco desde África hasta América. Los esclavos acabaron llegando hasta los últimos rincones de las economías y sociedades del mundo clásico. Buena parte de los trabajos más pesados en la agricultura, la minería y la construcción se asignaban a los esclavos. Ellos predominaban en el trabajo doméstico e incluso en muchos oficios cualificados. Algunos gozaban de gran confianza, eran competentes y cultos, pero otros no eran más que bestias destinadas al trabajo o a la guerra: servir en las galeras o luchar como gladiadores en los anfiteatros para entretenimiento del público.

Aquellos sistemas de esclavitud de la Antigüedad eran muy distintos entre sí, pero cualesquiera que fueran las diferencias, lo que caracterizaba a las sociedades esclavistas era la consideración del esclavo como una mercancía, como un bien negociable a cambio de un precio. Los esclavos tenían un valor en dinero o su equivalente en otros bienes tangibles, y como tales bienes se les contabilizaba. Por supuesto que el sistema rara vez era tan sencillo, y las sociedades esclavistas a menudo se tenían que enfrentar a los aspectos legales, filosóficos y teológicos de las inevitables contradicciones de la esclavitud: la evidente naturaleza humana de los esclavos frente a su valor como objeto, su carácter moral en oposición a su estatus de cosa o la existencia –más que la inexistencia– del estatus moral o legal de los esclavos. La esclavitud era objeto de eternos debates filosóficos y morales, tanto en Grecia como en Roma, y suscitaba el interés de escritores y dramaturgos en ambas civilizaciones. La crítica a la esclavitud tendía a centrarse más bien en los abusos que se hacían de ella: la propia institución, en general, no se discutía. Ni siquiera la emergencia del paleocristianismo pudo cuestionar la esclavitud en sí misma, sino que se concentró en moderar los peores abusos que se cometían con los esclavos romanos. En todo el mundo antiguo, tanto en Grecia como después, en el Imperio romano, la esclavitud estaba demasiado extendida y era demasiado importante y valiosa como para que se pudiera amenazar su existencia.

Dado que la esclavitud era un aspecto insoslayable de las sociedades tanto rurales como urbanas del mundo clásico, resulta inevitable que, a pesar del carácter limitado y fragmentario de los materiales que se conservan, la persona del esclavo y el tema de la esclavitud ocupen un lugar destacado en los textos de la época. En palabras de Thomas Wiedemann, tanto en Grecia como en Roma, se hace mucho hincapié «en la esclavitud como principio básico de la organización social».[1] Filósofos, dramaturgos, juristas, actas, relatos domésticos, etcétera, ofrecen atractivas y, a la vez, reveladoras muestras de la esclavitud de la época.

Cada estado griego tenía su propio sistema de esclavitud y sus propios medios para tratar con los esclavos. Platón, en *Las leyes*, explicaba que, a pesar de esas diferencias, la esclavitud siempre planteaba un problema básico y esencial en todas las sociedades esclavistas:

[...] pero en el caso de los esclavos es difícil desde todo punto de vista [...]. En general, podría afirmarse que el sistema de servidumbre lacedemonio produciría la mayor estupefacción en prácticamente toda Grecia y sería el origen de disputa, pues para unos sería bueno, mientras que para otros no –menor disenso encontraría el sistema por el que los heracleotas tienen esclavizados a los mariandinos y la casta de los siervos de los tesalios–. Considerando todas esas cosas, ¿qué debemos hacer con la posesión de esclavos?

[...]

¿No sabemos [...] que el alma esclava no tiene nada sano y que el inteligente nunca debe confiar para nada en esta raza? El más sabio de nuestros poetas también proclamó [...] que:

de la mitad de la inteligencia de los hombres despojó Zeus, el del intenso trueno, a los que llega el día de la esclavitud.[2]

---

[1] Thomas Wiedemann: *Greek and Roman Slavery*, Londres, 1981, p. 1.

[2] Platón: *Las leyes*, VI, 776b-8a, Madrid, Gredos, 1999, p. 483.

El debate en torno a la esclavitud a menudo se detecta de manera indirecta, como en este fragmento (en forma de diálogo socrático) extraído del *Económico* de Jenofonte, donde el autor habla del mejor modo de tratar a los esclavos:

(9) A los hombres se les puede hacer más dóciles incluso con la palabra, haciéndoles ver que les conviene obedecer. En cuanto a los esclavos, también es para ellos muy adecuada la educación que parece propia de animales para enseñarles a obedecer. Halagando, en efecto, los apetitos de su estómago podrías conseguir muchas cosas de ellos. En cambio, a los de naturaleza ambiciosa les estimulan las alabanzas, pues algunas naturalezas sienten tanta hambre de elogio como otras de comida y de bebida. (10) Estos procedimientos, que yo mismo empleo porque creo que hacen a los hombres más obedientes, me sirven para formar a los que quiero nombrar capataces, pero tengo otros medios para ayudarles: no hago de la misma calidad los vestidos y calzados que tengo que proporcionar a los trabajadores, sino que unos son mejores y otros peores, para poder recompensar al mejor servidor con los mejores y dar los malos a los peores. (11) Yo pienso, en efecto, Sócrates, que sienten una gran desmoralización los buenos cuando ven que son ellos los que realizan los trabajos pero reciben la misma remuneración que los que no están dispuestos a esforzarse o a correr riesgos cuando hay que hacerlo. (12) Personalmente, no me parece justo de ninguna manera que los mejores tengan el mismo trato que los malos, y cuando me entero de que los capataces reparten lo mejor a quienes más lo merecen los alabo, pero si veo que favorecen a alguien por sus adulaciones o por algún otro favor sin importancia, no hago la vista gorda sino que les increpo

y trato de hacerles ver, Sócrates, que ni siquiera obran de acuerdo con sus intereses.[3]

Normalmente no había unanimidad acerca de cuál era la mejor forma de tratar a los esclavos. La disciplina era siempre el sempiterno problema para los propietarios. Es un debate que sale a la luz, por ejemplo, en el teatro griego, en las representaciones que trataban las dudas de los amos sobre cuál era el mejor método para tener a sus esclavos a raya. Y de nuevo Jenofonte, en sus *Memorabilia* (o *Recuerdos de Sócrates*), escribe sobre la difícil cuestión de cómo controlar y disciplinar a los esclavos díscolos:

> Examinemos también cómo tratan los amos a tales esclavos. ¿No atemperan su lujuria a fuerza de hambre? ¿No les impiden robar cerrándoles el sitio de donde puedan coger algo? ¿No les impiden escapar cargándoles de grilletes? ¿No corrigen a la fuerza su pereza con el látigo? Y si no, ¿cómo haces tú cuando te das cuenta de que tienes un esclavo así?
>
> –Le aplico toda clase de castigos, hasta que le obligo a portarse como esclavo.[4]

La mano dura e inflexible era, sin duda, uno de los métodos para manejar a los esclavos. Los castigos y las amenazas desempeñaban una función fundamental a la hora de mantenerlos atemorizados y sumisos. Sin embargo,

---

[3] Jenofonte: *Económico*, XIII, Madrid, Gredos, 1993.

[4] Jenofonte: *Recuerdos de Sócrates*, Libro II, 16, Madrid, Gredos, 1993.

también estaban quienes creían que ofrecer incentivos y premios por buen comportamiento podría ser el mejor camino. Los amos de esclavos reconocían que los estímulos también eran importantes, y entre ellos figuraba la perspectiva de obtener la libertad. Aristóteles, en su *Política*, explica que era igualmente importante combinar diferentes tipos de esclavos:

> En cuanto a los agricultores, la mejor solución, si se debe hacer respondiendo a nuestros deseos, es que sean los esclavos, pero no todos de la misma tribu ni de un carácter irascible (pues así serán útiles para el trabajo y seguros en cuanto a no presentar ningún peligro de sublevación); la segunda solución es que sean periecos de raza bárbara [no griegos] y de un natural semejante a los esclavos citados, y de ellos, los que trabajan en los lotes particulares deben ser propiedad de los dueños de la hacienda, y los que trabajan en la tierra comunal, serán propiedad pública. De qué manera se debe tratar a los esclavos, y por qué es mejor proponer como recompensa a todos los esclavos la libertad, lo diremos más adelante.[5]

A continuación, Eurípides habla de la vergüenza que supone ser esclavo:

> Solo una cosa avergüenza a los esclavos, y es el nombre. En todo lo demás, en nada es inferior a los libres un esclavo que no sea noble.[6]

---

[5] Aristóteles: *Política* (Libro VII), Madrid, Gredos, 1988, p. 427.

[6] Eurípides: *Ion*, Madrid, Gredos, 2000, vv. 854-855.

Para muchos esclavos, el nombre es una vergüenza, pero sus mentes son más libres que las de quienes no son esclavos.[7]

Comoquiera que la sociedad romana, al igual que la civilización griega anteriormente, se basaba en la esclavitud, los problemas relacionados con los esclavos –cómo se adquirían, trataban, castigaban, premiaban y liberaban– y cómo la condición de esclavo se relacionaba y se contraponía a las libertades de los ciudadanos romanos eran asuntos que acuciaban a los propietarios de esclavos. Plutarco, en la *Vida de Catón el Viejo*, escrita en el siglo I d. C., nos ofrece un relato muy gráfico de la esclavitud doméstica en Roma:

> Adquirió muchos esclavos, comprando de los prisioneros de guerra sobre todo a los jóvenes y capaces aún de lograr crianza y educación, como los cachorros o los potros. Ninguno de ellos entró en casa ajena, a no ser que lo enviaran allí Catón o su esposa. Una vez que le preguntaron a uno qué hacía Catón, nada respondió sino que no lo sabía. Deseaba que el esclavo hiciera algo necesario en la casa o que durmiera. Y estaba más contento con los que dormían, por pensar que eran más dóciles que quienes estaban en vela, y mejores de utilizar en cualquier tarea los que habían disfrutado del sueño que los necesitados de él. Y como creía que los esclavos se comportan con indolencia la mayoría de las veces debido a los placeres amorosos, estableció que se unieran a las

---

[7] N. R. E. Fisher: *Slavery in Classical Greece*, Londres, 1993, p. 833.

esclavas por una cantidad fijada, pero que ninguno tuviese relaciones con otra mujer.

Al principio, cuando aún era pobre y servía como soldado, en nada se enojaba por las cosas de comer, sino que declaraba lo más vergonzoso pelear con un servidor a causa del vientre. Después, cuando progresaron sus asuntos, al ofrecer banquetes a amigos y colegas, castigaba de inmediato tras la comida con el látigo a los que habían servido o preparado cualquier cosa descuidadamente. Y siempre procuraba que los esclavos tuvieran alguna querella o diferencia entre ellos, porque sospechaba y temía su concordia. Juzgaba a los sospechosos de haber cometido algo digno de pena capital, y, una vez juzgados, si eran condenados, los ejecutaba en presencia de todos los sirvientes.[8]

En el Imperio romano, los esclavos realizaban una gran diversidad de trabajos. En una sola casa –en casas de las élites romanas, por ejemplo– nos encontramos con enormes cantidades de esclavos dedicados a una gran variedad de ocupaciones. En la contabilidad doméstica de la casa de Livia, esposa del emperador Augusto, se recoge una lista de 50 esclavos, cada uno de ellos asignado a una tarea concreta. Algunos poseían una gran cualificación y realizaban trabajos intelectuales (como el tesorero, por ejemplo), mientras que otros eran simples trabajadores de la casa (como el aguador). En casas tan adineradas como aquella, los esclavos domésticos eran inevitables:

---

[8] Plutarco: *Vidas paralelas*, Madrid, Gredos, 2007, vol. IV, p. 98.

1 *aquarius* (aguador)
2 *arcarius* (tesorero)
3 *argentarius* (platero)
4 *ab argento* (argentador)
5 *atriensis* (mayordomo)
6 *aurifex* (orfebre)
7 *calciator* (zapatero)
8 *capsarius* (guardarropa)
9 *colorator* (limpiador de muebles)
10 *cubicularius* (camarero, siervo de cámara)
11 *supra cubicularios* (supervisor de *cubicularios*)
12 *delicium* (niño de compañía)
13 *dispensator* (administrador)
14 *faber* (artesano)
15 *insularius* (guardián de los aposentos)
16 *lanipendus* (lanero)
17 *lector* (lector)
18 *libraria* (escribano)
19 *a manu* (secretario)
20 *margaritarius* (perlero)
21 *medicus* (médico)
22 *supra medicos* (supervisor de médicos)
23 *mensor* (agrimensor)
24 *nutrix* (nodriza)
25 *opsonator* (despensero)
26 *obstetrix* (partera)
27 *ab ornamentis* (encargado de ropajes ceremoniales)
28 *ornatrix* (doncella de tocador)
29 *ostiarius* (portero)
30 *pædagogus* (preceptor)
31 *a pedibus* (jefe de lacayos)
32 *pedisequus* (lacayo)

33 *pedisequa* (criada)
34 *pictor* (pintor)
35 *pistor* (panadero)
36 *ad possessiones* (administrador financiero)
37 *a purpuris* (encargado de ropajes púrpuras)
38 *rogator* (¿encargado de cursar invitaciones?)
39 *a sacrario* (encargado de los sagrarios)
40 *sarcinatrix* (sastre remendón)
41 *a sede* (¿asistente de silla?)
42 *strator* (guarnicionero)
43 *structor* (albañil)
44 *ab suppelectile* (encargado del mobiliario)
45 *tabularius* (contable)
46 *a tabulis* (criado a cargo de las pinturas)
47 *unctrix* (masajista)
48 *ad unguenta* (encargado de ungüentos)
49 *ad valetudinarium* (enfermero)
50 *a veste* (criado ropero)[9]

Al igual que los griegos, los romanos rara vez depositaban plena confianza en sus esclavos. Los temían; les preocupaba que robasen, mintiesen o, en general, engañasen a sus amos. Los propietarios de esclavos establecían sofisticados sistemas para garantizar que su vida doméstica y sus posesiones materiales estuvieran a salvo de los esclavos, tal como nos lo describe Plinio el Viejo:

[9] Extraído de Keith Bradley: *Slavery and Society at Rome*, Cambridge, 1996, p. 62.

En estos tiempos, incluso la comida y las bebidas se deben sellar con el fin de protegerlas de los robos. Ello es consecuencia de esas legiones de esclavos, de esa multitud de extraños que tenemos en nuestras casas, tan numerosos que hace falta un nomenclátor que nos vaya recordando cómo se llaman. Antiguamente, los esclavos de Marcus o de Lucius tomaban el nombre de su amo (Marcipor o Lucipor) y comían en la misma mesa. En las casas no era preciso tener nada bajo llave para resguardarlo de la servidumbre.[10]

Otra preocupación constante era la tendencia de los esclavos a escaparse. De vez en cuando, los romanos tenían que distribuir anuncios para recuperar a sus esclavos huidos. Un documento del 146 a. C. nos muestra el caso de dos fugitivos egipcios:

> Se ha escapado en Alejandría un muchacho llamado Hermón, tiene unos 15 años y viste manto y cinturón. Quien lo recupere recibirá 2 [enmendado:] 3 talentos. Quien informe de si está escondido en algún templo, 1 [corregido:] 2 talentos. Si lo tiene una persona sujeta a jurisdicción de los tribunales, 3 [corregido:] 5 talentos. Quien lo desee que dé parte a las autoridades.
> Hay otro esclavo que también ha huido con él, se llama Bion. Quien lo devuelva recibirá lo mismo que por el anterior. Infórmese también a las autoridades.[11]

---

[10] Plinio el Viejo: *Historia natural*, citado por Thomas Wiedemann, *op. cit.*, p. 93.

[11] Documento anónimo recogido por Thomas Wiedemann: *op. cit.*, p. 192.

El mayor temor era, por supuesto, el de la resistencia violenta por parte de los esclavos. En todas partes los esclavos desarrollaban métodos para hacer frente y resistirse a los peores aspectos de su condición, y la violencia solía ser el último recurso: todos sabían que no habría piedad si fracasaban o si, tras escaparse, los capturaban. Sin embargo, Plinio nos describe en sus *Cartas* lo que le aconteció a un amo especialmente brutal llamado Larcio Macedón:

(1) Un hecho horrible y merecedor no solo de una carta ha sufrido a manos de sus esclavos Larcio Macedón, un expretor, pero, por otro lado, un amo altanero, cruel y que tenía poco presente, o apenas nada, que su propio padre había sido esclavo. (2) Se estaba bañando en su villa de Formias. De pronto los esclavos lo rodean, uno ataca su garganta, otro golpea su cara, otro le pega en el pecho, en el vientre y también (cosa horrible) en los genitales; y, cuando le creyeron muerto, lo arrojan al suelo hirviente para cerciorarse de si aún vivía. Él, ya porque había perdido el conocimiento, ya porque fingía haberlo perdido, yerto y tendido, ratificó la creencia de una muerte definitiva. (3) Entonces, por fin, como si se hubiese desvanecido por el calor, es incorporado; lo recogen sus esclavos más leales y acuden sus concubinas acompañadas de alaridos y griterío. Así, reanimado por los chillidos y restablecido por la frescura del sitio, abriendo los ojos y moviendo el cuerpo deja ver (pues ya estaba a salvo) que vive. (4) Los esclavos huyen, gran número de ellos son apresados, los demás son buscados. Él mismo, reanimado a duras penas unos pocos días, ha muerto no sin el consuelo de la venganza, pues ha sido desagraviado vivo como acostumbran los muertos. (5) Ya ves a cuántos riesgos, a cuántos

ultrajes y a cuántos escarnios estamos sometidos; y no es posible que alguien pueda estar a salvo porque sea benévolo e indulgente; pues los amos son asesinados no por razón, sino por maldad.[12]

El acto de violencia más dramático por parte de los esclavos –y el máximo temor en todas las sociedades esclavistas– era, por supuesto, la rebelión. Pocas fueron tan espectaculares y recordadas como la revuelta de los esclavos romanos liderada por Espartaco en el año 74 a. C., descrita en los siguientes dos fragmentos de Apiano:

> Por ese mismo tiempo, en Italia, entre los gladiadores que se entrenaban para el espectáculo en Capua, Espartaco, un hombre de Tracia que había servido en cierta ocasión con los romanos como soldado y que, a causa de haber sido hecho prisionero y vendido, se encontraba entre los gladiadores, convenció a unos setenta de sus compañeros a arriesgarse por la libertad más que por la gala de un espectáculo y, después de violentar en compañía de ellos a los guardianes, escapó. Se armaron con las porras y espadas de algunos viandantes y huyeron al monte Vesubio. Allí dio acogida a muchos esclavos fugitivos y a algunos campesinos libres y saqueó los alrededores teniendo como lugartenientes a los gladiadores Enómao y Crixo. Puesto que él repartía el botín en partes iguales, tuvo pronto una gran cantidad de hombres. En un primer momento, fue enviado contra él Varinio Glaber, y después Publio

---

[12] Plinio el Joven: *Cartas*, Libro III [en línea], Universidad de Murcia, trad. de Carmen Guzmán Arias y Miguel E. Pérez Molina, disponible en <http://interclassica.um.es/divulgacion/traducciones/obras/cartas/libro_iii/carmen_guzman_arias_y_miguel_e_perez_molina_2005_notas_de_c_guzman/1/(offset)/13>, consultado el 21 de junio de 2019.

Valerio, no con ejércitos regulares, sino con fuerzas reunidas con precipitación y al azar –pues los romanos no la consideraron jamás una guerra, sino una incursión y una acción semejante a un acto de bandidos–, y al atacar fueron derrotados. Espartaco incluso capturó el caballo de Varinio. Tan gran peligro corrió el general romano de ser capturado por un gladiador. Después de este episodio se unieron todavía muchos más a Espartaco. Su ejército contaba ya con setenta mil hombres y fabricaba armas y hacía acopio de material de guerra [...].[13]

La rebelión se terminó con la crucifixión de 6000 esclavos, un buen recordatorio para todos los esclavos –por si hacía falta– del precio del fracaso:

Craso, para que la gloria de la guerra no fuera de Pompeyo, se dio prisa y trató de atacar a Espartaco a cualquier precio. Y Espartaco, a su vez, juzgando conveniente anticiparse a Pompeyo, invitó a Craso a llegar a un acuerdo. Mas al ser rechazada por este su propuesta con desprecio, decidió arriesgarse y, como estaban ya presentes los jinetes, cargó con todo el ejército a través de la línea de cerco y huyó a Bríndisi, bajo la persecución de Craso. Sin embargo, tan pronto como Espartaco supo que Lúculo estaba en Bríndisi de regreso de su victoria sobre Mitrídates, perdió todas sus esperanzas y trabó combate con Craso con sus fuerzas, a la sazón, muy numerosas. En el curso de la batalla, que fue larga y sangrienta como cabía esperar de tantos miles de hombres desesperados, Espartaco resultó herido en un muslo por una lanza y, doblando

---

13 Apiano: *Historia romana*, Madrid, Gredos, 1985, vol. II, pp. 148-150.

la rodilla en tierra y cubriéndose con el escudo, se defendió de sus atacantes hasta que él y una gran masa de partidarios suyos fueron cercados y perecieron. Entonces el resto de su ejército huyó en desbandada y cayó en masa, hasta el punto de ser imposible contar el número de muertos. Los romanos perdieron mil hombres, y no se encontró el cadáver de Espartaco. Sin embargo, todavía quedaba en las montañas un gran número de sus hombres que habían huido de la batalla, contra los cuales se dirigió Craso. Estos se dividieron en cuatro partes y continuaron luchando hasta que perecieron todos a excepción de seis mil, que fueron capturados y crucificados a lo largo de todo el camino que va desde Capua a Roma.[14]

[14] *Ib.*, pp. 153-154.

2. LA ESCLAVITUD EN LA EUROPA MEDIEVAL

Durante los mil años que transcurrieron desde la caída del Imperio romano hasta la desaparición del feudalismo, en muchas partes de Europa existió la esclavitud (y otras formas de servidumbre). En el Imperio bizantino, en Oriente, y a lo largo de toda Europa occidental, la esclavitud era fundamental para el funcionamiento de numerosas sociedades. Existía en el corazón de la Europa cristiana, desde Islandia hasta Hispania, desde Irlanda hasta Bizancio y, por supuesto, como veremos más adelante, también estaba extendida en el mundo islámico, incluido al-Ándalus. Sin embargo, no existía una sola forma de esclavitud, sino que había una gran variedad de sistemas, desde el esclavismo de los piratas vikingos en el norte de Europa hasta las antiguas y complejas rutas consolidadas en Asia central. En efecto, había una gran variedad de sistemas interconectados por las vías comerciales y de trata de esclavos. A los esclavos se los transportaba a la fuerza a lo largo de enormes distancias, por rutas marítimas, fluviales o terrestres bien consolidadas, y con destino a los mercados esclavistas de países lejanos.

Aunque no existía un único sistema de esclavitud en toda Europa, todos los esclavos compartían un mismo destino. En general, se encargaban de los trabajos tediosos y duros de la vida diaria, muchos en la agricultura, y a menudo como siervos domésticos. Pero también conocemos el caso de esclavos medievales (al igual que en el mundo clásico y en el ámbito islámico) que conseguían alcanzar posiciones más elevadas y se responsabilizaban del dinero, la contabilidad y la administración. Los ejemplos más llamativos de aquella época –pues eran los más visibles– eran los de los esclavos domésticos, empleados de forma individual o en grupo, y conviviendo y trabajando junto a sus amos y amas, con todas las tensiones personales que tal cercanía conllevaba, pero la sociedad urbana medieval también contaba con esclavos cualificados o semicualificados.

La esclavitud en Europa occidental acabó retrocediendo ante la emergencia del feudalismo, que supuso la inclusión de esclavos y personas libres dentro de la clase de los siervos. Acabaron formando un campesinado dependiente que, a pesar de que los campesinos estaban vinculados a la tierra, era muy diferente de las antiguas formas de esclavitud. Aun así, la esclavitud consiguió sobrevivir, sobre todo en las regiones europeas próximas al islam –como

Hispania, por ejemplo– o que tenían importantes relaciones comerciales con las comunidades esclavistas más remotas, como Italia. Sin embargo, incluso en los lugares de la Europa medieval donde la esclavitud seguía siendo importante y visible, esta ya no alcanzaba la misma magnitud que en la Antigüedad o en el islam ni tampoco tenía tanta importancia.

A simple vista, se podría pensar que la esclavitud europea debió de suscitar objeciones por parte de la Iglesia, pero lo cierto es que, ya desde los comienzos del cristianismo (últimos tiempos del Imperio romano), los cristianos tendían a aceptar la esclavitud como parte del orden natural de las cosas. Al fin y al cabo, la esclavitud ya existía en tiempos del Antiguo y del Nuevo Testamento, y los textos bíblicos –y el Corán también– están llenos de referencias a la esclavitud y a los esclavos. De hecho, vemos ejemplos de esclavitud en algunos de los relatos más conocidos de la Biblia, entre los cuales quizá sea el más evidente y famoso el del cautiverio del pueblo de Israel en Egipto.

Algunos de los primeros cristianos eran esclavos conversos, mientras que otros eran propietarios de esclavos «paganos». Además, cuando las iglesias institucionales se expandieron por Europa y adquirieron tierras en propiedad, acabaron aceptando, simplemente, que los esclavos las trabajasen, al igual que lo hacían en las fincas de otros terratenientes de la época. En Inglaterra, por ejemplo, la

Iglesia fue de las últimas instituciones que tuvieron esclavos: la abadía de Peterborough empleó a esclavos en sus tierras hasta la década de 1120. En toda la Europa altomedieval, parece ser que la guerra era la principal (pero no única) fuente de esclavos. Los prisioneros de guerra constituían contingentes de esclavos listos para su uso, tanto a nivel local como remoto. En la Inglaterra anglosajona, parece ser que la mayoría de los esclavos se empleaban en el campo, sobre todo como labradores.

Cuando se produjo el paso de la esclavitud a la servidumbre, esta floreció con la expansión de las grandes haciendas y la necesidad que estas tenían de una forma de mano de obra diferente. La aparición de grandes terratenientes locales a lo largo de toda Europa occidental trajo aparejada la capacidad para implantar importantes cambios sociales, sobre todo en lo que se refiere al uso de la mano de obra. En Inglaterra, este proceso se aceleró con la conquista normanda y la imposición de una clase terrateniente extranjera.

Lo que subyacía bajo esta transformación –el final de la esclavitud– también estaba presente en otras partes de Europa, aunque en momentos diferentes según el lugar. En Escandinavia, por ejemplo, la esclavitud desapareció bajo la presión de muchos de los cambios económicos que ya se habían producido antes en Inglaterra. En Islandia, Noruega y Dinamarca, parece que la esclavitud desapareció a mediados del siglo XIII y, en Suecia, quizá un siglo más tarde. En aquellos territorios, igual que en otros, el papel de la Iglesia cristiana primitiva a veces era ambiguo. La Iglesia escandinava medieval, al igual que la inglesa, tenía esclavos en sus tierras y parece ser que la mayoría de los clérigos consideraban la esclavitud un elemento natural propio del orden social existente, aunque advertían de que a los esclavos se los debía tratar como seres humanos y como cristianos.

Más al este, en Rusia, la historia de la esclavitud fue muy diferente. La expansión del pequeño estado moscovita hasta convertirse en el vasto precursor de la Rusia actual se produjo de la mano de la expansión de la esclavitud rusa, aunque en época muy posterior.

Lo que sucedió en la Europa meridional también fue muy diferente. Es comprensible que la esclavitud fuera más común en ciertas partes del sur. Para empezar, los musulmanes habían conquistado casi toda Hispania a la altura del año 720, y lo único que impidió su expansión hacia el norte de Europa fue la derrota en Poitiers en el año 732. El islam mantuvo el control de buena parte de Hispania hasta finales del siglo XIII y no fue expulsado hasta la caída de Granada en 1492. La tradición esclavista musulmana y el contacto con otras sociedades islámicas de África y del Mediterráneo oriental explican que, precisamente cuando la esclavitud en el resto de Europa ya estaba en claro retroceso, en las sociedades de la península ibérica todavía fuera un elemento incuestionable. Los musulmanes tenían esclavos cristianos, mientras que los territorios cristianos del norte tendían a explotar a esclavos musulmanes. Así, en el siglo XII, se emplearon cautivos de guerra musulmanes en la construcción de la catedral de Santiago de Compostela y, cuando los aragoneses conquistaron Menorca en 1287, esclavizaron a todos excepto a los ricos, quienes pudieron comprar su libertad y huir al norte de África.

En la península ibérica, tanto cristianos como musulmanes hacían incursiones en los territorios del otro en busca de esclavos, pero la fuente más abundante era África. En la década de 1240, los mercaderes catalanes ya se dedicaban a comprar esclavos en el norte de África, y Barcelona competía con Mallorca como gran mercado esclavista. Los principales puertos peninsulares mediterráneos estaban llenos de buques cargados de mercancías (esclavos incluidos), procedentes de todas las esquinas del Mediterráneo. Los esclavos que llegaban a los reinos hispánicos acababan destinados al servicio doméstico, a los trabajos urbanos y a las tareas agrícolas. La posesión de esclavos era omnipresente: artesanos, reyes y príncipes de la Iglesia tenían todos sus esclavos. Del año 1431 tenemos noticia de que en Cataluña había esclavos propiedad de carpinteros, lavanderos, herreros, tejedores, marineros, sastres, notarios, carniceros y médicos. A finales del siglo XIV, los galeotes de las galeras reales eran esclavos y, en las islas Baleares, los esclavos eran imprescindibles en la agricultura.

En los siglos XIV y XV, la trata en el Mediterráneo prosperó gracias a los esclavos (musulmanes y paganos) que llegaban a la península ibérica desde la cuenca del Mediterráneo y el entorno del mar Negro. Sin embargo, los tratantes hispánicos no compraban directamente en los puertos del mar Negro, sino que los adquirían por medio de mercaderes en Marsella, Génova, Nápoles, Palermo y la zona del Adriático, lo que explica que los contingentes de esclavos ibéricos estuvieran formados por norteafricanos, tártaros, turcos, caucásicos y rusos, además de otros procedentes de los Balcanes y Grecia. Es imposible precisar la cantidad de esclavos en los reinos hispánicos, pero parece ser que hubo un incremento entre 1300 y 1450 y, a partir de entonces, se produjo un declive. Aun así, se ha calculado que, todavía en 1428, una décima parte de la población de Mallorca estaba formada por esclavos (si bien es cierto que allí eran especialmente numerosos).

El aspecto más importante de la esclavitud en los reinos hispánicos quizá fuera la existencia de una legislación al respecto. Gracias al reinado ilustrado de Alfonso X de Castilla y su código de las Siete Partidas, el derecho romano había quedado incorporado a la legislación del reino. Una de las múltiples consecuencias de aquel cambio fue que la esclavitud adquirió una base legal: ya no iba a ser un simple fenómeno económico de carácter asistemático.

Aunque la aplicación de las Siete Partidas fue bastante desigual, sí que tuvo importantes consecuencias a largo plazo, puesto que garantizaba la existencia de un código legal referente al tratamiento de los esclavos, y fue precisamente ese código el que rigió y conformó las primeras actuaciones de los reinos hispánicos en las colonias esclavistas americanas. Así, los españoles no solo mantuvieron una participación activa en la esclavitud mucho después de que esta se hubiera abandonado de manera efectiva en otras partes de Europa, sino que, con su sistema legal, facilitaron el traslado de la esclavitud a América.

Al igual que en la península ibérica, en Italia también era común la esclavitud durante aquel período en que esta práctica ya mostraba un acusado retroceso en el resto de Europa. En los siglos XI y XII, los reinos hispánicos habían sido los principales mercados de esclavos de Europa occidental, pero la peste negra y la subsiguiente escasez de mano de obra provocaron que la trata diera el salto a Italia. La península itálica estaba en el cruce de las rutas de mercancías y personas en el Mediterráneo y más allá. Los mercaderes de las ciudades estado más dominantes comerciaban con todos los grandes puertos mediterráneos, y sus mercancías se transbordaban para enviarlas a destinos aún más remotos del África subsahariana, del mar Negro y de Oriente. Entre esas mercancías había esclavos. La mayoría de ellos eran jóvenes –a menudo niños– vendidos por sus padres o esclavizados en incursiones de captura y, después, los vendían a los mercaderes italianos en los mercados de Tana, Cafa, Constantinopla, Chipre y Creta. Los genoveses y los venecianos se afianzaron como los mercaderes de larga distancia más prominentes y emprendedores de Europa, y proveían a todos los puertos de esclavos transportados por mar desde el mar Negro hasta Egipto, por ejemplo. Los genoveses gozaban de un estatus privilegiado para comerciar, y se les permitía mantener sus propios puestos comerciales en el mar Negro y cerca de Constantinopla, desde donde enviaban esclavos, sobre todo hasta el Egipto mameluco.

Cuando los buques italianos volvían a sus bases, a menudo traían esclavos entre sus mercancías. La llegada de nuevos esclavos a Italia era, en realidad, fruto de una ramificación de una ruta comercial mucho más importante que los italianos habían establecido entre los mundos cristiano y musulmán. No obstante, se trataba de un volumen comercial relativamente reducido y solo se incrementó tras la peste negra del siglo XIV.

El movimiento de esclavos a Italia era un negocio fluctuante, sobre todo después de 1261, cuando los genoveses se quedaron *de facto* con el monopolio del comercio de esclavos en el mar Negro. Aquello supuso un cambio en cuanto al origen de los esclavos destinados a la península itálica. Mientras que, entre 1200 y 1275, la mayoría de los esclavos presentes en Génova eran musulmanes (venidos del norte de África y de los reinos hispánicos), a partir de entonces, y hasta los siglos XIV y XV, la mayoría pasaron a ser oriundos de la región del mar Negro. A pesar de que, durante la Baja Edad Media, los esclavos estaban dispersos por toda la península, en realidad se los empleaba principalmente en las casas adineradas de las villas y ciudades. Se trataba de «musulmanes, tártaros, circasianos, rusos, búlgaros, armenios, albanos»,[15] junto con otros llegados del Mediterráneo y de África. Al igual que en el resto de Europa, todo esto cambió tras la peste negra de mediados del siglo XIV. Entre las muchas consecuencias catastróficas de la reducción demográfica europea (entre un cuarto y un tercio de la población), está el repunte de la esclavitud. En 1363, las autoridades de Florencia levantaron las restricciones a la importación de esclavos, siempre que estos no fueran cristianos. Y, una vez cortado el acceso al mar Negro por parte de los turcos, los mercaderes italianos volvieron a buscar esclavos en el norte de África y en la península ibérica. Sin embargo, el recurso a los esclavos importados fue cediendo paso de manera gradual, y sobre todo en Venecia, a un sistema de servidumbre por contrato, con la importación de trabajadores que alcanzaban la libertad tras una cantidad determinada de años (aunque incluso entonces tenían que comprar su libertad).

---

[15] W. D. Phillips, Jr.: *La esclavitud desde la época romana hasta los inicios del comercio transatlántico* (trad. de Elena Pérez Ruiz de Velasco), Madrid, Siglo XXI de España Editores, 1989, p. 148.

La relación de Europa con la esclavitud habría de cambiar otra vez con ciertos procesos que aún estaban muy lejos. La salida de los europeos fuera del ámbito mediterráneo con fines comerciales y colonizadores, primero a las islas atlánticas y después a América, transformaría por completo el devenir de la esclavitud.

La compraventa de esclavos era habitual en las principales ciudades comerciales de la Italia bajomedieval. Las cartas, diarios y libros de contabilidad de los esclavistas bajomedievales europeos nos ofrecen numerosos testimonios de un elemento central de la esclavitud: los esclavos se consideraban un bien con el que comerciar. Se hacían pedidos de esclavos, con todo lujo de detalles, como si fueran cualquier otro producto. Pero, a menudo, ese suministro no estaba garantizado, y no siempre era posible satisfacer fácilmente los pedidos. A continuación, vemos el pedido de un esclavo realizado por un mercader de Génova en 1393:

> Le ruego adquiera para mí una muchacha esclava, joven y rústica, de entre ocho y diez años, que sea de buena casta, con fuerza para soportar el trabajo duro, de buena salud y carácter, para que pueda criarla yo a mi manera. Solo la quiero para lavar los platos y cargar con la leña y el pan hasta el horno, y faenas semejantes [...], pues ya tengo otra aquí que es buena esclava, y cocina y sirve bien.[16]

[16] Iris Origo: *The Merchant of Prato*, Harmondsworth, 1957, pp. 192-193.

A final de año, el pedido todavía no se había entregado:

> No ha arribado barco alguno de Rumanía que traiga alguna a bordo, mas ahora ya no han de tardar en llegar, y vos y Margherita tendréis lo que deseáis. Las que hay aquí ahora no valen la pena porque es género de segunda mano.[17]

Incluso cuando presentaban un estado lamentable, los esclavos raramente suscitaban la compasión de sus dueños:

> La esclava que nos enviasteis está enferma, y cubierta de vejigas, y por eso no hallamos nadie que la quiera. La venderemos o trocaremos como podamos, y os daremos noticia. También se conoce que está preñada, de dos meses o más, y por eso no convendrá venderla.[18]

Las esclavas domésticas solían ser jóvenes cuya presencia a veces creaba una tensión sexual dentro del hogar. A continuación vemos un ejemplo de finales del siglo XIV. Una esposa se queja de que les han enviado una esclava joven y atractiva:

> La mujer de Paparo se queja sobremanera de vos y aún más de doña Margherita, por haberles enviado una esclava tan moza y

---

[17] *Ib.*
[18] *Ib.*, p. 101.

hermosa. Dice que jamás le haría tal cosa a ella, y que las mujeres deben cuidarse de hacerse esas cosas unas a otras.[19]

Cuando una esclava se quedaba embarazada y sin que se conociera al padre, entonces la señora de la casa a veces culpaba a su marido, como sucedió en este caso de 1391:

> Y, como no había forma de conocer al padre, lo cogí y se lo mandé a un ama de cría, mas mi mujer, doña Lucia, sintió celos y dijo que era mío y, aunque le dije que era tan hijo mío como hijo es el becerro de un hombre que posee una vaca, ella no me creyó, por más que jurase y lisonjease [...]. Ella venció la batalla, y la esclava fuese de la casa, y ahora tenemos una vieja que asemeja más una simia que una mujer. Y esta es la vida que llevo...[20]

Incluso los sacerdotes llegaban a ser despiadados. Esta fue la respuesta que dio en 1392 un cura acusado de dejar embarazada a su antigua esclava:

> Hablamos con el capellán a quien perteneció vuestra esclava y dice que pueden arrojarla al mar, con lo que lleva en el vientre, pues la criatura no es suya. Y nos parece que dice la verdad porque, si estuviera encinta de él, no la habría enviado [...]. Juzgo que es mejor que enviéis la criatura al hospicio.[21]

---

[19] *Ib.*, p. 195.
[20] *Ib.*, p. 198.
[21] *Ib.*, p. 101.

Los esclavos siempre estaban atentos a cualquier oportunidad que se les presentara para librarse de las cadenas. En el siguiente ejemplo de 1409 habla de un grupo que consiguió huir remando, pero con tan mala suerte que cayeron presos de nuevo en Mallorca:

> Tenemos noticias de Ibiza de que Ser Antonio Dello ha llegado allí con muchos moros cautivos en su barco, y doce de ellos huyeron en su bote de remos [...]. Pero, debido al mal tiempo, estos moros llegaron aquí [Mallorca] y por ahora están en prisión, lo cual es una gran suerte.[22]

Los propietarios de esclavos recurrían a sus relaciones personales, para garantizar el regreso de los esclavos fugitivos. A continuación vemos la descripción que un dueño hace de unos esclavos que se le habían escapado desde Barcelona hasta Aviñón (ca. 1400-¿1410?):

> Uno se llama Dimitri, grande y muy apuesto, de buenas carnes, frescas y sonrosadas. [Al otro] le falta un diente de delante y tiene la piel bastante verdosa [...]. Os ruego [...] que los hagáis capturar, los encadenéis fuertemente y me los devolváis por barco.[23]

---

[22] W. D. Phillips, Jr.: *op. cit.*, p. 153.
[23] *Ib.*

3. LA ESCLAVITUD Y EL ISLAM

Mucho antes de la llegada de los esclavos africanos a América, las sociedades islámicas ya se caracterizaban por el empleo de la esclavitud de manera habitual y, en general, incuestionada. De hecho, la esclavitud era un fenómeno común por toda Arabia desde mucho antes del surgimiento de esta religión, pero, con su expansión entre los siglos VIII y XV, sobre todo al introducirse en el África negra, el islam extendió y reafirmó la práctica generalizada de la esclavitud y de la trata de esclavos. En el apogeo de la influencia musulmana, las sociedades islámicas importaban esclavos procedentes de África, de Europa, de Asia central e incluso de la India. Sin embargo, al principio no existía relación alguna entre el color o el origen étnico y la esclavitud, aunque buena parte de los esclavos islámicos fueran, de hecho, africanos negros. La cuestión era que las personas esclavizadas no podían ser musulmanas, al igual que, más tarde, los tratantes cristianos dejarían de esclavizar a sus correligionarios.

Ya desde sus comienzos, el islam iba de la mano de la esclavitud. El profeta Mahoma poseía esclavos y, entre sus enseñanzas recogidas en el Corán, hay frecuentes referencias a los esclavos y a la esclavitud. En ellas se especificaba cómo debían tratar los amos a sus esclavos, y de qué manera podrían estos alcanzar la libertad. Por otra parte, los escritores islámicos (hombres santos y juristas) trataban a menudo los problemas que surgían con la esclavitud. La esclavitud acompañó a la expansión del islam por el Mediterráneo y el norte de África, hasta llegar al África subsahariana, un proceso en el que las rutas comerciales terrestres y marítimas se transformaron para suministrar a los mercados de esclavos personas capturadas en los confines más lejanos del área de influencia musulmana. El África negra se convirtió, así, en una inagotable fuente de esclavos para los grandes mercados del Mediterráneo y del Oriente Próximo. Las rutas de trata a través del Sáhara, por ejemplo, perduraron desde el siglo VII hasta el XX y, por ellas, se trasladó a la fuerza a millones de africanos marchando a pie desde sus lugares de origen hasta los mercados del norte. Se ha calculado que la cantidad total de esclavos ascendió a más de siete millones entre los años 650 y 1900 aunque, en otros cálculos más recientes, se han revisado esas cifras, dejándolas entre tres y medio y cuatro millones. Incluso asumiendo las cantidades más bajas, la trata de esclavos transahariana representa uno de los mayores ejemplos de esclavización de la historia mundial. Era inevitable que muchos esclavos perecieran a lo largo de aquellas durísimas rutas. Parece ser que a la mayoría se la esclavizaba inicialmente mediante incursiones violentas en África. El comercio de esclavos transahariano fue solo el aspecto más llamativo y recordado del esclavismo islámico.

A pesar de que no estaba permitida la esclavización de otros musulmanes, con el tiempo los tratantes mahometanos empezaron a incumplir esta norma. El acusado crecimiento de la trata, hasta alcanzar niveles tan altos en los vastos territorios del mundo islámico y la omnipresencia de la esclavitud, a veces anulaba cualquier objeción teológica o moral que pudiera existir. Con el tiempo, se empezó a asumir que los africanos negros eran esclavos por su propia naturaleza, aunque ello no fuera así desde el principio. En todo caso, la expansión del islam por el África negra generó el riesgo y la lucrativa tentación de esclavizar a otros musulmanes.

A diferencia del comercio transatlántico posterior, la esclavitud en el ámbito islámico era fundamentalmente femenina; claro indicativo de que los esclavos musulmanes se destinaban, sobre todo, al trabajo doméstico y a los servicios sexuales. Las esclavas realizaban una gran variedad de trabajos domésticos y otros a lo largo del mundo islámico, desde Córdoba hasta Bagdad. También se esclavizaba a los hombres; a muchos se los empleaba como eunucos en los harenes, o bien en tareas administrativas y docentes. Se cree que, a finales del siglo x, el califa de Bagdad tenía en su palacio a 7000 eunucos negros y 4000 eunucos blancos. Sobra decir también que, ya desde el principio, a los esclavos (negros en su mayoría) se les asignaban los trabajos físicos: en las minas, en las salinas y en las tareas agrícolas más duras, así como en los ejércitos. Llegado el siglo VIII, la esclavitud era un fenómeno que prosperaba a lo largo del mundo islámico, un territorio que iba desde Oriente Medio hasta Hispania, aunque es improbable que los esclavos superasen el cinco por ciento de la población total.

Hacía tiempo que se venía capturando a esclavos procedentes del África subsahariana y de Nubia. Ahora bien, ¿a qué se debía esa tendencia a esclavizar a africanos? ¿Acaso existía un prejuicio concreto contra la negritud? ¿Acaso el islam consideraba que los africanos negros eran especialmente apropiados para su esclavización? Al principio, el islam, igual que el cristianismo, parece que surgió en un entorno más bien indiferente a las razas, pero eso fue cambiando según fueron cambiando las circunstancias. A medida que el islam fue adentrándose cada vez más en el África negra y fue aumentando el número de cautivos en manos de los tratantes por vía terrestre, los árabes musulmanes empezaron a pensar que los africanos negros eran personas idóneas para la esclavización. Poco a poco, fue surgiendo un claro prejuicio racial que se puede observar, por ejemplo, en una gran variedad de textos poéticos árabes (algo muy parecido a los prejuicios raciales que posteriormente se reflejarían en las obras de los grandes escritores ingleses). Los complejos problemas que suscitaba la esclavitud en el mundo islámico –en materia de derecho, de tratamiento, de religión y de raza– reaparecen una y otra vez en la rica literatura musulmana. Así pues, mucho antes de la supremacía marítima europea y de la discreta llegada de los europeos a la costa de África occidental, ya se había establecido una fuerte conexión entre el África negra y la esclavitud. En los mercados de esclavos del norte de África y Egipto, eran habituales las caravanas de africanos, tanto como el traslado forzoso de esclavos africanos por las largas rutas terrestres, todo ello mucho antes de que los colonos europeos de América empezasen a pensar en emplear a esclavos africanos en aquel continente.

Los estudiosos de la historia del islam han descubierto un rico acervo literario en el que se recoge la compleja historia de la esclavitud en las sociedades musulmanas. Al igual que en la Antigüedad clásica, los esclavos eran un elemento básico e incuestionable de la sociedad. La extensión geográfica del islam era enorme pues, en su momento de mayor expansión, iba desde al-Ándalus hasta Bagdad y se adentraba por Asia, además de llegar al África occidental y oriental. Tenemos constancia de la esclavitud en el islam a lo largo de más de un milenio. Como era de esperar, las pruebas más antiguas son dispersas y fragmentarias, pero no dejan de ser reveladoras. En cuanto fue aumentando el empleo de africanos esclavizados, lo cual infundió en el islam una acusada conciencia de los prejuicios raciales ya desde los siglos VII y VIII, la poesía de la época empezó a tratar el doble problema de la negritud y la esclavitud.

Los siguientes fragmentos pertenecen a Suhaim, poeta de origen africano que murió en el 660:

> Si mi color fuera el de la rosa, las mujeres me amarían,
> mas el Señor me condenó a la negritud.[24]

> Soy esclavo, mas mi alma es noble y libre,
> Soy de color negro, mas mi carácter es blanco.[25]

> Visto ropaje negro, mas por debajo
> llevo un lujoso sayo de paño blanco.[26]

La siguiente estrofa fue escrita por Nusayb ibn Rabah, poeta negro muerto en el 726:

> La negritud no me hace menor,
> mientras tenga esta lengua y este corazón bravo.

---

[24] Suhaim, extraído de Bernard Lewis: *Race and Slavery in the Middle East: an Historical Enquiry*, Nueva York, 1990, pp. 28-29.

[25] *Ib.*

[26] *Ib.*

Algunos ascienden gracias a su linaje;
¡los versos de mis poemas son mi linaje!
¡Mejor un negro de mente gentil y verbo claro
que un hombre blanco y mudo!²⁷

También en el siglo VIII un poeta negro, provocado por un insulto racista, escribió:

Aunque mi cabello es crespo y mi piel como la pez,
mi mano está abierta y mi honor reluce.²⁸

Los europeos estaban acostumbrados al esclavismo musulmán debido, entre otras razones, a la continua esclavización de cristianos a lo largo de los siglos por parte de diversas sociedades islámicas. A menudo los musulmanes adquirían esclavos procedentes de lugares remotos para que trabajaran en una amplia gama de labores. La principal razón para esclavizar a mujeres era la de destinarlas a los servicios sexuales. Un ejemplo de ello lo vemos en esta noticia sobre el harén del sultán de El Cairo escrita por Ibn Shahin en el siglo XV:

[...] en cuanto a las concubinas, solían ser cuarenta. Cada concubina tenía su propio séquito con sus esclavos, esclavas y eunucos. Respecto a las demás esclavas presentes en los aposentos nobles, estas constituían un numeroso grupo de mujeres de todas las razas

---

²⁷ Nusayb ibn Rabah, extraído de Bernard Lewis, *op. cit.*
²⁸ Anónimo, extraído de Bernard Lewis, *op. cit.*

y, entre ellas, estaban las que tenían ocupaciones especiales [...], pues hay sirvientas de baño, nodrizas y ayas.[29]

A los hombres solían esclavizarlos para destinarlos a los ejércitos (y a las galeras) en varias sociedades islámicas. A continuación vemos el relato de Ahmad al-Mansur acerca de los esclavos negros reclutados para el ejército marroquí en el siglo XVI:

[...] escogimos aquellos esclavos para convertirlos en soldados y en instrumentos del islam, debido a las cualidades que ellos tienen y los demás no: son una raza que da pocos problemas, se contentan con unas condiciones de vida sencillas, aceptan las cosas tal como se les presentan sin mostrarse molestos ni quejosos. Además, esta raza de esclavos ha reforzado este santo cometido que es el de guardar las fortalezas yihadistas y defender las tierras musulmanas que se les encomendaron. Son de lo más duro y sufrido ante los traslados y reubicaciones. Eran aptos para ello y eran los más apropiados para acometerlo a la perfección.[30]

Cuando en 1838 los británicos pusieron fin definitivamente a sus propios sistemas esclavistas, se embarcaron en una cruzada mundial contra la esclavitud, sobre todo en África y Arabia, que se extendería a lo largo de

---

[29] Ibn Shahin, extraído de Shaun E. Marmon: «Domestic Slavery in the Mamluk Empire», en Shaun E. Marmon (ed.): *Slavery in the Islamic Middle East,* Princeton, 1999, p. 9.

[30] Ahmad al-Mansur, extraído de John Hunwick: «Islamic Law and Polemics over Race and Slavery in North and West Africa (16th-19th Century)», en Shaun E. Marmon (ed.): *op. cit.*, p. 54.

los siglos XIX y XX. La diplomacia y el poder militar británicos se pusieron como objetivo la esclavitud que sobrevivía en las sociedades islámicas. Por otra parte, a muchas autoridades islámicas también les preocupaba que los africanos musulmanes fueran víctimas de los tratantes de esclavos, que quebrantaban un importante principio de su religión: los musulmanes no debían esclavizar a otros musulmanes. También sería importante una distinción similar en el desarrollo de la esclavitud africana en América, cuando los europeos acabaron justificando aquel sistema basándose en que los esclavos eran paganos y no cristianos. Durante muchos siglos, tanto cristianos como musulmanes justificaron la esclavitud siempre que el esclavo fuera un extranjero, un infiel. A continuación podemos leer una protesta desde el punto de vista islámico ante el hecho de que se esclavizase a africanos musulmanes a finales del siglo XIX:

> Así pues, os quedará patente la indignidad de esa lacra que ha asolado las tierras del Magreb desde tiempos antiguos respecto a la indiscriminada esclavización de las gentes del Sudán [África negra] y la importación de multitudes de ellos cada año para venderlos en los mercados urbanos y rurales, donde la gente comercia con ellos como si de ganado se tratara, o incluso peor. La gente se ha habituado tanto a ello, generación tras generación, que muchos paisanos creen que la razón para ser esclavizado, conforme a la Santa Ley, consiste en el hecho de ser negro y venir de aquellas regiones. Mas esa, vive Dios, es una de las más ignominiosas y

graves maldades cometidas contra la religión, pues los pueblos del Sudán son musulmanes y, por tanto, tienen los mismos derechos y deberes que nosotros. Aunque supongáis que algunos de ellos son paganos o profesan una religión distinta del islam, lo cierto es que, en su mayoría, son musulmanes, y es preciso juzgarlos según esa mayoría. Además, suponiendo que los musulmanes no sean mayoría y que el islam y la infidelidad estén allí presentes a partes iguales, ¿quién de nosotros es capaz de distinguir si los que aquí llegan son musulmanes o infieles? Y es que la condición innata de la humanidad es la libertad y la inexistencia de causa alguna para su esclavización. Quien sostenga lo contrario estará negando esa condición fundamental.[31]

---

[31] Ahmad ibn Jalid al-Nasiri, extraído de John Hunwick: *op. cit.*, pp. 60-61.

Segunda Parte

La esclavitud en el mundo atlántico

4. LOS ORÍGENES DE LA ESCLAVITUD EN EL ATLÁNTICO

Las primeras exploraciones especulativas por parte de europeos a lo largo de África occidental iban en busca de diversos bienes (especialmente oro), pero no de esclavos. Los europeos también querían abrir una ruta hacia Oriente esquivando el territorio islámico (que, en aquel momento, bloqueaba el comercio mediterráneo con Oriente) y rodeando África para llegar a Asia. Se trataba de unos viajes peligrosos, largos y arriesgados, y los portugueses (inspirados por el infante don Enrique el Navegante) fueron los pioneros. Los avances eran lentos, azarosos e impredecibles, pero, poco a poco, fueron demostrando que era posible establecer rutas comerciales marítimas de larga distancia que resultasen a la vez viables y lucrativas. También permitieron acceder directamente a productos que, hasta entonces, solo llegaban a Europa a través de las rutas terrestres de los árabes. A partir de entonces, los productos africanos quedarían directamente expuestos a las rutas e incursiones europeas.

Partiendo desde Ceuta como base, los navegantes y aventureros portugueses fueron avanzando lentamente a lo largo de la costa de Marruecos, y de cada viaje regresaban a Portugal trayendo mercancías africanas, entre las que se incluían los esclavos. Durante las décadas de 1430 y 1440 hubo una sucesión de viajes que llegaron todavía más al sur por la costa africana, y cada uno de ellos conectó con las rutas comerciales terrestres de África, de las que obtenían bienes (y seres humanos) procedentes del interior del continente. Los primeros esclavos que se llevaron a Portugal eran árabes, bereberes y africanos negros. En 1444 se exhibió el primer lote en un campo a las afueras de Lagos, en el sur de Portugal.

Las primeras incursiones piráticas destinadas a la captura de africanos para esclavizarlos tenían claramente un escaso valor y, poco a poco, los portugueses empezaron a comprar esclavos en vez de prenderlos mediante incursiones, aunque ya entonces, y durante toda la historia de la trata de esclavos, la violencia fue el principal método para la esclavización inicial. En la base (o factoría) de la isla de Arguín, los portugueses acumulaban los contingentes de esclavos que les traían los tratantes bereberes. A mediados del siglo XV, se enviaban a Portugal hasta ochocientos esclavos al año.

En el año 1460, los portugueses ya habían llegado al norte de Senegambia, en donde se dedicaron a intercambiar caballos por esclavos. Seguían más interesados en otros artículos y mercancías valiosas (como el oro y las especias), pero ello no impidió que enviaran a los africanos en barco a trabajar en las recién colonizadas islas de Cabo Verde y al mismo Portugal. A medida que fueron avanzando hacia el sur por la costa durante las décadas de 1460 y 1470, los portugueses se encontraron con el oro africano que se extraía tierra adentro y llegaba en abundancia a la costa. Entre los bienes que iban a ofrecer en trueque para adquirir ese oro, estaban los esclavos: así fue como los portugueses comenzaron a entregar esclavos –adquiridos más al sur, en el delta del Níger, en el Congo y en Angola– a cambio de oro. Y, a medida que tanto Castilla como Portugal iban colonizando y apropiándose de las islas atlánticas (las Canarias, Cabo Verde y, después, las remotas islas de Fernando Poo, Santo Tomé y Príncipe), también comenzaron a emplear a africanos para diversos trabajos en aquellos archipiélagos.

Entre los productos que los colonos europeos y sus esclavos africanos cultivaban en las islas, estaba la caña de azúcar. Esta planta ya se conocía en Europa desde hacía tiempo, pero su popularidad se limitaba, tras las cruzadas, al Mediterráneo oriental. La caña de azúcar regresó desde las islas a Europa occidental y era una de tantas importaciones exóticas que satisfacían los gustos de las élites adineradas.

El cultivo se extendió, así, a las plantaciones de Tierra Santa y, posteriormente, a otros lugares propicios del Mediterráneo, como Chipre, Creta, norte de África, Sicilia y el sur de la península ibérica. Sin embargo, en todos esos territorios la mano de obra era libre, no esclava.

A medida que los europeos iban bordeando tímidamente por el Atlántico, fueron descubriendo nuevas rutas comerciales, estableciendo asentamientos e ideando nuevas formas de producción y cultivo locales. Las nuevas tierras –islas, enclaves comerciales o colonias– acabarían reportando beneficios materiales a la metrópoli y a sus mercaderes. La isla de Madeira, por ejemplo, resultó un buen lugar para la producción de azúcar (después de haber intentado otros cultivos), sobre todo gracias al empleo de esclavos importados de África. También se plantó caña de azúcar en las Azores (sin éxito), en las Canarias y en Cabo Verde. Los mercados europeos se llevaban toda aquella producción creciente de azúcar; tal era la avidez de Europa por los alimentos y bebidas dulces. Los europeos intentaron otros cultivos antes de recurrir al azúcar producido por los esclavos –un patrón que se repetiría en América–, pero, allí donde se producía caña de azúcar, la dependencia entre este cultivo y la mano de obra esclava procedente de África se iba reforzando de manera gradual.

El empleo de esclavos africanos supuso un cambio fundamental en esta nueva forma de cultivo tropical y acabaría transformando también la América tropical. A diferencia de las antiguas plantaciones mediterráneas, los nuevos asentamientos atlánticos recurrieron a África no solo en busca de mano de obra, sino de mano de obra esclava. La fórmula pronto quedó clara: el azúcar implica grandes plantaciones, y las grandes plantaciones implican esclavos africanos. En donde más patente quedó este hecho, fue en las islas de Santo Tomé y Príncipe, cerca del continente africano, pues allí las nuevas plantaciones de caña se llenaron de esclavos africanos. Además, aquellas islas sirvieron de base para hacer escala en el traslado de los esclavos a otras islas atlánticas, a Portugal y, más tarde, a América.

Los tratantes portugueses (cada vez más numerosos) empezaron a recurrir más al Congo para proveerse de esclavos. A pesar de los esfuerzos de los mandatarios africanos por controlar o limitar la trata local de esclavos (y las perniciosas consecuencias que esto tenía en sus sociedades y en las sociedades vecinas), la demanda generada por los portugueses resultaba irresistible. Cuando surgían dificultades, los portugueses buscaban los esclavos en otros lugares (por ejemplo, en Angola). Este sería el patrón que caracterizaría la trata de esclavos europea en África occidental: una creciente zona litoral para la adquisición de esclavos destinados a satisfacer el apetito de mano de obra esclava en las islas del Atlántico y en el propio Portugal. Los portugueses organizaron grandes sistemas comerciales estables y lucrativos, que se extendían desde Marruecos hasta

Angola y que dependían, en buena medida, de la mano de obra esclava. Sin embargo, todo esto no era nada, en comparación con lo que habría de producirse en la otra orilla del océano.

Los viajes que Colón realizó a América se enmarcaban en la búsqueda de rutas marítimas a Oriente por parte de los europeos. Con el tiempo, los descubrimientos en tierras americanas resultarían más valiosos de lo que se podría imaginar. Las dificultades físicas a las que se enfrentaron los primeros colonos europeos (liderados por los castellanos en el Caribe y por los portugueses en Brasil) parecían tolerables desde el momento en que los españoles descubrieron las deslumbrantes riquezas de los imperios azteca e inca. En aquella febril búsqueda de tesoros, los planes iniciales de explotación agrícola, entre los que se incluía el azúcar, quedaron relegados. Posteriormente, los primeros intentos de cultivar caña de azúcar empleando mano de obra indígena dejaron patente un problema: la reticencia o el rechazo de los nativos americanos a someterse al duro y disciplinado trabajo que requerían las plantaciones. A ello habría que sumar los estragos que las enfermedades importadas causaron entre la población indígena. De principio a fin, la mano de obra «india» era inadecuada para las durísimas tareas que demandaban los colonos blancos, especialmente en el sector agrícola y minero. En los primeros experimentos murieron miles de indios, mientras que otros, simplemente, desaparecieron, de modo que los europeos se tuvieron que enfrentar a la escasez de mano de obra. A falta de personal de su misma nacionalidad que estuviera disponible para la colonización, los europeos pronto se dieron cuenta de que la solución a la escasez de mano de obra la tenían al alcance de la mano. Tanto portugueses como españoles contaban con una larga experiencia en el empleo de esclavos africanos como mano de obra en la península y en las islas atlánticas, y, en cuanto quedó claro que tanto en las minas como en los campos la mano de obra indígena era inadecuada, las autoridades españolas empezaron a recibir desde América las primeras peticiones regulares de esclavos africanos, para que las colonias pudieran prosperar. A partir de 1516, el empleo de africanos importados contó con el apoyo de Bartolomé de las Casas, obispo de Chiapas, con el fin de salvar a la población indígena local aunque, más tarde, se arrepentiría de haber dado tal apoyo. Visto retrospectivamente, la deriva hacia la esclavitud africana en América parece casi inevitable: una deriva natural en la orilla occidental del Atlántico que los intrusos europeos ya habían explorado en la orilla oriental.

En las colonias portuguesas del vasto territorio de Brasil, que al principio solo eran unos pequeños enclaves, se siguió un patrón similar, sobre todo cuando el comercio dio paso a los asentamientos coloniales en la década de 1530. En estas tierras, los nativos también se resistían a las necesidades de mano de obra de los europeos, pues, en la minería y en la agricultura, los indios, simplemente, se morían o actuaban con total pasividad. La esclavización de los indios nunca llegó a satisfacer las necesidades de mano de obra de los europeos. Cuando se instalaron las plantaciones de caña en Bahía y en Pernambuco, sobre todo después de 1575, la necesidad de mano de obra importada se hizo imperiosa, y, en un período de cuarenta años, las plantaciones de caña de azúcar brasileñas acabaron dependiendo de los esclavos africanos. Aunque, al igual que los castellanos anteriormente, los portugueses ya habían empleado a esclavos africanos, a partir de entonces establecieron, entre la producción de azúcar y la esclavitud africana, una conexión nueva y cualitativamente diferente, que habría de perdurar durante los tres siglos siguientes. El azúcar era fuente de prosperidad (para los hacendados, los comerciantes y los inversores de la metrópoli) a una escala sin precedentes, pero a costa de las terribles penurias de un creciente ejército de africanos trasladados en barco a través del Atlántico para trabajar en las plantaciones americanas.

El creciente volumen de los envíos de azúcar desde Brasil hasta Europa para satisfacer la expansión del consumo de dulces reveló a los demás aspirantes a potencias coloniales que el asentamiento en los territorios tropicales podría resultar muy rentable, pero siempre que hubiera suficientes esclavos africanos para trabajar. Tal lección habrían de aprenderla posteriormente los ingleses y los franceses.

Los esclavos africanos ya habían llegado a América con el segundo viaje de Colón (1493) y, en 1513, la Corona de Castilla, mediante la concesión de asientos, autorizó formalmente a los portugueses a transportar esclavos africanos hasta las colonias españolas. A partir de entonces, el suministro de africanos quedó sujeto a un sistema de licencias y controles comerciales, diplomáticos e internacionales. Las licencias de trata de esclavos se convirtieron así en un lucrativo objeto de comercio e intercambio internacional. Sin embargo, la demanda americana de esclavos era tan alta que la mayoría de los intentos regulatorios acababan fracasando. En América, los propietarios de esclavos siempre querían más esclavos de los que podían suministrar los sistemas estatales de control y licencia y, ya desde el principio, se produjo un choque entre dos principios económicos: regulación frente a librecambio.

El esquema general de la trata de esclavos que operó durante los siguientes siglos quedó fijado rápidamente: un viaje triangular en el que los buques zarpaban de Europa hacia África, en donde se recogían los esclavos; después, la travesía atlántica y, por fin, el viaje de regreso a Europa transportando las mercancías americanas. Con el paso del tiempo, este sistema se volvió mucho más complejo, tanto desde el punto de vista comercial como geográfico. En todo caso, independientemente del sistema y aunque la duración de los viajes se fue acortando, la experiencia para los africanos era de máximo sufrimiento. A la altura del año 1600, ya se había trasladado a unos doscientos mil africanos desde África occidental.

Por muchos escrúpulos que pudieran sentir los europeos ante los padecimientos infligidos al creciente número de africanos, nunca eran tan fuertes como para superar el atractivo comercial de la trata. Por eso, a mediados del siglo XVI, existía un sinfín de corsarios y mercaderes ávidos por hacerse un hueco en el floreciente sector de la trata transatlántica de esclavos.

Los portugueses habían sido los primeros tratantes de esclavos del Atlántico y, gracias a eso, dominaban los puntos de suministro en África. Pero ¿cómo podrían mantener a raya a los intrusos a lo largo de una franja litoral tan extensa? ¿Qué impediría que los demás mercaderes y aventureros se dedicaran a rapiñar esclavos en la costa y enviárselos a los ávidos compradores americanos? Pues eso fue precisamente lo que hicieron los primeros tratantes ingleses incentivados y respaldados por la Corona británica (movida, en parte, por las disputas diplomáticas con las coronas hispánicas). William Towerson fue el primer inglés que, en 1555, irrumpió en el comercio transatlántico de esclavos y, al año siguiente, realizó otro viaje. Más fama obtuvo John Hawkins («el negrero de la reina Isabel») cuando, en 1562, realizó su primera incursión pirata en este negocio, repetida en 1564-1565 y en 1567-1568. El hecho de que Hawkins contara con la aprobación y respaldo real hizo que la implicación inglesa fuera más allá del mero interés comercial o pirático: el Estado y la monarquía de Inglaterra estaban declarando así –por mucho que lo disfrazasen– su intención de seguir el lucrativo camino abierto por los rivales ibéricos y dedicarse a la trata de seres humanos africanos. La participación inglesa (o británica, tras la unión de las coronas en 1603) era una minucia, en comparación con el comercio que ya existía bajo licencia portuguesa. Sin embargo, los británicos, al igual que los franceses y holandeses, no se iban a quedar al margen. Lo que necesitaban era un acceso más fácil a los mercados de esclavos americanos, en vez de tener que arriesgarse a infringir la legislación y los controles que los españoles imponían a la importación de esclavos. Todo eso cambiaría con la proliferación de colonias europeas por toda América. Los Países Bajos fueron la primera gran potencia que empezó a erosionar paulatinamente el poder ibérico en el Atlántico, desarrollando sus propios enclaves en África y, durante un tiempo, ocupando el lugar de los portugueses en Brasil. Durante su «edad de oro», la capacidad comercial y financiera de los holandeses, sumada a su poderío naval y mercante, les garantizó un posicionamiento fuerte en ambas orillas del Atlántico y, además, fueron capaces de disputar a los portugueses el dominio de la trata transatlántica. Por otra parte, los holandeses adquirieron una experiencia importantísima en lo relativo al cultivo de la caña de azúcar en Brasil y contaban con la financiación necesaria para ayudar a otros. Así, los británicos recurrieron a la financiación y a los conocimientos técnicos de los holandeses en materia de azúcar a partir de la década de 1620, cuando empezaron a establecer y desarrollar sus propias colonias en el Caribe. Llegados al año 1650, más de ochocientos cincuenta mil africanos se habían trasladado por mar desde África occidental. Por aquella altura, la estructura comercial de este sistema marítimo de trata de esclavos ya estaba consolidada y en Europa nadie cuestionaba sus ventajas. Sin embargo, una vez que los británicos se convirtieron en la potencia dominante en la trata transatlántica de esclavos, las cifras de víctimas africanas sometidas a dicho tráfico alcanzarían cotas desorbitadas.

La implicación de Europa en la esclavización de africanos es anterior a la exploración y colonización de América. Antes de los primeros viajes de descubrimiento a través del Atlántico, ya se enviaban esclavos africanos a Castilla, a Portugal y a las islas atlánticas. En el siguiente fragmento, se describe a los esclavos africanos que había a la venta en Lagos (Portugal) en 1444, cinco décadas antes del primer viaje de Colón:

> Al otro día, que era el octavo del mes de agosto, muy temprano por la mañana por razón del calor, comenzaron los mareantes a preparar sus bateles y prender aquellos cautivos para llevarlos,

según les había sido mandado, los cuales, puestos juntamente en aquel campo, eran una maravillosa cosa de ver, que entre ellos había algunos de razonable blancura, hermosos y apuestos; otros menos blancos, que querían semejar pardos; otros tan negros como etiopios, así de cara como de cuerpo, que casi parecía, a los hombres que los guardaban, que veían las imágenes del hemisferio más bajo. Mas cuál sería el corazón, por duro que fuera, que no fuese pungido de piadoso sentimiento, viendo así aquella compañía; que unos tenían las caras bajas, y los rostros bañados en lágrimas, mirándose unos a otros; otros estaban gimiendo muy dolorosamente, mirando a lo alto de los cielos, fijando los ojos en ellos, gritando altamente, como si pidiesen socorro al padre de la naturaleza; otros se herían el rostro con las palmas, lanzándose tendidos en medio del suelo; otros hacían sus lamentaciones a la manera de canto, según la costumbre de su tierra, en las cuales, aunque las palabras del lenguaje no podían ser entendidas por los nuestros, bien correspondían al grado de su tristeza. Mas, para acrecentar su duelo, sobrevinieron aquellos que estaban encargados del reparto, y comenzaron a separar a unos de otros, con el fin de partir sus quiñones en igualeza, para lo cual convenía de necesidad apartar a los hijos de los padres, y a las mujeres de los maridos, y a unos hermanos de otros. Ni a amigos ni a parientes se respetaba; cada uno caía adonde la suerte lo llevaba. ¡Oh, poderosa fortuna, que andas y desandas con tus ruedas, compasando las cosas del mundo como te place! ¡Pon siquiera ante los ojos de esta gente miserable algún conocimiento de las cosas venideras, porque puedan recibir alguna consolación en medio de su gran tristeza! Y, vosotros que trabajáis en esta repartición, mirad con piedad sobre tanta miseria y ved cómo se aprietan unos a otros, que apenas los podéis desligar.[32]

Al principio, antes de que la llegada de los europeos hiciera estragos entre los pueblos nativos de América a causa de las guerras y, sobre todo, de las enfermedades que asolaban a un pueblo tras otro, Colón tenía la esperanza de que a los indígenas del Caribe (los taínos) se les pudiera dar formación para que sirvieran a los colonos. En el siguiente fragmento se detalla cómo, en 1495, envía a unos indios taínos a los reyes Fernando e Isabel, para que se los eduque y se los adiestre en la corte real:

[...] se envían de presente con estos navíos así de los caníbales, hombres y mujeres y niños y niñas, los cuales Sus Altezas pueden mandar poner en poder de personas con quien puedan mejor aprender la lengua, ejercitándolos en cosas de servicio, y poco a poco mandando poner en ellos algún más cuidado que en otros esclavos [...], y enviarlos allá a Castilla non sería sino bien, porque quitarse hían una vez de aquella inhumana costumbre que tienen de comer hombres, y allá en Castilla, entendiendo la lengua, muy más presto recibirían el bautismo, y farían el provecho de sus ánimas.[33]

---

[32] Elizabeth Donnan: *Documents Illustrative of the History of the Slave Trade to America*, 4 vols., Washington D. C., 1930-1936, vol. I, p. 28. (Traducido del texto portugués original: Gomes Eannes de Azurara: *Chronica do descobrimento e conquista de Guiné*, París, 1841.)

[33] Cristóbal Colón: *Los cuatro viajes del almirante y su testamento*, Madrid, Espasa Calpe, 1980, 7.ª ed., p. 160.

Cuando quedó patente que la presencia europea estaba causando estragos entre los pueblos indios, el clero empezó a pedir la importación de africanos no cristianos, con el fin de evitar esos sufrimientos a los nativos americanos. También se consideraba fundamental el hecho de que los africanos fuesen paganos, lo que permitía a los europeos evitar la esclavización de otros cristianos. A continuación, unos frailes jerónimos solicitan la importación de africanos paganos a las Américas españolas (ca. 1516):

> En especial que á ellas se puedan traer negros bozales, y para los traer sean de la calidad que sabemos que para acá conviene. Que Vuestra Alteza nos mande enviar facultad para que desde esta isla se arme para ir por ellos á las islas de Cabo Verde é tierra de Guinea, ó que esto se pueda hacer por otra cualquiera persona desde esos reinos para los traer acá. E crea Vuestra Alteza que si esto se concede, demás de ser mucho provecho para los pobladores destas islas é rentas de Vuestra Alteza, serlo-ha para que estos indios, sus vasallos, sean ayudados é relevados en el trabajo, é puedan mas aprovechar á sus ánimas é á su multiplicación [...].[34]

La demanda de esclavos africanos llegó a ser tan alta y lucrativa que comerciar con ellos se convirtió en un negocio muy apetitoso y rentable, tanto para los armadores como para los licenciatarios reales. A veces, incluso se ignoraba

---

[34] M. Bernaldo de Quirós (ed. e imp.): *Colección de documentos inéditos relativos al descubrimiento, conquista y colonización de las posesiones españolas en América y Occeanía*, sacados, en su parte, del Real Archivo de Indias, t. I, Madrid, 1864.

la preferencia por los esclavos no cristianos. En esta licencia otorgada por el rey de Castilla en 1518, se autoriza a Lorenzo de Gorrevod a enviar 4000 esclavos cristianos a América:

> El Rey. Nuestros oficiales que residís en la ciudad de Sevilla, en la Casa de Contratación de las Indias, sabed que yo he dado licencia y por la presente la doy, a Lorenzo de Gorrevod, gobernador de Bresa, del mi Consejo, para que él o la persona o personas que su poder para ello hubiere pueda pasar a llevar a las Indias, islas y tierra firme del mar océano, descubiertas y por descubrir, cuatro mil esclavos y esclavas negros, que sean cristianos, de cada uno la cantidad que él quisiere, y que hasta que estos sean acabados de sacar y pasar, no se puedan pasar otros esclavos algunos ni esclavas, salvo los que hasta la fecha de esta he dado licencia; por ende, yo vos mando que dejéis y consintáis al dicho gobernador de Bresa, o a la dicha persona o personas que el dicho su poder hubiere, pasar y llevar los cuatro mil esclavos y esclavas, sin le poner en ello ninguno impedimento, y si el dicho gobernador de Bresa o las dichas personas que su poder hubieren se concertaren con algunos mercaderes u otras personas que pasen los dichos esclavos y esclavas, desde las islas de Guinea, y de otras partes donde se acostumbran traer los dichos negros a estos reinos y a Portugal, y de otras cualesquier partes que quisieren, aunque no los traigan a registrar a esa casa, lo puedan hacer, con tanto que vosotros toméis seguridad bastante, que vos traerán certificación de los que a cada isla hubieren llevado y que, en llegando a cada isla, tornarán cristianos los dichos negros y negras que desembarcaren, y de cómo han pagado allí los derechos de almojarifazgo [aranceles], para que se sepa los que hubieren pasado, y que no pasen de la dicha

cantidad, sin embargo de cualquier prohibición y vedamiento que en contrario haya, con lo cual en cuanto a esto yo dispongo y vos mando que, en esa casa, no llevéis derechos [cobréis aranceles] algunos de los dichos esclavos; antes los dejad pasar libremente, yendo asentada esta mi cédula en los libros de esa casa, fecha en Zaragoza a dieciocho días del mes de agosto de mil quinientos y dieciocho años.
Yo, el Rey.
Por mandado del Rey, Francisco de los Cobos.[35]

Antes de que los africanos subieran a bordo de los buques europeos, la mayoría de ellos habían llegado presos, recorriendo largas distancias hasta las costas o ríos. Allí se los retenía a todos juntos, hasta que llegasen los europeos para negociar la compra. Una vez marcados y desnudados, quedaban listos para su entrega a manos europeas. En el siguiente pasaje de 1682, John Barbot relata lo que les sucedía a los africanos antes de que los cargaran a bordo de los barcos negreros:

> En cuanto los esclavos llegaban a Fida [actual Ouidah] desde el interior, los metían dentro de una cabaña o prisión construida a tal efecto, cerca de la playa, todos ellos juntos y, cuando los europeos estaban prestos a recibirlos, se los sacaba a una explanada, en donde los cirujanos les revisaban todas las partes del cuerpo, hasta el menor de los miembros, quedando hombres y mujeres totalmente

---

[35] Documento recogido en Georges Scelle: *La Traite négrière aux Indes de Castille*, t. 1, París, L. Larose & L. Tenin, 1906, p. 755 (ortografía modernizada).

desnudos. Aquellos que se consideraban aptos y sanos se ponían a un lado, y los otros se apartaban. A los esclavos rechazados se los llamaba *mackrons*, y eran los que tenían más de 35 años o presentaban defectos en miembros, ojos o dientes, o tenían ya el pelo gris, o alguna enfermedad venérea, o cualquier otra imperfección. Quedando esos aparte, a los otros, que se habían considerado aptos, los marcaban a fuego en el pecho con un hierro al rojo vivo, imprimiendo la marca de las compañías francesa, inglesa u holandesa, de manera que cada nación pudiera distinguir a los suyos, y para impedir que fueran cambiados por otros peores, cosa que se solía hacer. En este particular, se tiene el cuidado de que a las mujeres, por ser más débiles, no se las queme demasiado.

Después, se llevan los esclavos marcados de regreso a sus celdas […]. Allí permanecen a veces durante diez o quince días, hasta que el mar esté calmo para enviarlos a bordo; a menudo la mala mar dura mucho tiempo […]. Antes de que se suban a las canoas, o salgan de su celda, sus antiguos dueños negros los despojan de todos los harapos que lleven puestos, sin distinción entre hombres y mujeres, para suplirlos, en los barcos, y a medida que van llegando a bordo, se les da a cada uno de ellos un retal de lona, para que se lo pongan alrededor de la cintura […].[36]

Los barcos negreros del Atlántico pronto se convirtieron en unos lugares horribles y peligrosos, tal como deja claro la siguiente descripción de 1627 de los africanos que iban a bordo de uno de esos buques. Las condiciones a

---

[36] John Barbot: «A Description of the Coasts of North and South Guinea…», en Elizabeth Donnan, *op. cit.*, p. 293.

bordo, la suciedad, las enfermedades, el simple miedo a las profundidades y mucho más causaban estragos entre los africanos que iban en las cubiertas inferiores:

[Los africanos] van tan apretados, en condiciones tan repugnantes y tan maltratados, que se agrupan de seis en seis, con una argolla al cuello, y de dos en dos con grilletes en los pies, de tal forma que van aprisionados de pies a cabeza, en el sollado, aislados del exterior, donde no ven ni la luna ni el sol [y] no hay ningún español que se atreva a asomar la cabeza por la escotilla sin sentir náuseas, ni a permanecer una hora en el interior sin arriesgarse a enfermar de gravedad. Así de terribles son el hedor, el hacinamiento y la miseria en ese lugar. El [único] consuelo y ayuda que tienen allí dentro es [que] cada uno recibe una vez al día poco más de medio tazón de harina de maíz o de mijo, que es como nuestro arroz, sin cocinar, acompañado de una jarrita de agua y nada más, salvo muchos golpes, latigazos e insultos. Esto es lo que suele suceder con los hombres, si bien creo que algunos cargadores los tratan con más gentileza y dulzura, sobre todo en estos tiempos [...]. [No obstante, los más] llegan convertidos en esqueletos.[37]

---

[37] En W. D. Phillips, Jr.: *La esclavitud desde la época romana hasta los inicios del comercio transatlántico* (trad. de Elena Pérez Ruiz de Velasco), Madrid, Siglo XXI de España Editores, 1989, p. 285.

5. LA APARICIÓN DE LOS BRITÁNICOS

Como se ha visto, los británicos no participaron en los orígenes de la trata de esclavos transatlántica, sino que desempeñaron un pequeño papel en su desarrollo inicial. No obstante, desde principios del siglo XVII en adelante, acabarían transformándola. Pero, al igual que había sucedido con los pioneros, la historia de los británicos también fue compleja y se desarrolló en tres áreas del Atlántico: Europa, África y América. Antes del inicio del asentamiento y colonización europeos en la América tropical y subtropical, los esclavos africanos ya habían desempeñado un papel importante –pero no esencial– en los numerosos cambios registrados en ciertas partes de Europa y en las islas atlánticas. Al principio, e incluso en América, los africanos no parecían muy diferentes de las otras gentes recién llegadas: eran trabajadores útiles en un mundo en el que europeos, indios y africanos trabajaban codo a codo en las tareas iniciales necesarias para colonizar y lograr un asentamiento seguro y viable en aquel entorno. Pero todo iba a cambiar con la llegada de la caña de azúcar.

Los británicos todavía tenían que descubrir lo que los brasileños ya sabían: que si una economía tropical se reorientaba hacia las plantaciones de caña de azúcar, necesitaría mucha mano de obra resistente, y que dicha mano de obra no se podía encontrar entre los indios locales ni entre los inmigrantes europeos. En cambio, África sí que parecía disponer de tal mano de obra en cantidades ilimitadas. Brasil ya había absorbido grandes contingentes de africanos destinados a sus plantaciones de caña. Es posible que, antes del año 1600, ya se hubieran transportado a Brasil unos cincuenta mil, más otros cien mil a lo largo de los siguientes veinticinco años y una cantidad similar entre 1625 y 1650. Por tanto, los británicos estaban comenzando un camino que otros ya habían transitado.

Los ingleses ya habían tenido la tentación de iniciarse en el comercio y exploración del Atlántico desde finales del siglo XV. Los contactos comerciales con Portugal y Castilla habían revelado el potencial económico que estaba surgiendo en las islas atlánticas, en África occidental y, posteriormente, en América. Los mercaderes de Londres y Bristol financiaron los primeros viajes de Towerson y Hawkins por el área de intereses portugueses en África. Sin embargo, los beneficios de aquellos primeros viajes ingleses dedicados a la trata de esclavos pronto quedaron ensombrecidos por los ricos botines que se podían conseguir asaltando las flotas (y asentamientos) españoles del Caribe; por ejemplo, se calcula que entre 1586 y 1603 hubo 235 piratas merodeando por el Caribe, escondidos en un sinfín de islas y prestos para atacar a los buques extraviados y a las flotas que llevaban los tesoros a la Península. Los daños que tales actividades infligían a España eran enormes y, además, mientras tanto, los ingleses fueron adquiriendo experiencia en el comercio de larga distancia y en las guerras en el Caribe. Esta fase pirática, apoyada por la corona, pronto dio paso a un interés a largo plazo por establecerse y colonizar la región. Las conquistas de las islas de San Cristóbal (1624) y Barbados (1625) iniciaron una nueva fase de la historia de aquella región (y también de Inglaterra).

El dominio de Castilla y Portugal en aquel mismo período también estaba menguando. Los ataques holandeses contra las posesiones portuguesas de ultramar, las divisiones internas en la península ibérica y la devastación causada por la guerra de los Treinta Años en Europa (1618-1648) distrajeron la atención de las partes implicadas y socavaron su influencia. Así, los británicos se quedaron en una situación prácticamente de manos libres para perseguir sus propios intereses en el Caribe. Un conjunto de mercaderes con experiencia (y ambiciones) en el Atlántico, unidos a hombres acaudalados y a ciertas figuras con ascendencia en la corte acabaron convergiendo para formar grupos de influencia con intereses estratégicos y económicos en el comercio transatlántico y en la colonización del Nuevo Mundo, y todo ello acabó vinculado a la trata de esclavos.

Los primeros colonos que se asentaron en Barbados intentaron desarrollar diversos cultivos para la exportación, especialmente el del tabaco. Al principio, en aquella isla había muchos más blancos que negros (18 300 blancos frente a 5680 esclavos en 1645), y la mano de obra predominante consistía en la servidumbre por contrato. Pero, a partir de 1645, Barbados se volcó con la caña de azúcar y la historia de la isla dio un giro. Para lograr este cambio, los colonos recurrieron a la ayuda de los holandeses, tanto en lo relativo a la tecnología de producción de azúcar como a la financiación, y a medida que Barbados iba incrementando su producción de azúcar para abastecer el mercado británico (la producción pasó de 3750 toneladas en 1651 a 9525 toneladas en 1669), los colonos también fueron importando cada vez más esclavos africanos. Así, la población esclava pasó de 20 000 a 30 000 durante el mismo período y, en 1680, había 38 000 esclavos en la isla. Por entonces, la proliferación de propietarios se había detenido, y así fue como surgió una clase de grandes terratenientes. Al mismo tiempo, la mano de obra blanca mediante servidumbre (o peonaje) por contrato se fue reduciendo. Barbados era, por aquel entonces, la colonia británica más rica, y Bridgetown era el puerto más próspero y activo de la América británica. Se importaban sin cesar barcos cargados de africanos, de manera que, llegados al año 1700,

Barbados albergaba a más de cincuenta mil esclavos. El mismo sistema se repitió en todas las demás posesiones británicas de la región: San Cristóbal, Nieves, Montserrat y Antigua. A finales del siglo XVII, todas aquellas islas pertenecientes a los británicos habían absorbido un cuarto de millón de esclavos africanos.

Barbados señaló el camino y, a la vez, contribuyó a crear la infame debilidad por los dulces típica de los británicos. Sin embargo, la primacía de Barbados duró poco, pues en 1655, y dentro del marco del Designio Occidental de Oliver Cromwell, las fuerzas británicas (buena parte de ellas reclutadas en el Caribe oriental) arrebataron Jamaica a los españoles. Al igual que Barbados con anterioridad, Jamaica fue colonizada por una variopinta multitud de soldados retirados, colonos libres, reos condenados a trabajos forzados y peones por contrato de servidumbre procedentes de Irlanda y Escocia. Todos aquellos colonos, tras la tarea inicial de asentarse en el terreno y ganar tierras para la agricultura, y establecidos en tierras otorgadas por la corona inglesa recién restaurada, se dedicaron a diversos cultivos. La variada geografía de Jamaica (isla más grande y diversa que la pequeña Barbados) era idónea para una amplia gama de cultivos tropicales y subtropicales. Sin embargo, el mejor y más lucrativo seguía siendo el de la caña de azúcar. Ahora bien, para ese cultivo, y al igual que Barbados, Jamaica necesitaba una abundante cantidad de mano de obra y, allí, los primeros inmigrantes tampoco llegaron a ser suficientes ni tampoco estaban dispuestos a someterse al intenso trabajo que se requería. Al igual que Brasil y Barbados, Jamaica echó mano de los esclavos africanos, quienes no tenían voz ni voto. En menos de cincuenta años desde la conquista de Jamaica por los británicos, la población esclavizada había alcanzado los 42 000; cincuenta años después, la cifra ya ascendía a los 118 000. Las cifras de las importaciones eran aún mayores de lo que estas cantidades puedan indicar porque la tasa de mortalidad en las islas era elevada, y a muchos de los africanos que llegaban los trasladaban a otras colonias esclavistas.

En las islas caribeñas conquistadas por los franceses se reprodujo el mismo sistema, lo cual no es de extrañar puesto que todas las grandes potencias navales y coloniales europeas estaban compitiendo por nuevos territorios, por la supremacía y por el comercio más lucrativo (y no solo en América, sino en todo el mundo). Los franceses se habían interesado por las islas de San Cristóbal, Guadalupe y, la más importante del trío, la Martinica. En 1670 Francia ya había añadido Santo Domingo (actual Haití) a la lista. En esta ocasión también fueron los holandeses quienes ayudaron a la introducción inicial de la tecnología necesaria para la caña de azúcar y, a medida que las islas francesas se fueron volcando con este cultivo, también empezaron a recurrir a África para conseguir mano de obra. A la altura de 1700, ya se habían desembarcado unos ciento veinticuatro mil africanos en las islas francesas. Por aquel entonces, el número de africanos trasladados a la fuerza hasta América era impresionante: más de medio millón a Brasil, unos cuatrocientos cincuenta mil al Caribe no dominado por los españoles y casi otros tantos a las colonias españolas en la América continental. Estas cifras eran impresionantes desde cualquier punto de vista: los movimientos de población eran a tal escala y de tal intensidad (cuantitativamente y en términos de sufrimiento humano) que los historiadores han tendido a dejar de lado semejante inhumanidad para centrarse en el análisis estadístico. Sin embargo, incluso estos números palidecen cuando se comparan con las cantidades de africanos que se trasladaron a través del océano durante el siglo XVIII.

El giro de Norteamérica hacia el esclavismo africano llegó mucho más tarde y fue más gradual que en las islas. Cuando se empezó a importar africanos en cantidades significativas a América del Norte, los esclavos ya habían transformado por completo las sociedades del Caribe y de buena parte de Sudamérica, además de convertirse en el aporte demográfico más importante. Es bien conocida la llegada a Jamestown de los primeros africanos, llevados por los holandeses en 1619, pero, durante tres cuartos de siglo, la economía de Chesapeake fue impulsada no por los esclavos, sino por mano de obra en régimen de servidumbre por contrato, y procedente sobre todo de Gran Bretaña. A medida que el tabaco fue transformando gradualmente la región, las plantaciones (en general, mucho más pequeñas que las de caña de azúcar de las islas) empezaron a recurrir cada vez más a los africanos. Para ello contaron con la ayuda de la floreciente flota negrera británica. Así, Chesapeake comenzó a producir cada vez más tabaco cultivado por esclavos (en torno al año 1750 había 145 000 en la región), hasta el punto de desplazar el tabaco caribeño en los mercados europeos. Llegados a ese año de 1750, en Carolina del Sur ya se habían desembarcado 40 000 esclavos destinados principalmente a las nuevas plantaciones de arroz desarrolladas en el litoral. Todas estas economías en expansión se sostenían gracias al trabajo de la población esclava, que comenzó a aumentar por crecimiento vegetativo, a diferencia de las poblaciones esclavas de la mayor parte de las Indias Occidentales, que se incrementaban, básicamente, gracias a las importaciones desde África. El resultado fue que, hacia el año 1790, en los recién nacidos Estados Unidos había unos setecientos mil esclavos.

Incluso antes de ese año, como a mediados del siglo XVIII, por ejemplo, la esclavitud ya se había convertido en un elemento dominante de la vida en casi toda la América colonial tropical. Aunque la existencia de esclavos era escasa en las colonias más septentrionales, lo cierto es que desde Maryland hacia el sur pasando por Virginia, las dos Carolinas y Georgia, siguiendo el gran arco formado por las Antillas, desde Cuba hasta Trinidad, y más al sur, a lo largo de la costa nordeste de Sudamérica hasta Brasil, además del Imperio español que se extendía por Centroamérica y Sudamérica, los esclavos siempre estaban presentes en una gran variedad de ocupaciones rurales, urbanas y domésticas. En 1790 Brasil albergaba casi un millón de esclavos ocupados en toda clase de actividades económicas. Allí donde había algún trabajo duro que realizar, siempre había esclavos negros. Allí donde había materias primas tropicales que exportar, encontramos también a los esclavos: en el tabaco, en el arroz, en la caña de azúcar, en el ron y en el café.

No es preciso decir que lo que permitió todo esto fue el transporte forzoso de africanos a través del Atlántico. Pero, precisamente, el método para organizar dicho transporte fue desde el principio objeto de disputa económica y diplomática. Como ya hemos visto, los países discutían y se peleaban entre ellos a cuenta de los derechos (o monopolios) para traficar con seres humanos africanos. Incluso en el seno de cada país había debates sobre cuál era la mejor manera —es decir, la más rentable— de transportar a los esclavos. No fue hasta finales del siglo XVIII cuando europeos y americanos comenzaron a debatir en serio sobre los aspectos éticos, o la humanidad, de los barcos negreros. Hubo que esperar a la era de la Ilustración y de las grandes rebeliones de esclavos para que los blancos empezaran a hablar en serio sobre la moralidad de tratar a los negros como si fueran simples mercancías.

Tras la Restauración inglesa en 1660, la Corona dejó de apoyar a los piratas negreros y empezó a fomentar compañías monopolistas, apoyo que culminó con la creación de la Real Compañía Africana (Royal African Company) en 1672. Aquella compañía, a pesar de contar con apoyos de alto nivel y muy acaudalados (al igual que sus equivalentes en Francia y los Países Bajos), simplemente, era incapaz de satisfacer la demanda americana de esclavos. Además, los mercaderes y piratas solían quebrantar con frecuencia el monopolio que ostentaba la empresa. Posteriormente, cuando aquel sistema monopolístico dio paso al libre comercio, se siguió considerando imprescindible mantener el negocio de la trata de esclavos en manos británicas, cosa que se logró mediante varias leyes de navegación, cuyo cumplimiento recayó en el creciente poderío de la Armada Real y una serie de tribunales de vicealmirantazgo con sede en América.

Cuando en 1713 se puso fin al monopolio de la Real Compañía Africana, esta había transportado 120 000 africanos a través del Atlántico, pero los hacendados aún querían más. Las cifras vuelven a ser desorbitadas. En 1807, cuando los británicos acabaron con su propia trata de esclavos, la cantidad de africanos enviados al otro lado del océano ascendía a tres millones y cuarto. Para lograrlo, varias generaciones de marineros y tratantes británicos se habían dedicado a barrer todo el litoral africano, desde Senegambia hasta el Congo. Cada país europeo fue desarrollando sus propias áreas de intereses esclavistas. Los portugueses, con sus propias rutas directas entre África y Brasil, tendían a concentrarse en Angola. Los británicos se movían por toda la costa y realizaban sus transacciones allí donde pudieran hacer buenos negocios: Senegambia, Sierra Leona, Costa de Oro, el golfo de Benín y, sobre todo, el golfo de Biafra. A veces los británicos recurrían a las fortificaciones de concentración de esclavos y, a veces, establecían sus propias estaciones comerciales. También se movían por toda la costa los tratantes particulares que, atraídos por los rumores e informaciones, llevaban sus buques allí donde pudieran adquirir cargamentos de africanos. Se trataba de un negocio que requería tiempo y paciencia, pues había que ir comprando aquí y allá pequeños grupos de africanos. A pesar de tratarse de una actividad ambulante, los británicos obtuvieron el grueso de los esclavos en ciertas regiones concretas de África occidental y central. Cuanto más tiempo permanecían los europeos en la costa, mayor era el riesgo: el riesgo de que surgiera la hostilidad y violencia por parte de los africanos, los riesgos para la salud (y las vidas) de los africanos ya embarcados y el riesgo para las vidas de los marineros blancos. África occidental era un entorno abiertamente hostil para los europeos y para los esclavos, quienes ya habían sido obligados a caminar largas distancias desde sus lugares de origen o de esclavización inicial.

A primera vista, podría parecer que los europeos eran los amos de la costa africana gracias a sus modernos barcos de vela, a la superioridad de sus armas de fuego y a su capacidad económica, pero lo cierto es que su posición y seguridad era precaria en todo momento y en todas partes. Incluso contando con las fortificaciones más sólidas, los europeos tenían el mar a sus espaldas y temían quedar rodeados por africanos. Se enfrentaban a unas sociedades africanas a las que no comprendían (a pesar de llevar años comerciando y conviviendo con ellas) y cuya capacidad para cogerlos por sorpresa siempre estaba ahí. La situación era siempre igual, independientemente de que los europeos hicieran negocios desde sus barcos, desde las playas o a lo largo de las cuencas fluviales. La trata de esclavos era difícil, peligrosa y a menudo mortal. Sin embargo, el mero hecho de que existiera durante tanto tiempo, en un trecho tan largo de la costa africana e implicando a tantos millones de africanos ya nos da una pista de su atractivo comercial y de su rentabilidad potencial.

Así fue como la trata de esclavos transatlántica se convirtió en una gran industria cuyos tentáculos llegaban más allá del Atlántico. Las mercancías procedentes de Asia (como los productos textiles de la India, por ejemplo) se intercambiaban de forma regular en la costa africana. De manera similar, los productos de las plantaciones esclavistas viajaban por todo el mundo transformando los gustos allí donde se introducían: en todos los rincones del mundo, la gente empezó a demandar el azúcar cultivado por esclavos para endulzar sus alimentos y bebidas, y los hombres (sobre todo ellos) empezaron a aficionarse al tabaco producido por los esclavos. El tabaco quizá sea el ejemplo más llamativo del impacto global que tuvo el trabajo agrícola de los esclavos. Los hombres de toda clase y condición fumaban tabaco en todos los lugares imaginables, desde las más refinadas cortes europeas hasta los ambientes más rudos de la marinería y la soldadesca en los peligrosos confines del imperio. Incluso a los esclavos que viajaban hacinados en los barcos negreros del Atlántico se les daba tabaco para aliviar sus padecimientos en el mar. También fumaban las mujeres, pero entre ellas la costumbre fue desapareciendo en el siglo XVIII en favor del consumo de rapé: los hombres fumaban; las mujeres tomaban rapé. En todo caso, ambos hábitos existían gracias al trabajo de los esclavos africanos en las plantaciones tabacaleras de Chesapeake.

Los europeos habían descubierto pronto las virtudes y cualidades del tabaco mediante el contacto con los indios de toda América. Los colonos habían intentado el cultivo de esta planta en multitud de colonias americanas, y parecía especialmente apropiado para numerosas islas caribeñas. Sin embargo, la irrupción de la caña de azúcar pronto marginó el tabaco como cultivo de exportación desde las Antillas, proceso al que contribuyó el desarrollo de la industria tabaquera de Chesapeake. En aquella actividad venía trabajando inicialmente mano de obra en régimen de servidumbre por contrato y procedente de Gran Bretaña. Sin embargo, a partir de la década de 1670, a medida que el coste de la mano de obra se fue incrementando, y a medida que aumentó también la disponibilidad de africanos, los tabacaleros empezaron a recurrir a los esclavos. Además, aquel parecía el paso natural, visto lo que los demás productores del Caribe habían logrado mediante el empleo de esclavos (existía un estrecho vínculo cultural y económico entre las islas y las colonias continentales). En torno al año 1700, Chesapeake exportaba al otro lado del océano 17 000 toneladas de tabaco cultivado por esclavos.

El desarrollo de las plantaciones de arroz en Carolina del Sur también comenzó a atraer barcos cargados de africanos a Charleston (unos cuarenta mil hasta 1750), y los frutos de su trabajo, principalmente arroz e índigo para la producción textil, se convirtieron en valiosísimos productos para la exportación. Nos encontramos, pues, con otro producto cultivado por los esclavos que pasó a formar parte de los cimientos del mundo occidental, pero ¿quién se acordaba de los esclavos a la hora de consumir el almidón (obtenido del arroz), de llenar su pipa o de endulzar el café?

Así fue como las colonias británicas se transformaron (y, en algunos casos, pudieron existir) gracias al suministro regular de esclavos africanos y a la gran ayuda de la flota negrera británica: ambas actividades iban de la mano.

Sin embargo, la trata de esclavos transatlántica solo era un elemento más dentro de un sistema comercial mucho más amplio y complejo entre Europa, África y América, y que no se debe desvincular de él. Es más: su propia vitalidad, o su propia existencia, dependía de unas fuerzas económicas y sociales que pocos de entre sus participantes llegaban a entender en toda su extensión, sobre todo en África, donde los esclavos acababan llegando a la costa a través de unos sistemas comerciales interiores que los tratantes y marineros del litoral a duras penas conocían. Además de estas complejidades, la trata de esclavos transatlántica estaba sometida a la influencia de unas relaciones comerciales mucho más globales, especialmente los intercambios de dinero y bienes desde Asia hacia Europa y África. Sin embargo, tales circunstancias eran ajenas al conocimiento de los millones de africanos afectados, quienes solo conocían el sufrimiento que aquel sistema les causaba y que se plasmaba, sobre todo, en la hedionda sordidez de los barcos negreros.

Los primeros viajes de negreros ingleses hasta y desde África occidental llegaron a una región que ya se había abierto a la trata de esclavos europea. Ya se habían producido tensiones entre europeos y africanos, víctimas de lo que, en efecto, eran unas incursiones piratas para capturar personas y bienes, y también entre diferentes negreros europeos. Los relatos de los viajes de William Towerson en 1555 y 1556 revelan todas estas tensiones. También nos describen el traslado de un pequeño grupo de africanos hasta Inglaterra, y de su regreso un año después. Aquello fue el tímido inicio de lo que acabaría siendo un desplazamiento masivo de africanos:

> Este hombre subió sin miedo a bordo de nuestro barco y, nada más llegar, preguntó por qué no habíamos traído de regreso a sus hombres, a quienes el año anterior nos habíamos llevado, y nos dijo que los ingleses nos habíamos llevado a cinco. Mandamos responderle que estaban ocupados en Inglaterra, y que estaban allí para que pudieran aprender la lengua, y así podríamos traerlos de vuelta para que ayudasen a los ingleses en este país. Entonces él no habló más de ese asunto [...], vimos muchos botes amarrados en tierra, y vimos que venían varios hacia nosotros, pero ninguno de ellos se quería acercar, pues nos pareció que nos temían, porque de aquel mismo lugar nos habíamos llevado a cuatro hombres el año anterior y, por eso, nadie venía junto a nosotros [...].
>
> Después subimos a bordo para abandonar aquel lugar, viendo que los negros nos eran hostiles por cuanto el año anterior el señor Gainsh había capturado al hijo del caudillo del lugar y a otros tres más junto con su oro y todo cuanto tenían y, por eso, se habían hecho amigos de los portugueses, a quienes antes odiaban, a juzgar por el cortés trato dispensado allí al *Trinitie*, cuando el caudillo subió a bordo de ese barco, y los llevó a su pueblo, y les ofreció tierras para que construyesen un castillo e hicieran allí buenos negocios [...].[38]

---

[38] Extraído de Elizabeth Donnan: *Documents Illustrative of the History of the Slave Trade to America*, 4 vols., Washington DC, 1930-1936, vol. I, pp. 42-43.

Este lugar se llama Bulle, y aquí los negros se regocijaron con nuestros negros, y les mostraron toda la amistad que podían, una vez que les contaron que eran los hombres que se habían llevado y que ahora volvían [...].

El día 16 fui a tierra con dos pinazas de los franceses y hallé una bahía y un río y, después, fui a un poblado llamado Hanta, doce leguas más allá del cabo. En ese lugar conocían bien a nuestros negros, y los vecinos de allí lloraron de júbilo cuando los vieron, y les preguntaron en dónde habían estado Anthonie y Binne, y ellos les respondieron que habían estado en Londres, en Inglaterra, y que los traerían de regreso en el siguiente viaje [...].

Después partimos y fuimos a Shamma, y entramos en el río con cinco botes bien dotados de hombres y provisiones, y con nuestros clarines y tambores, pues pensábamos que íbamos a toparnos con portugueses, pero no había ninguno. Entonces enviamos nuestros negros a tierra y, tras ellos, enviamos varios hombres nuestros, y fueron muy bien recibidos, y aquellas gentes se alegraron de ver a nuestros negros, sobre todo una de sus cuñadas, y una de sus tías, que los recibieron con mucho regocijo, y lo mismo que todos los demás, como si fueran hermanos naturales [...].[39]

En el bienio de 1562 y 1563 se produjo el primer viaje negrero transatlántico organizado por los ingleses y comandado por John Hawkins. Este zarpó contando con la aprobación real y representando una serie de intereses

---

[39] *Ib.*, pp. 43-44.

comerciales tanto de la ciudad de Londres como del West Country, su región natal:

> El capitán John Hawkins, habiendo hecho varios viajes a las islas Canarias, y habiéndose ganado allí, gracias a sus buenas artes, el afecto y el favor del pueblo, se informó por ellos, mediante diligentes inquisiciones, de la situación de las Indias Occidentales, de las que él ya había tenido ciertas noticias por medio de su padre, pero las acrecentó gracias a los avisos y relatos de aquellas gentes. Y, habiéndosele garantizado, entre otras cosas, que en la Española los negros se pagaban bien, y que en la costa de Guinea era fácil hacer acopio de negros, decidió probar fortuna allí y comunicó su propósito a sus fieles amigos de Londres, a saber, *sir* Lionell Ducket, *sir* Thomas Lodge, el señor Gunson, suegro de este, *sir* William Winter, el señor Bromfield y otros. A todas esas personas les plugo tanto su propósito que devinieron generosos contribuyentes y socios de la empresa. Para ello fueron facilitados de forma inmediata tres buenos barcos: uno llamado *Salomon*, de 120 toneladas, mandado por el propio señor Hawkins; otro llamado *Swallow*, de 100 toneladas, mandado por el capitán Thomas Hampton; y el tercero, el *Jonas*, un barco de 40 toneladas mandado por el piloto. En esta pequeña flota el señor Hawkins empleó no más de cien hombres por miedo a las enfermedades y otras inconveniencias que los hombres suelen padecer en las travesías largas.
>
> Con esta compañía zarpó de la costa de Inglaterra en el mes de octubre de 1562, y en su recorrido llegó primero a Tenerife, donde recibió trato amistoso. De allí pasó a Sierra Leona, en la costa de Guinea, lugar que las gentes del país llaman Tagarín, en donde permaneció bastante tiempo, y tomó, en parte por la espada y en parte por otros medios, no menos de 300 negros, además de otras mercancías que el país produce. Con este botín zarpó y atravesó la mar Océana hasta llegar a la isla Española, y arribó al puerto de

La Isabela, donde despachó a precio razonable sus productos ingleses, junto con parte de los negros, sin confiar más en los españoles pues, por sus propios medios, era capaz de dominarlos. Desde el puerto de La Isabela, fue a Puerto Plata, donde también vendió, estando siempre en guardia. Desde allí zarpó hacia Monte Cristi, otro puerto de la costa norte de la Española, y el último lugar donde pisó tierra, en donde hizo negocios en paz y vendió a todos los negros; a cambio de ellos, en aquellos tres lugares, adquirió tantas mercancías que no solo cargó sus tres barcos con pieles, jengibre, azúcar y cierta cantidad de perlas, sino que también fletó otras dos urcas con pieles y mercancías similares, y las envió a España. Y, abandonando así la isla, se hizo a la mar pasando por las islas de Caicos, sin adentrarse más en el golfo de México en este su primer viaje a las Indias Occidentales. Y así, con feliz ventura y muchas ganancias para él mismo y los susodichos socios, volvió a su país y arribó en el mes de septiembre de 1563.[40]

Al principio, los tratantes ingleses (y después los británicos) se dedicaban a suministrar esclavos africanos a los colonos americanos procedentes de otros países europeos, pero el establecimiento de colonias inglesas en el Caribe a partir de la década de 1620 generó más demanda de africanos. Desde entonces y hasta la abolición en 1807, las colonias de habla inglesa empezaron a consumir mano de obra africana en cantidades cada vez mayores. Fue una demanda que comenzó y se impulsó en las haciendas de caña de azúcar del Caribe, tal como se lo relata George

---

40 *Ib.*, pp. 44-47.

Downing (el segundo licenciado que salió de Harvard) a John Winthrop, gobernador de Connecticut, el 26 de agosto de 1645:

> Si vais a Barbados, veréis una isla próspera y a muchos hombres acomodados. Creo que este año han comprado no menos de mil negros y, cuantos más compran, más capacidad tienen de comprar otros, pues en año y medio ganarán, Dios mediante, tanto como costaron aquellos.
>
> [...]
>
> Quien se establezca allí deberá procurarse siervos y, si se pueden traer de Inglaterra por seis, ocho o nueve años, pagando solamente sus pasajes o, como mucho, pagando algo más, sería muy conveniente, pues así se podrá trabajar la plantación y, en un breve plazo de tiempo, administrando bien, se podrán conseguir negros (que son la savia de aquel lugar), aprovechando el crecimiento de la propia hacienda.[41]

Con el fin de satisfacer la creciente demanda de africanos, se estableció en Londres una serie de compañías con licencia para comerciar con ellos. Aquellas compañías dictaban instrucciones concretas destinadas a sus capitanes y tratantes: cómo y dónde debían operar, cómo debían operar en la costa africana y cómo debían tratar a los africanos esclavizados. La siguiente carta de la Compañía de Guinea (Guinea Company), fechada el 9 de diciembre de 1651 y remitida a Bartholomew Haward, contiene una serie

---

[41] *Ib.*, pp. 125-126.

de instrucciones para una de esas campañas de trata de esclavos:

Señor Bartholomew Haward:
[...]
Es nuestro deseo que pongáis mucho cuidado en la estiba del barco y que no se maltrate ninguna mercancía que carguéis a bordo y, una vez partáis de ahí, rogamos os apresuréis en vuestro regreso a Londres y, cuando arribéis al Canal, estad muy vigilante y precavido ante cualquier ataque por sorpresa y no confiéis en nadie. Y ordenamos que, durante todo el tiempo que estéis en el río Gambia y mientras no reunáis toda la mercancía, sigáis las instrucciones del señor James Pope y que desde todos los lugares en donde toméis tierra nos enviéis noticias de vuestras acciones. Se han cargado a bordo del pingue *Supply* 30 pares de grilletes y pernos para los negros porque son muy rebeldes, y rogamos que pongáis mucho cuidado en tenerlos sometidos, y que reciban sus raciones de comida a su debida hora, para que no se os amotinen, tal como ya han hecho en otros barcos.

Cuando lleguéis a los Downs, deberéis enviar mandado al señor Thomas Waad de Dover en relación con una caja de cuentas de cristal, y este las cargará en vuestro barco para llevar a Gambia y entregarla con el resto de la carga al señor James Pope. Y así, encomendándoos a Dios, se despiden vuestros amigos,

Rowland WILSON
Thomas WALTER
Thomas CHAMBRELAN
John WOODS
Maurice THOMPSON.[42]

---

[42] *Ib.*, pp. 129-130.

En medio de la gran expansión de la trata de esclavos tras la Restauración de la monarquía inglesa en 1660 y, sobre todo, tras la adquisición de la isla de Jamaica, eran pocos quienes dudaban del valor comercial de las colonias azucareras y el consiguiente suministro transatlántico de africanos a aquellas islas. La Corona, mirando tanto por su propio provecho económico como por el beneficio de toda la nación, otorgaba a las compañías licencias en régimen de monopolio. Las siguientes dos cartas de la Company of Royal Adventurers ilustran el reconocimiento generalizado del valor comercial de la trata africana para Inglaterra (y para otros). La primera va dirigida a lord Francis Willoughby en 1662-1663; la segunda, de 1663, va dirigida al rey:

> Milord, siendo esta Real Compañía muy sensible a lo necesario que es para las plantaciones inglesas en América disponer de un buen y constante suministro de siervos negros para su empleo en el campo, y a un precio moderado, se han enviado ya, y se enviarán en el plazo de ocho días, tantos barcos a la costa de África como hagan falta para, si Dios lo quiere, proveer a dichas haciendas de 3000 negros por lo menos, y se procederá regularmente a enviar más de forma constante y suficiente, de modo que los hacendados no tengan motivo de queja alguno y, en lo que respecta al precio y condiciones de pago, se ha resuelto ordenar a todos sus representantes y factores que no vendan ningún negro por encima de lo que se expresa en la siguiente resolución.

Resolución: que se dé orden a los factores presentes en las plantaciones de las islas del Caribe de que vendan todos los negros de que dispongan por lotes (como es costumbre) a 17 libras por cabeza en metálico (piezas de 8/8 de Sevilla y México a 4 chelines) o en letras de cambio para Inglaterra con garantía de pago, o bien a 2400 libras de azúcar mascabado en barril, con la condición expresa de que no se entregará ningún negro sin el previo pago en dinero, letras de cambio o azúcar, vistos y aceptados por los factores, o bien en algodón o añil, según el precio corriente que se haya fijado entre esos dos productos y el azúcar.

Y rogamos que milord tenga a bien trasladar estas resoluciones de la Compañía a sus subordinados en todos los dominios americanos de Su Majestad que estén bajo el gobierno de su señoría, y los instruya para que las publiquen en sus correspondientes jurisdicciones, y que pregunten a los hacendados y otros vecinos el número exacto de negros que deseen, y nos lo comuniquen lo antes posible, y cuántos se comprometen a comprarnos cada año conforme a las razonables condiciones propuestas, para que podamos satisfacerlos como corresponde.

Otrosí solicita la Compañía a su señoría que ordene a sus subordinados publicar este documento de condiciones, como es habitual, y que estos recojan las suscripciones que se hagan, y nos envíen copias auténticas de ellas en el primer pasaje que parta a Inglaterra una vez cumplido el plazo de suscripción.

Por orden de la Real Compañía:

Ellis LEIGHTON, secretario.[43]

---

[43] *Ib.*, pp. 156-157.

1663

Modestamente representan que el comercio de África es tan necesario para Inglaterra que la mera existencia de las haciendas depende del suministro de siervos negros para el trabajo en ellas. Dicho comercio, en tiempos de la restauración de Su Majestad, recaía en manos de aventureros particulares que estaban tan lejos de poder disponer de fortificaciones o de hacer valer el honor de la nación que se convertían en presas de los holandeses, y se cansaban del comercio debido a las grandes y frecuentes pérdidas, de las cuales presentaban claras pruebas ante la corte del Almirantazgo. Por eso, si Su Majestad no hubiera establecido una compañía, es probable que la nación hubiera quedado fuera de dicho comercio. Esta Compañía, bajo el mando especial del duque de York, envió este pasado año mercancías por valor de más de 160 000 libras, ha suministrado con abundancia la costa, para gran satisfacción de los nativos, ha proveído de siervos negros a todas las plantaciones, ha creado nuevas manufacturas en nuestro país y ha mejorado las ya existentes, ha vendido gran cantidad de productos nativos, ha empleado más de 40 barcos y, sin duda, importará grandes cantidades de oro y plata, cosa que ya ha comenzado. Ha construido fortificaciones y factorías en África y ha reparado otras, y no tiene más rivales europeos que los holandeses. En cuanto a estos, la experiencia del pasado nos mueve a aprender para el futuro pues, tal como demuestran las cartas adjuntas a esta, los holandeses han resuelto expulsar a la Compañía inglesa de la costa, han perseguido los barcos de esta de puerto en puerto y les han impedido acercarse a tierra para comerciar; han convencido a los negros para que acaben con los siervos de la Compañía y tomen sus fortificaciones, han incautado sus botes y bienes, por la fuerza han tomado posesión de Costa del Cabo, y han atacado al pendón real de Su Majestad. Para completar las indignidades expuestas, un tal Valckenburgh, director general de la Compañía de las Indias Occidentales en África, ha enviado una protesta a sus factores en la que reclama para ellos todo el comercio de Guinea, por derecho de conquista frente a los portugueses; de lo cual, habiendo buscado remedio a través de *sir* George Downing, esta Compañía no ha obtenido satisfacción. En resumen, a pesar de disponer de un capital tan considerable, de tantos navíos de guerra, y a pesar de haber enviado fuerzas de tierra, si no hubiera sido por la actuación de algunos navíos de Su Majestad para asegurar a la Compañía el respeto ante los nativos y para defender sus fortificaciones, esta Compañía habría sido despojada de sus posesiones e intereses en África, pues el castillo de Cormantin corría grave peligro cuando el *Marmaduke* y el *Speedwell* llegaron allí. Los holandeses han enviado una segunda protesta, y en ella dicen que expulsarán por la fuerza a los ingleses de sus fortificaciones si estos no las abandonan.[44]

En 1672 se le otorgó a la Real Compañía Africana (Royal African Company) el monopolio del envío de esclavos desde África hasta América. No fue capaz de satisfacer la creciente demanda por parte de las plantaciones coloniales, y se le revocó el monopolio en 1712. A continuación vemos su carta de constitución (1672):

> Carlos II, por la gracia de Dios rey de Inglaterra, Escocia, Francia e Irlanda, defensor de la fe, etc., a todos cuantos la presente vieren: Por cuanto todas y cada una de las regiones, países, dominios

---

[44] *Ib.*, pp. 164-165.

y territorios, continentes, costas y plazas, en el presente o en el pasado llamados o conocidos por el nombre o nombres de Guinea, Benín, Angola y Berbería del Sur o por cualesquiera de ellos, o que se hayan tomado o considerado parte o miembro de cualquier región, país, dominio, territorio o continente llamado Guinea, Benín, Angola o Berbería del Sur y todos sus puertos y bahías, ríos, arroyos, islas y plazas en las partes de África que a ellos pertenezcan, y por cuanto todo el comercio y tráfico en ellos realizado son Nuestro derecho incuestionable, de nuestros herederos y sucesores, y son y han sido disfrutados por Nos y por nuestros predecesores durante muchos años como derecho de esta nuestra Corona de Inglaterra;

y por cuanto el comercio de dichas regiones, países y plazas es de gran provecho para nuestros súbditos de este reino, y para la mejora del cual fueron hechos varios intentos y fueron otorgadas varias cédulas por parte de nuestros reales padres a diversas personas con los poderes y licencias que se juzgaron apropiadas para realizar dicho comercio, mas todas esas empresas resultaron ineficaces hasta que Nos, mediante cartas patentes otorgadas con nuestro Gran Sello de Inglaterra, con fecha de 10 de enero del decimocuarto año de nuestro reinado, otorgamos a nuestra real consorte la reina Catalina, a nuestra madre la reina María (ya difunta), a nuestro queridísimo hermano Jacobo, duque de York, y otros, la propiedad y gobierno de todas las mencionadas regiones, territorios, países, dominios, continentes, costas y plazas, confiados todos ellos a la Real Compañía de Aventureros de Inglaterra para el comercio con África; y, para el mejor aprovechamiento del comercio y el tráfico de allí […] autorizamos […] la incorporación de una empresa llamada Real Compañía de Aventureros de Inglaterra para el Comercio en África, otorgando a ellos y sus sucesores el comercio exclusivo con dichas regiones, países, dominios, territorios, continentes, costas y plazas, con exclusión de todos los demás, y otras licencias y privilegios que puedan emanar de dichas cartas patentes, por las cuales ese comercio está ya muy adelantado y mejorado [...].[45]

---

[45] *Ib.*, pp. 177-178.

6. LOS BARCOS NEGREROS

En su definición más simple, el comercio transatlántico de esclavos consistió en el flujo forzoso de seres humanos entre África y América. En los barcos negreros, se transportaron unos doce millones de africanos. Se trata de un fenómeno histórico asombroso, cuyo horror solo palidece frente a las tragedias globales que la humanidad experimentó en el siglo XX. Sin embargo, todavía hoy resulta difícil recordar que bajo esas estadísticas subyace el sufrimiento de millones de personas concretas. Lo que exponemos a continuación no pretende minimizar ese sufrimiento reduciéndolo a simples estadísticas que enmascaren el dolor humano que representan, sino, más bien, describir a grandes rasgos el proceso por el cual unas fuerzas aparentemente impersonales ordenaron y llevaron a cabo todo aquello en unos lugares del planeta tan alejados.

Los africanos atrapados por las redes de la trata eran peones humanos dentro de un sistema comercial a gran escala impulsado por la creencia generalizada de que los esclavos eran cosas, no personas: eran bienes muebles, y no seres humanos. Esta idea, grotesca para la mentalidad moderna, a pesar de todas sus contradicciones y confusiones, era el principio necesario que sostenía todo el negocio atlántico. Si se admitía la naturaleza humana de los africanos, el sistema se venía abajo. Y eso fue precisamente lo que sucedió a finales del siglo XVIII, cuando las críticas desde el punto de vista moral, religioso (y económico) empezaron a cuestionar la idea del esclavo como mercancía, tal como veremos más adelante.

Lo que en principio parece una estructura relativamente sencilla de trata de esclavos en el Atlántico —un flujo de personas, bienes e intercambios entre Europa, África y América— dio paso a un sistema mucho más complejo. El centro de gravedad económico del comercio británico, por ejemplo, era Londres, pero el foco de la trata en sí misma se trasladó primero a Bristol y posteriormente a Liverpool. Aunque luego se incorporaron numerosos puertos, despachando buques locales para aprovechar ese tesoro que era la trata de esclavos, el sistema británico estaba dominado por esas tres grandes plazas. A lo largo de todo el proceso, la financiación, los seguros, el complicado flujo de dinero, las cartas de crédito y las órdenes operativas pasaban por las casas comerciales y los bancos ubicados principalmente en Londres.

Las estadísticas de la trata de esclavos transatlántica son hoy bien conocidas, pero no por ello dejan de llamar la atención. De los doce millones de africanos transportados en barcos, diez millones y medio sobrevivieron hasta desembarcar en América. Se realizaron en torno a 27 000 travesías registradas, de las cuales 12 000 fueron británicas o de colonias británicas, sobre todo norteamericanas. De Liverpool partieron unos cinco mil viajes negreros. La mayoría de aquellos africanos eran hombres, pero la proporción de ambos sexos fue cambiando con el tiempo. Durante los últimos años de la trata de esclavos, a mediados del siglo XIX, cuando los últimos barcos negreros se dirigían ilegalmente a Brasil y Cuba esquivando las patrullas británicas y estadounidenses contra la esclavitud, las mercancías humanas estaban compuestas, en su mayoría, por africanos muy jóvenes y predominantemente varones.

No cabe duda de que estas cifras se pueden presentar de diversas maneras, pero una de ellas demuestra el predominio de los africanos en el flujo migratorio hacia América. Es tentador imaginar que las migraciones transatlánticas a América eran de europeos, pero lo cierto es que, hasta 1820, el emigrante típico que atravesaba el Atlántico era africano. Antes de la década de 1820, unos dos millones y medio de europeos habían emigrado a América, mientras que, en ese mismo período, casi ocho millones y medio de africanos se transportaron en barcos negreros hasta aquel continente. Del número total de africanos desembarcados en América, menos del 10 por ciento fue a Norteamérica. La gran mayoría fue enviada a Brasil y al Caribe por una razón clara: se los destinaba al trabajo en las haciendas de caña de azúcar. A pesar de la dispersión de los esclavos por todos los rincones de las economías americanas (en actividades que iban desde el servicio doméstico hasta la cría de ganado), fue el azúcar lo que absorbió la gran mayoría de población llegada del otro lado del Atlántico.

El objetivo prioritario de los tratantes marítimos consistía en llenar rápidamente de esclavos las bodegas de los barcos y abandonar la costa africana lo antes posible. Cuanto más tiempo permanecieran los tratantes en la costa, mayor era la tasa de mortalidad entre las tripulaciones (algunas llegaron a experimentar un 45 por ciento de muertes al mes durante la estancia en el litoral). Sin embargo, los barcos a menudo tenían que permanecer allí hasta acumular la cantidad de mercancías humanas suficiente para hacer que la travesía fuese económicamente rentable. Es erróneo pensar que los esclavos eran la única exportación africana: hasta el año 1700 aproximadamente, el valor total de las demás exportaciones africanas, encabezadas por el oro, superaba el valor de las exportaciones de esclavos. En todo caso, e independientemente de la naturaleza de la mercancía, los europeos estaban de principio a fin en manos de los comerciantes costeros y de las élites gobernantes africanas. Estas, a su vez, dependían del flujo de esclavos y otros bienes procedentes del interior del continente o de otras partes del litoral. Los capitanes de los barcos negreros y los comerciantes europeos desarrollaron unos complejísimos y ritualizados métodos de negociación con los mercaderes, los intermediarios y las élites africanas para conseguir esclavos a cambio de mercancías procedentes de Europa o bienes transbordados desde Asia. Los esporádicos regalos y baratijas de los primeros tiempos pronto quedaron en el olvido, pues los africanos acabaron desarrollando sus propias demandas comerciales y descubrieron el valor comercial de sus mercancías humanas.

Lo que parece una sencilla serie de negociaciones en la costa en realidad no es más que la parte visible (a ojos de los europeos) de un sistema de transacciones comerciales complejísimo y geográficamente diverso que se extendía desde el punto de contacto en el litoral africano hasta el interior. Las consecuencias de ese comercio eran enormes y, en los casos más extremos, contribuyeron a destruir estados africanos indígenas y a fomentar la violencia y la guerra con el fin de obtener prisioneros-esclavos para su posterior venta a los negreros de la costa. La venta de africanos a los buques negreros solo era la última de una larga cadena de transacciones, desde que se los esclavizaba y se los enviaba, normalmente a pie, desde sus territorios natales (a menudo bastante lejanos) hasta llegar al mar.

Es probable que la mayoría de ellos jamás hubiera visto antes a un hombre blanco ni tampoco el mar ni los barcos veleros europeos, hasta que los empujaban al pestilente infierno que los esperaba bajo la cubierta. La trata de esclavos era un negocio sin piedad en el que todos los intervinientes esperaban obtener beneficios de sus arriesgadas inversiones. El objetivo de los negreros consistía en transportar la mercancía humana hasta los mercados de esclavos americanos sin que se produjeran pérdidas o daños. Un esclavo muerto o enfermo suponía una merma económica. Por sórdido que parezca, el objetivo era incuestionable: los negreros, a pesar de la crueldad del sistema, lo que querían a toda costa era entregar a tantos africanos como les fuera posible, y en la mejor de las condiciones posibles. Fueran cuales fueran las brutalidades que se cometían, que no eran pocas, la misión no consistía en hacer daño (ni matar, desde luego) a los esclavos, sino transportarlos de forma rápida para venderlos y obtener beneficios. De hecho, la mayoría de los africanos que se cargaban a bordo de los barcos sí que llegaban a desembarcar en América, aunque muchos de ellos llegaban enfermos (tal como reflejan las tasas de mortalidad registradas entre los esclavos recién desembarcados). Aun así, un buen número de ellos no sobrevivía a la travesía.

Una vez a bordo de los barcos negreros, a los africanos esclavizados los hacinaban en las cubiertas inferiores, normalmente divididos por sexos y a menudo disponiendo que los más jóvenes compartieran espacio con las mujeres. Viajaban más apretados que cualquier otro pasajero marítimo (incluidos los soldados), pero no parece que el grado de hacinamiento incidiese en las tasas de mortalidad a bordo. Se registraban grandes variaciones en los porcentajes de muertes a bordo de los barcos negreros, pero, con el tiempo, la tasa general fue disminuyendo. A finales del siglo XVIII, la mortalidad en los buques negreros era la mitad que la registrada en los primeros tiempos de la actividad (hecho observable también en todos los barcos europeos). Parece ser que los factores clave fueron el punto de partida desde África y la duración de la travesía. Lo que tendía a reducir la tasa de mortalidad era la experiencia cada vez mayor de la propia actividad de trata. Los tratantes fueron ganando experiencia en lo que respecta a cuál era la mejor manera de cargar y transportar grandes cantidades de personas en la costa africana y llevarlas a través del Atlántico. Al igual que en otros negocios, fueron aprendiendo sobre la marcha y así, simplemente, fueron mejorando. Es algo que se observa también en los tratantes de las demás nacionalidades.

Los buques negreros eran mucho más pequeños que las demás embarcaciones que cubrían las rutas hacia América. Parece bastante claro que el tamaño del barco era un aspecto importante para la supervivencia de los africanos. Mediante el método de ensayo y error, y con el paso del tiempo, fueron surgiendo tipos de embarcaciones más manejables y veloces, que se adaptaban mejor al transporte transatlántico de africanos. Sin embargo, no eran los más apropiados para llevar mercancías americanas de regreso a Europa, y por eso surgió una flota aparte de buques para transportar productos al Viejo Continente. Lo que se conoce como *comercio triangular* fue en realidad un conjunto de rutas marítimas entrecruzadas: la ruta directa hacia y desde África; la ruta directa entre Europa y América, ida y vuelta, y desde Norteamérica hasta las Antillas, ida y vuelta. Mientras, en el Atlántico sur había una serie de rutas similares entre África y Brasil.

Sobra decir que todos los buques quedaban a merced de los elementos naturales como las corrientes, los vientos, las tormentas o las calmas, pero los negreros acabaron aprendiendo las mañas necesarias para la navegación por el Atlántico: cómo aprovechar mejor los vientos y corrientes para llegar a destino, cuándo zarpar o no y cuándo abandonar el Caribe para evitar los huracanes. La duración de las travesías también variaba mucho: la media desde África hasta Brasil era de un mes, mientras que hasta el Caribe y Norteamérica era de dos meses. Dichos tiempos fueron acortándose a medida que los mercantes fueron deduciendo cuál era la mejor manera de cargar y transportar seres humanos. A excepción de los barcos destinados a Norteamérica (a mediados del XVIII llevaban 200 esclavos cada uno), los buques negreros europeos de finales del XVIII cargaban más africanos que nunca: 390 los británicos, 340 los franceses y portugueses. Dichas cantidades se superaban hasta llegar a los 400 en los buques que iban a Brasil durante la última fase de la trata de esclavos, ya ilegal, en el siglo XIX.

No sabemos cuántos africanos murieron en cautividad antes de llegar a los barcos, pero sí que tenemos una idea bastante clara de los niveles de mortalidad a bordo de ellos. En total, aproximadamente millón y medio de africanos fallecieron a bordo, y sus cadáveres se arrojaron por la borda; su número (nunca sus nombres) simplemente se descontaba en los libros de contabilidad como cualquier otra mercancía perdida. Sin embargo, esas tasas de mortalidad descendieron desde un 20 por ciento registrado a principios del siglo XVII hasta la mitad de ese porcentaje al cabo de un siglo. En todo caso, la mortalidad nunca bajó del cinco por ciento. También hubo, por supuesto, ejemplos catastróficos de epidemias que arrasaron con grandes cantidades de africanos, muy alejadas de las muertes y daños causados por los amotinamientos de los esclavos. Tenemos constancia de que en torno al 10 por ciento de los buques negreros transatlánticos experimentaron motines.

La mayoría de las muertes de esclavos a bordo de los barcos se debía a dolencias gastrointestinales, en especial la disentería. Y, como era de esperar, una gran cantidad de supervivientes ponían pie en tierras americanas aquejados de esa enfermedad: debilitados, envejecidos (a menudo «taponados» por los negreros para hacerlos pasar por sanos) y condenados a una muerte prematura. Bajo la cubierta, los esclavos iban engrilletados, normalmente en grupos pequeños. Se alimentaban de la comida que les echaban para compartir y, siempre encadenados, se arrastraban hasta los orinales, pero, cuando estaban enfermos, se aliviaban en el sitio en donde estaban, de modo que, con las heces, se ensuciaban y se contaminaban ellos mismos y los demás cautivos. Cuando el buen tiempo y las condiciones de seguridad permitían a los tripulantes subir a los africanos a cubierta para que se ejercitasen, lo hacían en pequeños grupos, pues los marineros siempre temían que los africanos recurrieran a la violencia o, simplemente, pusieran fin a su calvario tirándose por la borda. Cuando el tiempo era adverso, ni se lavaban ni se sacaban a hacer ejercicio porque la tripulación estaba demasiado ocupada capeando el temporal. Había que ser un cirujano con mucho estómago o un marinero con muchos redaños para aventurarse a bajar al nauseabundo y pestilente sollado en donde se almacenaban los esclavos. Los africanos, por su parte, no tenían opción. Las condiciones en que atravesaban el Atlántico suelen ir más allá de cualquier idea preconcebida o cualquier relato. Cuando el Parlamento británico comenzó a investigar sobre la trata de esclavos a finales de la década de 1780, el sinfín de historias de terror contadas por personas que habían trabajado a bordo de aquellos buques negreros constituyó un testimonio útil para predisponer a la opinión pública en contra de la trata.

Llegados a este punto, no podemos más que volver a la cuestión de la interpretación histórica. ¿Cómo podemos capturar, describir y debatir un sufrimiento tan atroz e inmenso? ¿Cómo deberíamos representar un sufrimiento tan humillante para las personas, en el que las necesidades fisiológicas se hacían en público, en donde no existía la intimidad, en unos alojamientos que, en poco tiempo, se convertían en un establo flotante? No cabe duda de que las estadísticas son fundamentales para cualquier análisis histórico de lo que sucedió y que, sin ellas, no tenemos más que conjeturas. No obstante, solo cuando observamos el interior de una bodega llena de esclavos, cuando intentamos imaginar la realidad física del barco negrero y percibir su distintivo hedor –que se olía desde otros barcos situados a millas a sotavento–, podemos empezar a conocer lo que los esclavos padecieron realmente. Aun así, puede que no exista una manera fiable de imaginar la vida bajo las cubiertas de los buques negreros. Tal vez este sea uno de esos temas históricos (seguro que el Holocausto también lo es) que desafían todo análisis y toda reconstrucción histórica.

Los padecimientos de los africanos no se acababan ni siquiera después de avistar tierra y salir de las bodegas: simplemente, pasaban a otra fase de lo que debió de ser una interminable historia de terror. Antes de desembarcar para ser vendidos, los preparaban para otra inspección, seguida de otro viaje más a algún destino remoto y desconocido.

Los encargados de preparar a los africanos para su venta eran los tripulantes de los barcos negreros, siempre interesados en presentar la mercancía con su mejor aspecto comercial, es decir, lo más saludables que podían. Para ello hacía falta normalmente un período de limpieza, descanso y alimentación a bordo, con el fin de disimular el desgaste y los padecimientos sufridos durante la travesía. En el caso de muchos africanos, poco se podía hacer para devolverles la salud (y la vendibilidad). Quizá no haya nada más revelador de toda esta espantosa historia que la existencia de «esclavos de desecho», es decir, aquellos que estaban incapacitados y no eran comercializables debido a alguna enfermedad, y que estaban condenados a una muerte prematura poco después de desembarcar en América. Incluso entre los que se vendían, buena parte de ellos se llevaba consigo a sus nuevas moradas americanas las dolencias y achaques adquiridos durante el largo período de esclavización y transporte. No es sorprendente que muchos fallecieran durante el año posterior a su llegada.

Una vez en tierra, los métodos de inspección física eran similares en todos los puntos de atraque de los barcos, y se repetían las mismas humillaciones que los esclavos habían sufrido a manos de los tratantes de la costa africana. Se los inspeccionaba y observaba de la manera más exhaustiva en busca de puntos débiles, puntos fuertes e imperfecciones. Tras la travesía atlántica había muchos defectos que buscar. En los almacenes, barracones, barcos o mercados de subastas, los africanos se sometían a inspecciones por parte de potenciales compradores, agentes, hacendados y tratantes, todos ellos interesados en adquirir esclavos sanos y, por consiguiente, rentables.

Para muchos, la travesía marítima no había terminado. Cientos de miles de africanos fueron transportados en barco desde su punto de arribada hasta otros destinos. Por ejemplo, desde Jamaica se trasladaron 200 000, sobre todo a territorios españoles y franceses. Por su parte, los buques de los Países Bajos se dirigían a la pequeña isla holandesa de Curazao y, desde allí, los transbordaban para llevarlos a colonias españolas. A muchos los transportaban después a Centroamérica y Colombia; otros pasaban a Panamá y, desde allí, a Lima. En Norteamérica, buena parte de los africanos desembarcados en la región de la bahía de Chesapeake (para trabajar en las plantaciones de tabaco) ya habían sido transbordados desde el Caribe, y aún les quedaba por delante una dura marcha hasta el interior del continente.

En general, los barcos negreros ponían rumbo a las regiones americanas más volcadas en el desarrollo basado en el esclavismo y depositaban sus mercancías humanas donde había más demanda de mano de obra. Como es natural, estos flujos fueron alterándose con el paso del tiempo.

Hasta 1600, las colonias españolas y Brasil eran las que atraían más africanos. A partir de 1640, con el explosivo crecimiento de las islas azucareras, el grueso de los esclavos africanos se encaminó al Caribe. Los números de las importaciones fueron incrementándose en paralelo a la proliferación de plantaciones y a medida que Europa iba devorando cantidades cada vez mayores de productos producidos por esclavos. Entre 1640 y 1700 desembarcaron en América 1,6 millones de africanos. Durante el siglo XVIII, esa cantidad ascendió hasta los seis millones. A pesar de la abolición de la trata de esclavos en 1807 por parte de los británicos y los estadounidenses, en el siglo XIX otros tres millones más de esclavos atravesaron el Atlántico con destino, sobre todo, a Brasil y Cuba.

El resultado final de estos grandes movimientos forzosos de población fue la dispersión de los esclavos africanos por todas las esquinas de América, aunque se concentraban inicialmente en las plantaciones (sobre todo en las de caña de azúcar). Los africanos eran la población mayoritaria en Brasil, superaban con creces a los blancos en todas las islas que constituyen las Indias Occidentales y formaban una considerable minoría en las colonias esclavistas de Norteamérica. Trabajaban en villas y ciudades de todo el continente, bregaban a bordo de barcos en todas las líneas marítimas y fluviales y, en la agricultura, desempeñaban toda clase de labores y tareas especializadas.

Los esclavos eran omnipresentes; aparecían en todos los aspectos de la economía atlántica, desde las fronteras americanas más remotas hasta las poblaciones portuarias de Londres y Nantes. Los africanos y sus descendientes no solo participaban en la evolución y prosperidad del mundo atlántico, sino que eran imprescindibles. Y todos ellos se habían dispersado tras la traumática experiencia vivida durante meses a bordo de los barcos negreros del Atlántico.

A pesar del atractivo comercial y la rentabilidad, la trata de esclavos en el Atlántico era ya, desde sus inicios, un negocio muy peligroso. En la costa africana morían numerosos tripulantes europeos. El capitán John Blake relata la pérdida de 23 hombres durante su estancia en el río Gambia, entre los años 1651 y 1652:

> Desde nuestra llegada a este río ha querido Dios Nuestro Señor afligirnos con tanta enfermedad que hemos tenido que enterrar a veintitrés hombres. El primer y segundo oficiales, más el contramaestre, se contaban entre ellos; tres más fueron ambos artilleros y el segundo contramaestre; más el señor Dobes, uno de sus factores, cuatro; el resto de ellos eran los hombres más lozanos que teníamos a bordo, y yo mismo fui de los primeros en caer enfermo, tanto que ninguno de cuantos me vieron pensó que me habría de recuperar, mas ha querido Nuestro Señor devolverme a mí y a muchos otros la salud, y ruego para que nos conforte. Los más de nuestros hombres han estado enfermos y están enfermos ahora; se están recuperando, pero continúan muy débiles y frágiles.

Al presente no disponemos de hombres sanos más que para maniobrar nuestro bote, que son diez. Yo mismo estoy ahora sano y lozano, y en breve espero poder ver a todos los demás recuperados y sanos.[46]

Comerciar en la costa era una actividad tan precaria e incierta como peligrosa. Morían tanto los tripulantes como los africanos (en grandes cantidades, por supuesto), y todos se veían amenazados cuando los suministros de comida y agua empezaban a escasear. En el siguiente diario de 1659 del buque holandés *St. Jan* se recogen muchos de los peligros a los que se enfrentaban:

> Zarpamos por orden de los honorables directores Johan Valckenborch y Jasper van Heussen para continuar nuestro viaje hasta Río Real y adquirir esclavos para la honorable compañía.
> *8 de marzo, sábado.* Arribamos en nuestro buque frente a Ardra para embarcar al sangrador y cargar el suministro de tamarindos para consumo de los esclavos. Zarpamos de nuevo al día siguiente, rumbo a Río Real.
> *Día 17.* Arribamos a Río Real, frente a un pueblo llamado Bany, en donde hallamos el yate de la compañía, llamado *Vrede*, que fue enviado para ayudarnos en el comercio de esclavos.
> *Abril.* No se hizo nada aparte de comprar esclavos.
> *6 de mayo.* Murió uno de nuestros marineros. Se llamaba Claes van Diemen, natural de Durgerdam.

---

[46] Elizabeth Donnan: *Documents Illustrative of the History of the Slave Trade to America*, 4 vols., Washington DC, 1930-1936, vol. I, pp. 134-135.

Día 22. Zarpamos de nuevo y salimos de Río Real acompañados por el yate *Vrede;* compramos en ese lugar doscientos diecinueve esclavos, hombres, mujeres, niños y niñas, y ponemos rumbo hacia las tierras altas de Ambosius con el propósito de adquirir allí comida para los esclavos, porque en Río Real no había nada.

Día 26, lunes. Arribamos a Ambosius en busca de provisiones para los esclavos y permanecemos siete días allí, pero apenas conseguimos más que para el consumo diario de los esclavos, de modo que decidimos ir al río de los Camarones por ver si allí podíamos conseguir comida para los esclavos.

5 de junio, jueves. Arribamos al río de los Camarones y el yate *Vrede* remontó en busca de provisiones para los esclavos. Aquel día falleció nuestro tonelero, de nombre Pieter Claessen, de Ámsterdam.

Día 29, domingo. Decidimos proseguir nuestro viaje, pues allí también había poca comida para los esclavos por causa de las copiosas lluvias que caían todos los días, y porque muchos de los esclavos estaban aquejados de disentería debido a la mala calidad de las provisiones que nos dieron en Elmina, entre las cuales había muchos barriles de sémola basta, por completo inservible.

Entonces entregamos a Adriaen Blaes, el capitán, 195 esclavos, de ellos 81 hombres, 105 mujeres, 6 niños y 3 niñas, cuyos conocimientos de embarque se han firmado y enviado, uno de ellos enviado por el yate *Vrede* a Elmina, junto con un recuento y los recibos de la restante mercancía.

25 de julio. Arribamos al cabo Lopes Gonçalves para proveernos de agua y leña.

Día 27. Muere de disentería nuestro cirujano, Martyn de Lanoy.

10 de agosto. Arriba el buque de la compañía *Swartem Arent,* procedente del castillo de San Jorge de Elmina, y destino a la patria.

Día 11. Decidimos otra vez proseguir nuestro viaje a la isla de Annobón con el fin de comprar allí provisiones para los esclavos. Paramos 16 días en cabo Lopes Gonçalves cargando agua y leña. De los barriles de agua, más de 40 se habían caído y quebrado, y habían quedado inservibles porque el tonelero murió en el río de los Camarones, y no teníamos a nadie que pudiera repararlos.

15 de agosto. Arribamos a la isla de Annobón, y allí compramos para los esclavos cien medias barricas de alubias, una docena de cerdos, cinco mil cocos, cinco mil naranjas agrias y otras provisiones.

Día 17. Alzamos velas de nuevo para seguir viaje hasta la isla de Curazao.

21 de septiembre. El capitán convoca en popa a todos los oficiales y decide partir hacia la isla de Tobago y buscar allí agua. De lo contrario, habríamos de perecer por falta de agua, pues muchos de los barriles se han vaciado debido a las pérdidas.

Día 24, viernes. Arribamos a la isla de Tobago, en donde cargamos agua y compramos algo de pan, pues la dotación llevaba tres semanas sin su ración.

Día 27. Zarpamos de nuevo hacia la isla de Curazao.

1 de noviembre. Naufragamos en el arrecife de Los Roques, y toda la tripulación se echó al bote por cuanto no había posibilidad de salvar a los esclavos, pues tuvimos que abandonar el buque debido al fuerte oleaje.

Día 4. Arribamos a bordo del bote a la isla de Curazao. El honorable gobernador Beck envió dos balandras para recoger a los esclavos naufragados. Una de las balandras, con 84 esclavos a bordo, fue capturada por un corsario.

Lista de esclavos fallecidos a bordo del St. Jan desde el 30 de junio hasta el 29 de octubre de 1659:[47]

[1659]	Hombres	Mujeres	Niños/niñas
30 de junio	3	2	
1 de julio	2	1	
3 "		1	
5 "		2	1
6 "		1	
7 "	1		
8 "	2	1	
9 "	2		
10 "		2	
12 "		1	
13 "	2		1
14 "	1		
16 "	3	2	
17 "	2		
18 "	3	1	
19 "	1	3	
20 "	1		
21 "	1	1	
23 "		2	
24 "	1	1	
25 "	2	1	
26 "	1		
28 "	3		
29 "		2	
2 de agosto	2		
3 "	1		
6 "	1		

[47] *Ib.*, pp. 141-143.

8 "	2		1
9 "		1	
11 "		1	
16 "	1 (se tiró por la borda)		
18 "	1		
20 "		1	
22 "		1	
23 "		1	
24 "	1		
29 "		1	
31 "	1	1	
3 de septiembre		1	
6 "	2		
7 "	1		
8 "	1	1	
13 "	1	1	
14 "	2	2	1
16 "	1		
19 "	1		
23 "		2	
24 "	1	3	
26 "		1	
1 de octubre	2		
2 "	1	1	
3 "		1	
4 "	1	2	
10 "	1		
12 "	1		
13 "	1		
19 "		1	
23 "	1		
29 "	1		
	59 hombres	47 mujeres	4 niños

Gobernar un buque cargado de africanos alienados y enfermos era una tarea arriesgada de principio a fin, pero todos los negreros europeos acabaron desarrollando unas rutinas muy sofisticadas y pronto descubrieron cómo había que pacificar y someter a los africanos a bordo. Sin embargo, ese sistema ideal solía derrumbarse cuando llegaban los problemas que, sobre todo, eran el tiempo adverso, los esclavos agresivos y las epidemias. John Barbot, en *Journey to the Congo River* (1700), relata cómo se trataba a los africanos a bordo de un barco negrero:

[...] los esclavos yacen en dos filas, una encima de otra, y lo más juntos posible [...].

Los tablones absorben cierta humedad, ya sea de tanto fregar la cubierta para mantenerla limpia y lisa, ya sea por causa de la lluvia que, de vez en cuando, se mete por las escotillas u otras aberturas, o incluso por culpa del sudor de los esclavos que, al ir tan abarrotados en un espacio tan bajo, es constante y causa mucha enfermedad o, por lo menos, grandes molestias perjudiciales para su salud [...].

Ya se ha observado en anteriores ocasiones que algunos esclavos creen que los transportan porque se los van a comer, cosa que los desespera. Otros se desesperan a causa de su cautiverio, de modo que, si no se tiene cuidado, se amotinan y destruyen el barco con la esperanza de huir.

Para evitar tales infortunios, nosotros los visitábamos a diario y rebuscábamos por entre los sollados hasta el último recoveco, por ver si habían hallado en el barco algún medio para hacerse con piezas de hierro, o de madera, o con navajas o clavos, a pesar del gran cuidado que poníamos en no dejar a mano herramientas, clavos u otras cosas así, cosa que no siempre se puede lograr por completo en el reducido espacio de un buque.

Mandábamos que en el alcázar y en el pañol de oficiales se pusieran tantos hombres como hicieran falta, y nuestros oficiales principales se situaban en la cámara alta, en donde teníamos las armas de fuego preparadas, con centinelas siempre presentes en las puertas y corredores para que, así, siempre estuvieran prestos a desbaratar cualquier intento que pudieran emprender los esclavos de manera repentina.

Estas precauciones contribuyen sobremanera a mantenerlos atemorizados y, si todos cuantos cargan esclavos las tomasen, no tendríamos noticia de tantos motines como ha habido. En lo que me concierne, siempre teníamos a los esclavos tan sometidos que nunca percibíamos en ellos la menor inclinación a rebelarse o amotinarse, y perdíamos a muy pocos tripulantes en nuestra travesía. Respecto al tratamiento de los esclavos a bordo, los separábamos por sexo mediante un fuerte mamparo en el palo mayor, quedando la parte de proa para los hombres y la otra parte para las mujeres. En el caso de barcos grandes con quinientos o seiscientos esclavos, el sollado debería tener entre cinco y medio y seis pies de altura, requisito muy necesario para el transporte habitual de esclavos pues, cuanta más altura tenga, más ventilado y cómodo será para semejante cantidad de criaturas humanas y, por lo tanto, más saludable será para ellos y más fácil será vigilarlos. Les dábamos rancho dos veces al día, a horas fijas, que eran a las diez de la mañana y a las cinco de la tarde; una vez terminado, mandábamos a los hombres bajar al sollado, pues las mujeres quedaban casi a su libre discreción en cubierta tanto como quisieran, e incluso a muchos de los hombres se les permitía esa libertad por turnos, sucesivamente; muy pocos o ninguno iban atados o engrilletados, lo que solo se hacía en caso de disturbios o daños infligidos a otros cautivos, cosa inevitable tratándose de una multitud de personas tan salvajes. Además, entre cada comida, dábamos a cada uno de ellos un puñado de maíz y mandioca y, de vez en cuando, les dábamos pipas pequeñas y tabaco para fumar en cubierta por turnos, así como algunos cocos. Y a las mujeres les dábamos algún que otro paño basto para que se cubrieran, y otro tanto a muchos de los hombres, y nos encargábamos de que los lavasen de vez en cuando, para evitar los bichos, pues son muy dados a ellos, y para que quedasen más suaves y agradables. Por la tarde se solazaban en cubierta como les placía, conversando entre sí algunos, bailando y cantando otros, y jugando a su manera, cosa que les gustaba mucho, y a veces nos entretenían a nosotros. Especialmente las mujeres que, estando separadas de los hombres, en el alcázar, y siendo muchas de ellas jóvenes lozanas, llenas de alegría y buen humor, nos ofrecían mucho recreo, al igual que varios niños que teníamos a nuestro servicio a bordo.

Dábamos el rancho a los esclavos dos veces al día, como ya he dicho. El primer rancho era de alubias gruesas cocidas, con un poco de manteca [...]. El otro rancho era de guisantes, o de maíz, y a veces mandioca [...] cocida con manteca, sebo o grasa de cada vez. Y descubrí que con aceite de palma y malagueta o pimienta de Guinea comían mejor las alubias, y que se trata de un buen alimento de engorde para los cautivos [...].

En cada rancho dábamos a cada esclavo un coco lleno de agua y, de vez en cuando, un poco de brandi, para fortalecerles el estómago [...].[48]

---

[48] *Ib.*, pp. 462-463.

En los peores casos, los barcos negreros eran como establos flotantes. Entre los testigos del sufrimiento de los africanos destacan los cirujanos que trabajaban a bordo. El siguiente relato, escrito en 1788, es de Alexander Falconbridge:

Mas, al mismo tiempo, a menudo los estiban tan juntos que no pueden adoptar otra postura que la de tumbados sobre su costado. Tampoco la altura entre sollados, excepto en el lugar directamente debajo del enjaretado, les permitía el lujo de ponerse en posición erguida, sobre todo si se trataba de plataformas, que es lo más habitual. Dichas plataformas son una suerte de estantería de unos ocho o nueve pies de anchura medidos desde el casco del barco hacia el centro. Se sitúan a media altura entre las cubiertas, a una distancia de dos o tres pies de cada cubierta. Sobre ellas se estiban los negros de la misma manera que en el sollado de abajo.

En cada alojamiento se colocan tres o cuatro calderos grandes, de forma cónica, con una base de unos dos pies de diámetro y una boca de solo un pie, y unas veintiocho pulgadas de altura, y a dichos calderos recurren los negros para aliviarse cuando es necesario. Acontece a menudo que quienes están lejos de los calderos, al tratar de llegar a ellos, tropiezan con sus compañeros por culpa de los grilletes. Estos accidentes, por más que inevitables, son causa de continuas pendencias de las que algunos salen siempre magullados. En situación tan apurada, y viéndose incapaces de moverse, sin poder llegar a los calderos, desisten de su empeño y, como quiera que las necesidades de la naturaleza no se pueden contener, se alivian en el mismo sitio en donde yacen. Esto supone una nueva fuente de riñas y disturbios, y suele hacer que la situación de los infelices cautivos sea aún más gravosa. La desazón causada por estas circunstancias suele agravarse por el hecho de que los calderos son demasiado pequeños para el fin a que se destinan y que, normalmente, solo se vacían una vez al día. No obstante, esta norma varía entre unos barcos y otros según la atención que el capitán preste a la salud y comodidad de los esclavos.[49]

Quienes fueron marineros y capitanes en los barcos negreros también dan un vivo testimonio de las estremecedoras condiciones que soportaban los africanos. El siguiente relato de John Newton se publicó en 1788, en los primeros tiempos del abolicionismo:

> Conocí a un hombre blanco al que mandaron bajar junto a ellos para colocarlos en filas de la forma más ventajosa, de modo que se desaprovechara poco espacio. Nótese que las infelices criaturas, tan apretadas por falta de espacio, van además encadenadas, la mayoría de manos y pies, y de dos en dos, lo cual les dificulta girarse o moverse, o intentar levantarse o acostarse sin lastimarse ellos mismos o unos a los otros. Tampoco se debe olvidar el balanceo del buque, sobre todo el de escora, al inclinarse sobre un costado navegando a vela, porque el hecho de ir acostados al través, en perpendicular al buque, empeora la incomodidad del alojamiento, especialmente a aquellos que yacen en el costado de sotavento.
>
> Fuertes temblores, profundos gemidos.

[49] Alexander Falconbridge: *Account of the Slave Trade on the Coast of Africa*, 1788.

El calor y la fetidez en aquellos alojamientos, cuando el tiempo no permitía subir los esclavos a cubierta y limpiar el alojamiento diariamente, sería casi insoportable para cualquier persona no habituada a ello. Si los esclavos y sus alojamientos se pueden ventilar de manera constante, y si no se los mantiene demasiado tiempo a bordo, tal vez no mueran muchos, pero su suerte suele ser la contraria. Por culpa del mal tiempo se los mantiene bajo cubierta, respirando un aire caliente y viciado, a veces hasta una semana entera; todo ello, sumado a la molestia de las cadenas y al abatimiento que les invade el espíritu al verse así confinados, pronto trae un resultado fatal, pues casi todas las mañanas se da más de un caso de hallarse a algún vivo atado a un muerto, cual si de cautivos de Mecencio se tratara.

A menudo aparecen las fiebres epidémicas y la disentería, que llenan el buque de nauseabundos efluvios, infectan también a los marineros y, así, opresores y oprimidos caen por igual. En algunos casos creo que llegó a morir casi la mitad de los esclavos, y que, en tales circunstancias, no era infrecuente la pérdida de un tercio de ellos. El buque en el que serví de primer oficial zarpó de la costa con 218 esclavos a bordo y, aunque no nos vimos muy afectados por las epidemias, hallo al leer mi diario de aquel viaje (que ahora tengo ante mí) que enterramos a 62 de ellos durante nuestra travesía hasta Carolina del Sur, sin contar los que murieron antes de zarpar, de los cuales no tengo registro.

Creo que, calculando un promedio entre los viajes más saludables y los más insalubres e incluyendo todas las contingencias, la cuarta parte del total de las compras se podría anotar en la rúbrica de pérdidas por mortandad. Esto significa que, si los buques ingleses venían comprando 60 000 esclavos al año a lo largo de toda la costa, la pérdida anual de vidas no puede estar muy por debajo de las 15 000.[50]

Los tratantes eran muy conscientes de que los esclavos, arrastrados por la desesperación, eran capaces (y así lo hacían) de arrojarse por la borda para poner fin a su sufrimiento. Alexander Falconbridge describe esos suicidios en *Account of the Slave Trade on the Coast of Africa* (1788):

> En la costa de Angola, en el río Ambriz, aconteció este incidente: durante nuestra estancia en tierra, levantamos una tienda para protegernos de la intemperie. Tras pasar allí varias semanas, y siendo incapaces de comprar la cantidad de esclavos que queríamos debido a la oposición de otro barco negrero inglés, decidimos abandonar el lugar. En la víspera de nuestra partida, de noche, se desmontó la tienda, cosa que, en cuanto fue observada por algunas negras que estaban a bordo, se consideró preludio de nuestra partida, y aproximadamente 18 de ellas, cuando las mandamos bajo cubierta, se tiraron al mar a través de una de las portas de artillería, pues el barco llevaba cañones entre cubiertas. Sin embargo, pronto se recogió a todas excepto a una, que fue poco después capturada a una milla de la costa.
>
> Comoquiera que son muy pocos los negros capaces de tolerar la pérdida de la libertad y las calamidades a que se los somete, ni de soportarlas con cierta paciencia, siempre están al acecho para aprovechar el menor descuido de sus opresores. La consecuencia de ello suelen ser las insurrecciones, pocas veces sofocadas sin que

---

[50] John Newton: *Thoughts Upon the African Slave Trade*, 1788.

corra la sangre. A veces estas tienen éxito y acaban con toda la tripulación. También están siempre prestos para aprovechar cualquier oportunidad de cometer algún acto desesperado y liberarse de su miserable situación y, a pesar de las ataduras a que están sujetos, a menudo lo consiguen.

A bordo de un buque en el que serví, estando fondeados de noche en el río Bonny, poco antes de zarpar, trajeron a bordo una cuadrilla de unos diez negros; entonces, uno de ellos, en un momento favorable, se abrió camino entre el aparejo de estribor, saltó por la borda y se cree que fue devorado por los tiburones.

Durante nuestra estancia allí, 15 negros pertenecientes a un buque venido de Liverpool lograron tirarse por la borda al río. Muy pocos se salvaron, y sus restos fueron pasto de los tiburones. Y, mientras estábamos allí fondeados, ocurrió un hecho semejante en un buque francés.

Los incidentes de este tipo son muy frecuentes.[51]

Durante la larga historia de sufrimiento colectivo que fue la trata de esclavos transatlántica, pocos incidentes se pueden comparar al caso del *Zong*, acaecido en 1781. Luke Collingwood, capitán de aquel barco de Liverpool, al ver que se estaba quedando sin provisiones, ordenó arrojar por la borda a 133 esclavos, pero con la intención de reclamárselos posteriormente al seguro del buque. El asunto terminó dos años después en un juzgado de Londres, pero no por la masacre, sino como litigio contra la compañía

---

[51] Alexander Falconbridge, *op. cit.*

aseguradora. Los hechos se describen en las memorias de Granville Sharp (1820):

> El buque *Zong*, o *Zung*, bajo el mando del capitán Luke Collingwood, zarpó de la isla de Santo Tomé, en la costa de África, el día 6 de septiembre de 1781, con 440 esclavos (o 442) y 17 tripulantes blancos a bordo, con destino a Jamaica, y el día 27 de noviembre avistaron dicha isla. Sin embargo, en vez de dirigirse a algún puerto, el capitán, ya sea por ignorancia, ya sea con alguna intención siniestra, viró el buque a sotavento afirmando que había confundido Jamaica con La Española.
>
> Por aquel entonces, ya se habían producido enfermedades y muertes, cosa que casi siempre sucede en los barcos negreros debido a la avaricia de esos detestabilísimos tratantes, que los induce a abarrotar o atestar las bodegas de sus buques con demasiados esclavos. Pues a bordo del *Zong*, entre su partida de la costa africana y el 29 de noviembre de 1781, fallecieron más de 60 esclavos y siete hombres blancos, y muchos de los esclavos restantes, a la fecha antes mencionada, padecían alguna enfermedad y estaban moribundos.
>
> Es preciso insistir en esas condiciones de enfermedad y mortandad, y también en sus consecuencias, a saber, que los esclavos muertos y moribundos habrían de constituir un gran quebranto para los armadores y, en cierta medida, para las personas empleadas por los armadores, a menos que se hallara algún engaño o argucia para trasladar esa pérdida a la aseguradora, como si se tratara de un caso de echazón, es decir, un recurso necesario consistente en arrojar por la borda parte de la mercancía para salvar el resto. Como decía, es preciso insistir en esas circunstancias, porque son las que señalan la causa más probable de tamaña atrocidad.

Las enfermedades y la mortandad a bordo del *Zong*, antes del 29 de noviembre de 1781 (fecha en que empezaron a arrojar por la borda a los desdichados negros todavía vivos), no fueron fruto de la escasez de agua, pues se demostró que no habían descubierto hasta aquel mismo día, el 29 de noviembre (o el día anterior), que la reserva de agua potable era de solo 200 galones. Lo cierto es que aquel día, o durante la noche, «antes de someter a nadie a racionamiento alguno», y antes de que hubiera una escasez real de agua, «el capitán del buque convocó a unos pocos oficiales y les dijo lo siguiente: que si los esclavos perecían de muerte natural, la pérdida sería para los armadores del barco, pero que si los arrojaban vivos por la borda, la pérdida sería para los aseguradores» y, para justificar tan inhumana proposición, el susodicho Collingwood arguyó que «no sería tan cruel arrojar los pobres enfermos al mar (refiriéndose a los esclavos) como dejarlos unos días más padeciendo las dolencias que los afligían, o se expresó en ese sentido». A dicha proposición parece ser que el primer oficial (el coronel James Kelsal) se opuso al principio diciendo que «no había una escasez real de agua que justificase tal medida», pero «el susodicho Luke Collingwood persuadió a la tripulación, o al resto de ella, para que cediesen a su proposición, y aquella misma noche, y durante los dos o tres días siguientes, el dicho Luke Collingwood escogió u ordenó escoger de entre la mercancía del buque 133 esclavos, todos o casi todos ellos enfermos o débiles, y con pocos visos de sobrevivir, y ordenó a la dotación que, por turnos, fueran arrojándolos al mar, terribilísima orden que se cumplió sin piedad». Tengo constancia, gracias a un acta de la deposición de Kelsal (el primer oficial y uno de los asesinos), de que el 29 de noviembre fueron efectivamente arrojadas por la borda 54 personas vivas, y de que fueron arrojadas otras 42 más el día 1 de diciembre. Y que aquel mismo día, 1 de diciembre de 1781, antes de que se agotara la reserva de agua, cayó una copiosa lluvia que, según reconoció uno de sus propios abogados, «continuó durante un día o dos, y les permitió recoger seis barriles de agua, provisión suficiente para 11 días, o para 23 días a media ración», mientras que el buque arribó realmente a Jamaica al cabo de 21 días, es decir, el 22 de diciembre de 1781. También parece ser que tuvieron la oportunidad de enviar el bote en busca de agua no menos de 13 días antes, es decir, el 9 de diciembre, «cuando alcanzaron la punta occidental de Jamaica, a solo dos o tres leguas de distancia», tal como me informa una persona que iba a bordo y, aun así, a pesar de estas pruebas que demuestran la posibilidad de obtener más provisiones gracias a la lluvia, o de quizá poder aguantar con la nueva reserva de agua hasta poder encontrarse con otro barco, o poder buscar más provisiones en alguna isla, arrojaron otras 26 personas vivas al mar incluso después de las lluvias, personas cuyas manos también iban engrilletadas o atadas. Y todo ello se hizo, parece ser, a la vista de muchos otros desdichados que fueron subidos a cubierta con el mismo propósito abominable, de manera que diez de aquellos desgraciados seres humanos se vieron obligados a saltar por la borda para evitar que los esposasen o les atasen las manos, pero se ahogaron igualmente.[52]

---

[52] Prince Hoare: *Memoirs of Granville Sharp*, Londres, 1820.

TERCERA PARTE

AMÉRICA

7. EL TRABAJO DE LOS ESCLAVOS

El único fin de la trata transatlántica de esclavos consistía en proveer de mano de obra a las plantaciones de América. La gran mayoría de los africanos importados se destinaron a trabajar en la agricultura, sobre todo en la caña de azúcar aunque, con el tiempo, estos y sus descendientes nacidos en aquel continente acabarían repartidos por todas las esquinas de la América colonial, incluso en regiones en las que la esclavitud era un hecho marginal o insignificante. Las cantidades de africanos que se transportaron fueron tales que resultó inevitable que algunos acabaran abriéndose camino hasta llegar a puestos o lugares (e incluso a sociedades lejanas) de los cuales cabría pensar que no necesitaban esclavos. A finales del siglo XVIII los esclavos estaban tan extendidos que acabaron ocupando los roles sociales y económicos más inesperados (para ellos). Se los podía encontrar en la primera colonia penal de Australia, en los muelles de los puertos europeos, en las casas aristocráticas más elegantes de Europa o en los últimos confines explorados. Por ejemplo, el esclavo York fue un miembro imprescindible de la épica expedición que Lewis y Clark llevaron a cabo en 1803 a través de Norteamérica. Hoy en día, la omnipresencia negra en el hemisferio atlántico se considera un fenómeno histórico, pero, en su esencia, hay un simple hecho brutal: los africanos solo estaban en América para el beneficio de sus amos. La aplastante mayoría de los africanos esclavizados se destinaban al duro trabajo de las plantaciones y a aprovechar el potencial de las tierras fértiles que se extendían desde Chesapeake hasta Carolina del Sur, pasando por el sinfín de islas del Caribe, hasta la inmensidad casi virgen de Brasil.

Los primeros esclavos importados por los españoles, pasando en su mayoría por las islas atlánticas, fueron a trabajar a las plantaciones azucareras del Caribe aunque, durante el comienzo de la colonización, también acabaron ocupándose de cualquier tarea que surgiese. No existía entonces una clara separación laboral (ni social) entre negros, blancos e indios nativos. Ante la abrumadora tarea de domar la naturaleza, lograr un hábitat viable y roturar terrenos para la agricultura y la ganadería, los colonos empleaban toda la mano de obra de que disponían: gente libre, personas esclavizadas, siervos con contrato o indios. Tanto para negros como para blancos la vida era en buena medida una cuestión de supervivencia personal y colectiva: o trabajaban juntos, o morían juntos. La mayoría de los primeros colonos pronto se dieron cuenta de que no podrían sobrevivir sin colaborar entre sí. También necesitaban la ayuda de los indios, quienes, por su parte, se enfrentaban a una serie de problemas diferentes: cuanto más estrecha fuera su relación con los invasores (negros y blancos), más precario sería su propio futuro. Durante casi cuatro siglos, y con variaciones locales, el destino de los indios fue similar a lo largo de toda América. Desde el primer desembarco europeo hasta las últimas guerras indias libradas en las Grandes Llanuras de Norteamérica durante el siglo XIX, el contacto entre indios e invasores no reportó a los primeros más que sufrimiento, enfermedades y muerte, a veces a niveles apocalípticos. Sin embargo, sin los indios, en muchos lugares los recién llegados jamás habrían sobrevivido.

La esclavitud despegó de verdad en América con el crecimiento del comercio del azúcar brasileño en el siglo XVI. Cada vez se importaban más africanos para trabajar en las plantaciones de caña brasileñas que, desde unos inicios rudimentarios, acabaron dando lugar a unos complejos y sofisticados sistemas sociales. El proceso de convertir las fértiles pero salvajes tierras tropicales en cultivos de caña de azúcar se completó con un sistema de ingenios (o fábricas) dedicado al procesamiento de la caña para producir azúcar y ron, productos que luego se enviaban a los lejanos puertos de Europa para su posterior refinado y venta. Las plantaciones de caña eran, en su estado de apogeo, una insólita combinación de procesos agrarios e industriales interdependientes, basados ambos en una nueva forma de mano de obra. La esclavitud, tal como surgió en las plantaciones brasileñas primero y caribeñas después, estaba muy regulada y sometida a la disciplina. La disciplina ya no era como la de los antiguos sistemas esclavistas (como en las minas romanas o en las galeras de diversas sociedades esclavistas): lo que apareció en las explotaciones azucareras americanas fue una inusual mezcla de fuerza bruta y violencia combinada con unos incentivos y estímulos más sutiles. Abundaban los castigos y la brutalidad, los látigos y fustas de cuero eran instrumentos básicos para la dirección y aparecen en casi todas las pinturas contemporáneas en las que se representa a los esclavos trabajando. Los visitantes solían comentar que el restallido del látigo era un sonido habitual entre las cuadrillas. Aun así, y tal como acabaron observando los terratenientes, la fuerza bruta por sí sola nunca bastaba para persuadir a los esclavos de que se entregasen a sus tareas.

El factor clave era la organización de los esclavos de las plantaciones. Estos se dividían en cuadrillas: la primera cuadrilla, formada por los más fuertes, se encargaba del trabajo más duro, consistente en desbrozar a machetazos, plantar y estercolar. Una segunda cuadrilla cosechaba la caña y se la iba pasando a la tercera cuadrilla para atarla y cargarla en carros con destino al ingenio (o factoría). Allí se molía la caña, se hervía, se destilaba y se embarrilaba, todo ello realizado por otros esclavos cualificados para el uso de la tecnología requerida para la conversión de la caña en azúcar. Cada sector de la mano de obra, tanto en los campos como en los ingenios, tenía su propia élite: jefes de cuadrilla, carreteros, capataces, cada uno con su función, y todos sometidos a un superior (a menudo, un blanco). Dicha élite de esclavos, formada mayoritariamente por hombres, recibía recompensas especiales, así como mejores alojamientos, ropa y raciones de comida. Además, recibían premios y recompensas para que así se comprometieran con sus propias tareas y con la misión de hacer que sus esclavos subordinados trabajasen denodadamente.

El trabajo en las plantaciones de caña acabó desarrollando sus propias rutinas, sobre todo durante los seis meses del año en que se cosecha y se replanta. Como en toda explotación agraria, había períodos de menor actividad durante los cuales hacía falta menos mano de obra y el ritmo y presión de trabajo no eran tan exigentes. En época de cosecha, aproximadamente desde enero hasta julio, las cuadrillas afrontaban el trabajo más duro y las jornadas duraban de sol a sol. Incluso entonces era costumbre dar un día de descanso a los esclavos para que pudieran recuperarse, trabajar en sus propios huertos o recrearse con lo que quisieran: bebida, música, culto religioso o las actividades normales de la familia o de la vida comunitaria.

Fuera de temporada, la vida de los esclavos era diferente: menos presión, menos rigor. Para empezar, el ingenio no funcionaba y tampoco necesitaba el suministro constante de caña de azúcar. Durante esos meses de menos actividad, a los esclavos se les concedía más tiempo libre y más libertad para moverse. En ocasiones se ausentaban, cosa que los terratenientes toleraban de vez en cuando y siempre que acabaran volviendo a casa.

La situación era diferente en las plantaciones de tabaco, de menor tamaño que las de caña de azúcar, y en donde negros y blancos trabajaban en una relación más estrecha. Los ciclos del crecimiento natural del tabaco eran más amplios y menos exigentes para la mano de obra. Los esclavos no se organizaban en cuadrillas, como en la caña de azúcar, y las tareas no requerían la misma intensidad y brutalidad física propias de las plantaciones azucareras, aunque no dejaba de ser una actividad ardua. Las plantaciones de arroz, por otro lado, se parecían mucho más a las de azúcar en lo que respecta a las exigencias físicas que soportaban los esclavos, en parte debido al entorno físico hostil (y peligroso a veces) necesario para el cultivo de este cereal. En la industria arrocera de Carolina del Sur predominaba el trabajo a destajo, y a los esclavos se les reservaban responsabilidades y tareas específicas. Su trabajo terminaba cuando terminaban las tareas asignadas. Hasta cierto punto, podían establecer su propio ritmo de trabajo.

La esclavitud en Norteamérica es más conocida por su papel en el cultivo de algodón. Sin embargo, la esclavitud algodonera llegó relativamente tarde, a partir de la década de 1790, mucho después de la consolidación de la esclavitud en los cultivos de azúcar, tabaco y arroz. El algodón se acabó convirtiendo en una industria masiva, y las plantaciones del Sur, que se fueron extendiendo en paralelo a la rápida expansión de los Estados Unidos, supusieron el traslado de la esclavitud hacia el oeste, hasta nuevas regiones de Norteamérica, como la frontera entre Texas y Nuevo México. Las plantaciones se llenaron de esclavos traídos desde los antiguos estados esclavistas del este, y también gracias al crecimiento vegetativo de la propia población esclava de los Estados Unidos.

Desde el punto de vista cuantitativo, la esclavitud estadounidense pronto se convirtió en la mayor de las economías esclavistas. En el momento de la independencia de los Estados Unidos (1776), vivía allí medio millón de esclavos, mientras que, al comienzo de la guerra civil (1860), había cuatro millones de esclavos en todo el país, de los cuales el 60 por ciento trabajaba en el algodón. Los Estados Unidos albergaron la mayor población esclava de toda América, a pesar de ser el país que menos africanos había importado por medio de los barcos negreros transatlánticos.

Cualquiera que fuese el cultivo –azúcar, tabaco, arroz o algodón–, cada uno creó un sinfín de empleos para esclavos, aparte del trabajo en el campo. El trabajo manual en los campos iba acompañado de otras actividades cualificadas, consistentes en probar y valorar los cultivos, en saber cuándo había que cosechar, cómo procesar la cosecha y cuándo y cómo había que embalarla y transportarla. Había, además, otros esclavos encargados del mantenimiento de las infraestructuras de la plantación: canteros, carpinteros, toneleros, herreros o carreteros, todo ello sumado a los ejércitos de esclavos domésticos en todas las sociedades esclavistas. Los esclavos también se encontraban más allá de las plantaciones y llegaban a los entornos urbanos para servir en todos los aspectos de la vida local, desde la estiba en los puertos (algunos también trabajaban de marineros de altura y bajura) hasta la producción y venta de alimentos, y desde los últimos confines de la exploración fronteriza (como el caso de York, en la expedición de Lewis y Clark) hasta los ambientes más amables de la alta sociedad europea (donde tener a negros en el servicio doméstico se convirtió en símbolo de estatus de sus propietarios). Otros aparecían en los lugares que, vistos desde hoy, podríamos considerar poco probables, desde la ciudad de Nueva York hasta el servicio doméstico en el Yorkshire rural. En cualquier caso, la función principal de los esclavos era formar un ejército de trabajadores encargados de las tareas más duras a lo largo de toda la América tropical y subtropical.

La esclavitud doméstica era un llamativo aspecto de todas las sociedades esclavistas. Aunque los esclavos domésticos se libraban de las tareas más duras del trabajo al aire libre, a los más problemáticos o indolentes se los solía castigar enviándolos a trabajar en el campo. Por otra parte, el servicio doméstico tenía sus propios peligros y riesgos como cuando, por ejemplo, los esclavos se veían sometidos a la atenta mirada de los amos y sus familias. Las disputas entre esclavos domésticos y mujeres blancas eran frecuentes, y a ello había que sumar las fricciones propias de la vida y el trabajo en contacto estrecho. Las visitas se quedaban impresionadas con la gran cantidad de esclavos que, al parecer, hacían falta dentro y fuera de las casas de los blancos. Los esclavos siempre estaban a mano para cualquier aspecto de la vida doméstica, desde la limpieza y la cocina hasta el cuidado de niños y los servicios sexuales. Eran también un importante conducto de transmisión de noticias y cotilleos, además de encargarse de llevar cosas desde el entorno de los blancos hasta las viviendas de los esclavos. La ropa vieja y la comida pasaban de los amos a los esclavos domésticos, y de estos a las cabañas de los esclavos de campo. Los amos siempre estaban quejándose de los hurtos y de que luego acababan encontrando los objetos desaparecidos en manos de esclavos. Sin embargo, el intercambio de información tal vez fuese lo más importante. Las charlas en la mesa o las conversaciones entre blancos pronto acababan llegando hasta las viviendas de los esclavos. Las noticias acerca de barcos recién llegados de Europa, África u otras partes de América se trasladaban al instante por medio del atento (y normalmente discreto) servicio doméstico, hasta llegar a los esclavos de toda la plantación. Los rumores eran un elemento potente en todas las sociedades esclavistas y, gracias a los domésticos, siempre se acababan filtrando con facilidad desde los amos y amas hasta las viviendas de los esclavos.

En todas partes los sistemas esclavistas estaban diseñados para garantizar el máximo rendimiento de todos los esclavos, es decir, asegurarse de que los amos sacaban el máximo partido a sus propiedades humanas, independientemente de su edad, sexo o condición. Partiendo de esta idea, los esclavos se asignaban a las diversas tareas en consonancia con su edad y fuerza y, luego, iban ascendiendo o descendiendo por la jerarquía laboral, en función de la edad y sus destrezas, o a medida que la fuerza y las capacidades iban disminuyendo con el paso del tiempo. Jóvenes y viejos compartían las tareas más simples; los hombres y las mujeres en su plenitud física se mezclaban para realizar los trabajos más exigentes y a los más prometedores se los instruía para los trabajos cualificados (a menudo siguiendo los pasos de sus padres).

Alrededor de cada forma de trabajo esclavo siempre merodeaba la crucial presencia de los amos blancos (y a veces negros), cada uno con su particular estilo de control.

En todas partes los esclavos tenían que acomodarse a una disciplina de trabajo que era consecuencia del entorno y del cultivo local y, al mismo tiempo, reflejo del enfoque personal que el propietario o capataz aplicaba a la gestión de la esclavitud. Esto era así tanto para las cuadrillas del campo como para los domésticos. Tanto para los africanos recién llegados que, débiles y enfermos, luchaban por sobrevivir en un nuevo hábitat como para los jóvenes esclavos nacidos en el lugar, quienes debían seguir las advertencias de los parientes y compañeros mayores, la disciplina en el trabajo era algo que había que aprender y cumplir.

Todos los esclavos se topaban a lo largo de sus vidas laborales con una gran variedad de hombres encargados de su supervisión, unos benignos y otros brutales, hasta el punto del sadismo. Independientemente de cómo midamos las probabilidades de que un esclavo fuera víctima de un castigo físico, lo que caracterizaba el trabajo esclavista era la ineluctabilidad de la amenaza, el desdén con que se solía administrar el castigo y la aleatoriedad de la violencia en el lugar de trabajo. Aunque los ciclos y calendarios locales variasen de un cultivo a otro e incluyeran períodos de actividad menos intensa, la vida laboral del esclavo nunca dejaba de ser dura y, en general, implacable. En todo caso, la amenaza del castigo físico –como acicate para el trabajo o para satisfacer los caprichos del amo o del capataz– rara vez desaparecía.

Los castigos –sobre todo con el látigo– nunca eran suficientes por sí solos para hacer que los esclavos trabajaran o para mantenerlos bajo control. Esto era así especialmente en los cultivos de caña de azúcar, donde las cuadrillas superaban ampliamente en número a los capataces y en donde, durante la época de la cosecha, los esclavos iban a trabajar armados de una temible variedad de aperos (machetes, azadas, podones o palas) que se podían volver contra los enemigos. Para que fuera efectiva, la mano de obra esclava de toda América también requería incentivos. El tiempo libre, el acceso a la tierra (para el cultivo y la ganadería particulares), las primas por producción y buen comportamiento o las ventajas materiales (más comida, ropa, regalos y prendas usadas) formaban parte del difícil arte de mantener a los esclavos en su sitio y trabajando.

Cuando se enviaba a los africanos a trabajar en América, sus descendientes nacidos allí heredaban la obligación de trabajar contra su voluntad y en cualquier tarea que sus propietarios juzgasen oportuna. Si bien a algunos se les concedía la libertad, lo cierto es que la manumisión era excepcional y los esclavos tenían que trabajar toda la vida a cambio de poco o nada. Las pocas ventajas materiales que obtenían no procedían de los propietarios, sino de su propio esfuerzo durante el tiempo libre. Aun así, esas ganancias eran escasas y fruto de grandes sacrificios y, a pesar de todos los ejemplos que podamos citar de tal o cual esclavo capaz de adornarse tanto a sí mismo como su humilde casa con algún que otro objeto extra (ropa, muebles o pequeños lujos), la verdad es que la mayoría llevaba una vida adusta, carente de toda comodidad material. También es cierto que no todos los propietarios de esclavos eran ricos. A medida que la posesión de esclavos se fue convirtiendo en un modo de vida en Brasil, en el Caribe y en el sur de los Estados Unidos, el esclavismo se fue extendiendo mucho más allá de las grandes haciendas de los terratenientes. Hasta las personas más humildes (incluso los no blancos) poseían esclavos. Los menos pudientes, tanto blancos como «de color», también solían tener esclavos para el servicio doméstico. E igualmente había esclavos trabajando en los buques del Atlántico, embarcados en Europa como marineros esclavizados o como criados de la oficialidad. No está claro si, desde el punto de vista legal, era posible la esclavitud en Inglaterra, pero lo cierto es que en Europa sí que se permitía la compraventa de esclavos. Ahora bien, ¿cuál podría ser su interés económico en Europa, donde la mano de obra ya era abundante y barata? La propia existencia de esclavos negros en el Viejo Continente, donde la esclavitud de los nativos ya había desaparecido hacía tiempo, es un claro indicio de su importancia en todo el ámbito atlántico. Era un fenómeno que había desbordado sus principales áreas de implantación, desde las haciendas de caña, tabaco, arroz y algodón, hasta llegar a todos los rincones de las economías y sociedades atlánticas. La mano de obra esclava se había vuelto indispensable en América, y la economía occidental acabó dependiendo de ella para obtener una serie de materias primas tropicales y subtropicales que Europa consumía en cantidades cada vez mayores.

La mano de obra esclava ya era una institución insólita cuando los europeos realizaron sus primeras y tímidas exploraciones a través del Atlántico. Transcurrido siglo y medio, se había convertido en un medio fundamental para la colonización y desarrollo de determinadas regiones clave en América. Pocos dudaban de que el desarrollo económico experimentado por las colonias esclavistas americanas jamás habría sido posible sin la esclavitud. Entretanto, la esclavitud había dejado de ser una institución anticuada y casi olvidada para convertirse en una fuerza productiva vital. Los europeos habían diseñado nuevas formas de esclavización de los africanos para aprovechar el potencial económico de América. Sin los africanos, es difícil imaginar cómo habría logrado el mundo occidental prosperar gracias a sus colonias tropicales americanas.

La gran mayoría de los africanos embarcados hacia América iban destinados inicialmente a las haciendas azucareras. Estas explotaciones, en su momento de apogeo, eran unas organizaciones complejísimas en las que el disciplinado y reglamentado trabajo de campo estaba conectado con la producción de azúcar en un ingenio adyacente, aunque también existían haciendas mucho más pequeñas. Thomas Roughley nos ofrece en este texto de 1823 una descripción ya clásica del trabajo de los esclavos en las haciendas azucareras:

La gran cuadrilla. Nada estimula más el sistema de plantación que la felicidad de esta admirable fuerza efectiva formada por la flor de todos los batallones de campo, reclutada de entre todas las demás cuadrillas cuando llegan a una edad apta para soportar el trabajo más duro. Se los instruye para que sean expertos en las más arduas tareas del campo: carreteros, pastores, muleros, caldereros y destiladores. Son ellos la esencia de una hacienda, sus cimientos en todo tiempo y circunstancia; son la prez del hacendado, los favoritos del mayoral, que es quien los dirige. Comandados por su jefe de campo, el capataz jefe, inspiran confianza y se ganan el respeto. Esta cuadrilla, compuesta por una mezcla de hombres y mujeres capacitados que a veces llegan a sumar un centenar, debe encargarse siempre del trabajo de campo, que requiere fuerza y destreza en su ejecución, como puede ser el caso de construir caleras, abrir hoyos para la siembra, construir caminos a través de la hacienda, cavar zanjas, levantar paredes de piedra, plantar cañas y otros cultivos comestibles, desmochar las cañas pesadas, cortar y atar cañas y puntas en época de zafra, cortar leña de almácigo, manejar el molino, acarrear el rastrojo verde desde el molino hasta el almacén y reparar las carreteras públicas cuando se reparten tierras. Siempre se debe facilitar buenas azadas, podones, navajas y hachas a estos hombres que saben emplearlas con habilidad y que, por su parte, deben mantenerlas en el mejor estado posible. Se los debe obligar a trabajar en líneas paralelas, tal como se los disponga. El capataz jefe, su ayudante y el contable deben visitar cada fila para comprobar que trabajan bien. Conviene animarlos a que, mientras trabajan, uno de ellos se arranque con una canción alegre a la par que decorosa, acompañada a coro por los demás, pues se los tiene por buenos compositores a su manera. No se les debe infligir castigo alguno a menos que sea absolutamente necesario, y siempre con misericordia. Cuando hace mal tiempo conviene dar a cada uno un vaso de buen ron y, cuando estén ocupados haciendo caleras, carreteras o cavando hoyos para la siembra, también se le debe dar a cada uno una ración de ron y azúcar. El cocinero debe darles el desayuno con puntualidad a las nueve en punto de la mañana, y hay que darles su ración de sal de manera constante. Si se los mantiene en buen estado, trabajarán como corresponde.

La segunda cuadrilla. Esta cuadrilla habrá de estar formada por aquellos que se consideren de condición más bien débil, como madres con niños de pecho, muchachos escogidos entre la cuadrilla de los niños, desde los 12 hasta los 18 años, y viejos con fuerza suficiente para el trabajo de campo. Deberán tener a un capataz bueno que los siga y los dirija. Se deberá velar por que su fuerza y capacidades se ajusten al trabajo de campo de segundo orden, tal que limpiar y apilar cañas nuevas, hacer retoños, trillar cañas ligeras, cortar y amontonar estiércol, plantar semilla, rozar hierba, cargar caña seca en tiempo de zafra hasta las bocas de los hornos y otras tareas semejantes que no requieran demasiada fuerza. A las madres de niños de pecho se las deberá proveer de niñeras que cuiden de sus hijos mientras ellas trabajan en el campo, y de una cabaña situada en un lugar a mano en donde puedan guarecerse si hace mal tiempo. En el campo, a una de cada cuatro madres se le permitirá ir a dar el pecho a su hijo durante un cuarto de hora, y las demás irán después sucesivamente, para que los niños no estén necesitados, y a dichas madres no se las obligará a ir a trabajar antes del amanecer ni se las obligará a seguir trabajando tras la puesta del sol. Se les deberá entregar una asignación semanal, consistente en una pinta de harina de trigo o de maíz, más una ración de azúcar por cada niño. A las madres y a los niños hay que mantenerlos aseados y sin niguas. A cada niño se le deberá dar una o dos yardas de franela y lana para vestirse y abrigarse, además de su asignación habitual de ropa [...].

La tercera cuadrilla, o cuadrilla de rozadores. El siguiente es este grupo, formado por la generación más joven y que, con el paso del tiempo, acabará cubriendo todos los puestos que surjan en todas las ramas de la población esclava. Su mérito es importante dentro de su ámbito de actuación. Las expectativas que se depositan en ellos son aún mayores con vistas al futuro. Son los carreteros, pastores, muleros, carpinteros, toneleros y canteros en estado embrionario [...].

Los niños negros, una vez superada la edad de cinco o seis años, y si no se hallan afectados de pian o de escrófula y están sanos, se deben separar de la niñera de la casa de los negros y ponerse bajo el cuidado de la capataza encargada de mandar la cuadrilla de rozadores [...]. Para supervisar, instruir y gobernar a esta cuadrilla de aprendices, conviene escoger a una negra experimentada en toda clase de trabajos de campo y dotarla de una vara práctica y flexible, más para infundir miedo que para infligir castigos. Yo me inclinaría por una mujer que haya tenido y criado numerosos hijos sanos, en vez de una criatura estéril, pues la mente de esta última suele estar afectada por la naturaleza de su cuerpo [...]. A cada niño se le debe dar una azadilla ligera, con un mango proporcionado y bien fijado. Tales aperos se los debe afilar cuando sea preciso algún carpintero o tonelero, y se los deberán mantener bien acuñados. A cada uno se le habrá de dar una navaja y un cesto pequeño y apropiado para cargar boñigas. Es preciso instruirlos para que, en la época de plantar, vayan con esos cestos ayudando a la gran cuadrilla y echando estiércol por delante de ellos en cada hoyo, cosa que pueden hacer con mucha maña y, así, de este modo, aprenden cómo se planta y se clava la caña en la tierra. Cuando hagan bien su trabajo, y cuando el sol apriete con más rigor de lo habitual, conviene animarlos dándoles una bebida hecha con agua, azúcar y zumo de lima que los refrescará y vigorizará. Se los deberá inspeccionar minuciosamente en busca de niguas, y en la cabeza y en el cuerpo se deben buscar escrófulas; estas últimas, cuando se encuentren, deberán ser tratadas de inmediato por el médico del hospital aplicándole el ungüento preciso, y no se los deberá mandar a trabajar hasta que se curen. Su aseo debe ser ejemplar, y su comida debe reforzarse con una pequeña cantidad de carne de cerdo o pescado salados, más algo de legumbres, como guisantes o alubias [...]. Cuando estos niños alcanzan la edad de 12 años y tienen buena salud, ya son aptos para pasarlos a la segunda cuadrilla, avanzando así de una cuadrilla a otra.[53]

Entre las formas de trabajo esclavo más duras en América, la de las haciendas azucareras es una de las más conocidas, pero también estaba el cultivo de arroz en Carolina del Sur. En el siguiente relato de Basil Hall, del año 1820, se describe el funcionamiento y la dureza de aquella actividad:

> Después de comer fuimos a dar un paseo por la plantación llevados por nuestro amigo Solomon, quien resultó ser un guía inteligentísimo y agradabilísimo, mucho más de lo que podríamos

---

[53] Thomas Roughley: *The Jamaica Planters' Guide*, Londres, 1823.

esperar de cualquier otro capataz. La imaginación nos muestra a este tipo de personajes blandiendo el látigo y, aunque ello sea cierto, pues ese símbolo de autoridad nunca se deja de lado, este no lo empleó durante nuestra estancia ni se mostró en absoluto tiránico ni desalmado en el trato con sus subordinados. Hallamos al grueso de los negros construyendo una presa para contener las aguas de un río que por allí pasa y que había inundado algunos arrozales. Los negros estaban trabajando dispuestos en una larga hilera, como si de una fila de hormigas se tratara, cargando con cestas de tierra sobre la cabeza, bajo la supervisión de dos capataces asimismo negros. La faena semejaba dura y, hacia el final de la jornada, algunos de entre aquella pobre gente, especialmente las mujeres, parecían bastante cansados.

Aquella plantación, en el momento de nuestra visita, abarcaba 270 acres de arrozal, 50 de algodón, 80 de maíz y 12 de patatas, además de algunas pequeñas huertas. Todo el conjunto lo trabajaban 80 personas. En ciertas épocas se emplea un arado para las malas hierbas, pero todo ese trabajo esencial y laborioso que consiste en preparar la tierra, así como la siembra y la cosecha, se hace a mano exclusivamente.

Al día siguiente nos marchamos de la plantación de nuestro hospitalario amigo y fuimos hacia el sur. No tuvimos dificultad en encontrar otra vez alojamiento, pues la amable gente de Charleston nos había facilitado numerosas recomendaciones y, al mismo tiempo, nos había encarecido a considerar abierta toda casa que halláramos si necesitábamos alojarnos en ella. Un viajero buen conocedor de aquel camino nos había aconsejado el mejor sitio para alojarnos, y así llegamos hasta un establecimiento muy prometedor y que se correspondía completamente con la descripción facilitada. El señor de la casa estaba por los campos, pero los siervos tenían órdenes de recibirnos, según nos dijeron, y nos rogaron que entrásemos.

Como hacía calor y no había viento, todas las ventanas estaban abiertas, y atravesamos la casa hasta salir a un ameno jardín a orillas del río Combahee, que fluía majestuosamente desde el mar. Nuestro huésped, que pronto se unió a nosotros, nos explicó que aquella corriente que veíamos se debía a la crecida del mar, a pesar de estar a 30 millas de allí. Ese flujo y reflujo de los ríos que se entrelazan en las partes llanas de Carolina del Sur es de suma importancia para los arroceros, pues les permite regar los campos en la época y en las cantidades apropiadas, una ventaja para la producción de esos cultivos tan magníficos y famosos en todo el mundo.

Durante nuestra estancia en aquella hacienda tan amplia y tan bien gobernada, tuvimos la ocasión de iniciarnos en los misterios del cultivo del arroz, cereal básico de Carolina. Es un grano que se siembra en filas, en el fondo de unos surcos hechos completamente por mano de obra esclava. Dichos surcos distan entre sí unas 17 pulgadas de medio a medio. El arroz se planta a mano, tarea habitual de mujeres, y nunca se esparce, sino que se echa de modo que forme una línea. Este trabajo se hace en torno al 17 de marzo. Mediante un sistema de esclusas, se deja que el agua inunde los arrozales y permanezca sobre el suelo durante cinco días con una profundidad de varias pulgadas. El fin de esta inundación es lograr que germinen las semillas, como se dice técnicamente. Después se vacía el agua y se deja secar el terreno hasta que el arroz alcance cuatro hojas de altura, es decir, entre tres y cuatro pulgadas. Para ello hace falta un mes. Entonces se vuelven a inundar los arrozales y se quedan así durante más de una quincena para matar, de ese modo, las hierbas. Estos procesos prolongan los trabajos hasta el 17 de mayo, fecha en que se deja secar el arrozal hasta el 15 de julio. Durante ese período se cava la tierra repetidas veces para acabar con las hierbas que no hayan muerto, y para soltar la tierra. Entonces se vuelve a inundar por última vez con el fin de que el arroz alcance su madurez y entre en sazón mientras aún está en el agua. La cosecha comienza a finales de agosto y dura hasta octubre. Lo cosechan los esclavos empleando hoces, mientras que las mujeres se encargan de juntarlo en gavillas. Comoquiera que, por lo visto, ningún ingenio ha sido todavía capaz de superar la dificultad de, mediante maquinaria, separar los granos sin romperlos, toda esta parte del proceso se hace a mano con mayales en una era.

El cultivo de arroz se me describió como el trabajo más insalubre, y con diferencia, de todos cuantos emplean esclavos, quienes, a pesar de todo el cuidado que se ponga, perecen a causa de él en grandes cantidades. Las causas de tan terrible mortandad son la humedad y el calor constantes, sumados a la sucesión de inundaciones y secados de los arrozales, en donde los negros trabajan sin parar, a veces con los pies hundidos en el barro hasta los tobillos, con las cabezas descubiertas expuestas a los furiosos rayos del sol. En esas épocas sobra decir que todo hombre blanco abandona el lugar y se va al interior, a tierras más altas, y si se lo puede permitir, viaja al norte, hasta los manantiales de Saratoga o hasta los lagos del Canadá.[54]

Las plantaciones tabaqueras de Chesapeake, la región de las colonias norteamericanas en donde arraigó la esclavitud, tendían a ser mucho más pequeñas que las de caña de azúcar. Al principio, y al igual que en las plantaciones

---

[54] Basil Hall: *Travels in North America*, vol. II, 1829.

antillanas, la población esclava destinada al tabaco fue creciendo gracias a las importaciones desde África y el Caribe. Sin embargo, con el paso del tiempo, dicha población fue creciendo de forma natural, de modo que, llegado el año 1776, momento de la independencia de los Estados Unidos, en Norteamérica ya no hacía falta importar más africanos. En el siguiente pasaje Hugh Jones describe las plantaciones tabaqueras de Virginia en 1724:

> El país entero es una perfecta floresta, excepto allí en donde el bosque se ha talado para las plantaciones, y en los campos antiguos labrados por los indios en donde hubo poblados de ellos, o en los campos y prados en donde se incendió el monte para la caza con fuego, etcétera; entre los arroyos y los ríos hay grandes ciénagas y marismas estancadas, mientras que en el interior hay sabanas áridas.
>
> Las moradas de los señores distinguidos están hechas, en su mayor parte, de buen ladrillo, y otras muchas son de madera, muy hermosas, cómodas y espaciosas. También los granjeros llanos viven en bellas casas de madera, en general más cuidadas que las casas de campo de Inglaterra. De madera también se construyen las casas de los mayorales y sus dependencias, con la cocina separada de la casa a causa del olor de la comida caliente, que es molesto cuando hace calor.
>
> Los negros viven en pequeñas casas llamadas cuartos, en grupos de media docena, bajo la dirección de un mayoral o caporal que se encarga de ver que trabajen la parcela de tierra que el amo les asigne, y en la cual crían cerdos y demás ganado, y plantan maíz y tabaco para aprovechamiento de su señor; de ahí toma el mayoral

una parte (un dividendo) proporcional al número de braceros, incluido él mismo; eso se suma a ciertos privilegios en su salario, cosa que es gran recompensa por sus esfuerzos y un acicate para que cuide del trabajo, la salud y mantenimiento de los negros.

Los negros son muy numerosos, y algunos señores los tienen a centenares y de toda clase, y les reportan grandes beneficios; para ello se ven obligados a mantenerlos en buen estado, a no deslomarlos por exceso de trabajo, a no hambrearlos, y sí darles otros incentivos en favor de ellos, cosa que se hace en gran medida sobre todo con los que son laboriosos, diligentes y honrados; aun así, algunos señores, indiferentes a su propio interés y reputación, son demasiado crueles y negligentes.

El número de negros no solo se incrementa gracias a las nuevas remesas llegadas de África o de las Indias Occidentales, sino también porque son muy prolíficos entre ellos, y quienes nacieron allí hablan muy bien el inglés e imitan nuestra lengua, hábitos y costumbres. Aunque por naturaleza sean bárbaros y de temperamento cruel, se los somete bien con severa disciplina cuando es preciso y, con leyes apropiadas, se impide que escapen, causen daño a los ingleses o descuiden su trabajo.

El trabajo de ellos (o esa supuesta esclavitud) no es muy arduo, pues su principal desventaja es que tanto ellos como su descendencia carecen de libertad y albedrío y son propiedad de sus amos, mas, cuando se los libera, en general ya no saben cuidar tan bien de sí mismos. Además, muchos de ellos tampoco vivían con tanta abundancia en sus países de origen, en donde se esclavizan unos a otros o caen cautivos de sus enemigos.

Los niños pertenecen al amo de la mujer que los pare, y a los que son hijos de una negra y un europeo se los llama mulatos, mientras que a quienes son hijos de un indio y una negra se los llama zambos.

El trabajo de estos consiste en cuidar del ganado y plantar maíz, tabaco, fruta, etcétera, cosa que no es más dura que majar, levantar cercas o cavar zanjas; además, aunque estén fuera con el calor –que tanto les gusta–, cuando llueve o hace frío, hay poca ocasión de trabajar en los campos, y son pocos los que tienen permitido salir por miedo a que caigan enfermos o mueran, cosa que sería gran pérdida para los propietarios, pues un buen negro puede llegar a valer 60 (o aun 80) libras esterlinas si tiene algún oficio; por este motivo (si es que no hay otros motivos), se ven obligados a no deslomarlos con el trabajo, sino más bien a darles ropa y comida suficientes y a cuidar de su salud.

A parte de ellos se los instruye para que sean aserradores, carpinteros, herreros, toneleros, etcétera, pero en su mayoría no son ni los más aptos ni los más hábiles pues, por su naturaleza, están hechos para el trabajo duro y para el esfuerzo, que es en lo que rinden bastante bien, aunque mucho menos que los indios que hayan aprendido y visto las mismas cosas. Y son los negros que fueron esclavos en su propio país los que mejor sirven, pues quienes allí fueron reyes o nobles aquí suelen ser perezosos, altivos y tozudos, mientras que los otros son más vivos, bienhumorados y laboriosos.[55]

La sociedad esclavista consistía en mucho más que todas aquellas hordas de braceros. Las haciendas y las comunidades locales que estas sostenían necesitaban numerosos oficios para un funcionamiento ordenado y rentable.

---

[55] Hugh Jones: *The Present State of Virginia* (1724), edición de R. L. Morton, Chapel Hill, 1956.

La siguiente descripción que hace George Mason de los esclavos menestrales de la Virginia del siglo XVIII nos permite entrever la diversidad de oficios que ejercían en América:

> Mi padre tenía entre sus esclavos carpinteros, toneleros, aserradores, herreros, curtidores, zapateros, hilanderos, tejedores e incluso un destilador. Sus bosques proveían de madera y tablas a los carpinteros y toneleros, así como carbón de leña para el herrero. El ganado que se mataba para consumo propio o para vender fornecía pieles a los curtidores y zapateros, las ovejas daban lana, los campos producían algodón y lino para los tejedores e hilanderos, y los pomares producían fruta para aprovechamiento del destilador. Los carpinteros y aserradores construían y reparaban todas las casas, graneros, establos, arados, carretillas, cancillas, etcétera, en las plantaciones y en las dependencias anejas a la casa. Los toneleros fabricaban los bocoyes en que se vende y se cotiza el tabaco, y barriles para la sidra y otros licores. Los curtidores, con sus propias cubas y demás, curtían y trabajaban las pieles, tanto las más finas como las más bastas, para satisfacer las necesidades de toda la hacienda, y los zapateros las aprovechaban haciendo calzado para los negros [...]. Los herreros fabricaban todos los herrajes necesarios para la hacienda, además de fabricar y reparar arados, gradas, cadenas, cerrojos, etcétera. Los hilanderos y tejedores hacían toda la ropa y medias bastas para uso de los negros, y otros de factura más fina para la familia blanca, casi todo para los niños. El destilador fabricaba en otoño una gran cantidad de licor de manzana, melocotón y guayacán [...]. Todas estas tareas se realizaban en la casa, y los productos se repartían según las necesidades a las diferentes plantaciones. Además, todo el ganado vacuno y los cerdos

para consumo propio o para vender se llevaban y se mataban allí en sazón, y todo cuanto era preciso conservar se salaba y se guardaba para su posterior distribución.[56]

En toda América los esclavos tenían un precio. Se compraban, se vendían, se intercambiaban y se heredaban como cualquier otro bien. Su valor comercial dependía de la edad, el estado de salud y las habilidades. A continuación vemos una lista publicitaria de esclavos a la venta en la *Virginia Gazette*, en 1768:

Lotes	Precio	Descripción de los lotes
1 de	180 £	Un negro, de nombre Ralph, unos 22 años, excelente refinador.
1 de	220 £	Un negro, de nombre Isaac, unos 20 años, excelente martillador y refinador.
1 de	250 £	Un negro, de nombre Sam, unos 26 años, buen vendedor; y su mujer Daphne, con buena maña para la azada y para la casa.
1 de	200 £	Un negro, de nombre Abraham, unos 26 años, excelente herrero.
1 de	150 £	Un negro, de nombre Bob, unos 27 años, buen maestro carbonero.
1 de	90 £	Un negro, de nombre Dublin, unos 30 años, muy buen carbonero.

[56] Extraído de Edmund S. Morgan: *Virginians at Home*, Charlottesville, 1952, pp. 53-54.

1 de	90 £	Un negro, de nombre London, unos 25 años, muy buen carbonero.
1 de	90 £	Un negro, de nombre Cambridge, unos 24 años, buen carbonero.
1 de	90 £	Un negro, de nombre Harry, muy buen carbonero.
1 de	100 £	Un negro, de nombre Toby, muy buen maestro carbonero.
1 de	120 £	Un negro, de nombre Peter, unos 18 años, carretero muy bueno y responsable.
1 de	190 £	Un negro, de nombre Dick, unos 24 años, muy buen herrero, con herramientas incluidas.
1 de	80 £	Un negro, de nombre Sampson, unos 32 años, patrón de barcaza.
1 de	70 £	Un negro, de nombre Dundee, unos 38 años, buen bracero.
1 de	85 £	Un negro, de nombre Caroline Joe, unos 35 años, muy buen bracero.
1 de	110 £	Una negra, de nombre Rachel, unos 32 años, y sus hijos Daniel y Thompson, muy buenos ambos.
1 de	70 £	Una negra, de nombre Hannah, unos 16 años.
1 de	75 £	Un negro, de nombre Jack, buen bracero.
1 de	75 £	Un negro, de nombre Ben, unos 25 años, buen criado doméstico, buen cochero, etc.
1 de	120 £	Un negro, de nombre Robin, buen aserrador, junto con Bella, su mujer.
1 de	70 £	Una muchacha negra, de nombre Sukey, unos 12 años, y otra de nombre Betty, unos 7 años, hijas de Robin y Bella.

1 de	75 £	Un negro, de nombre York, buen aserrador.
1 de	80 £	Una negra, de nombre Kate, y la hija pequeña, Judy.
1 de	60 £	Una negrita (Aggy) y un negrito (Nat), hijos de Kate.
1 de	75 £	Un negro, de nombre Pompey, joven.
1 de	110 £	Una buena mujer de cría, de nombre Pat, coja de un pie, preñada, más sus tres hijos: Let, Milley y Charlotte.
1 de	60 £	Un buen muchacho, de nombre Phil, hijo de Patty, unos 14 años.
1 de	50 £	Un negro, de nombre Tom, un hombre extraño.
1 de	280 £	Un negro, de nombre Caesar, unos 30 años, muy buen herrero, más su mujer, de nombre Nanny, y sus dos hijas: Tab y Jane.
1 de	110 £	Un negro, de nombre Edom, unos 23 años, herrero con cuatro años en el oficio.
1 de	160 £	Un negro, de nombre Moses, unos 23 años, muy buen bracero, más su mujer, Phebe, buena sirvienta joven, con su hija Nell.[*]

[*] *The Virginia Gazette,* 1 de diciembre de 1768.

8. LA RESISTENCIA DE LOS ESCLAVOS

La esclavitud transatlántica era un sistema caracterizado por la violencia. A los africanos los esclavizaban a la fuerza, los transportaban de manera brutal y, como hemos visto, los mantenían trabajando toda la vida gracias a un agresivo sistema de gestión que no escatimaba nada los castigos físicos. Podría parecer que, bajo una violencia (o amenaza de violencia) tan persistente y extendida, los esclavos simplemente se someterían y, por supuesto, que muchos así lo hicieron, pero la historia de la esclavitud es también una historia de resistencia. Aquello no fue un simple triunfo aplastante de las clases propietarias de esclavos.

Los esclavos se resistieron a su cautiverio a lo largo de toda la historia de la esclavitud, desde la Antigüedad hasta los últimos días de la esclavitud atlántica. Sin embargo, la idea de resistencia puede resultar engañosa, aunque solo sea porque abarca una amplia gama de respuestas por parte de los esclavos ante el mundo que los rodeaba.

De principio hasta el fin los esclavos siempre procuraron establecer una distancia física o social entre ellos y la esclavitud: la mejor opción parecía la de resistirse por cualquier medio, o bien aislarse de sus consecuencias más molestas. En un extremo de la resistencia estaban los actos de violencia y rebelión, mientras que el otro extremo consistía en trabajar con una indolencia deliberada o fingir estupidez. La resistencia ya empezaba en el momento mismo de la esclavización en África. Los africanos, si tenían la ocasión, se escapaban de sus secuestradores mucho antes de llegar a la costa atlántica, pero, cuanto más lejos estaban del punto de esclavización, más lejos estaban de acceder a un lugar seguro. Tanto en África como en América, los esclavos huidos se enfrentaban al problema básico de sobrevivir en un entorno desconocido y hostil.

Incluso estando encadenados e intimidados dentro de los buques negreros, los africanos intentaban escapar y, por ese motivo, los negreros, atentos al constante riesgo de que los esclavos se arrojasen por la borda solos o en grupo, instalaban redes de seguridad por todo el barco y vigilaban muy de cerca a los cautivos cuando los sacaban a hacer ejercicio. Aun así, por muy atentos que estuvieran, los tratantes no podían impedir los suicidios por parte de los esclavos. Y a pesar de todas las armas de fuego, de los grilletes y de la violencia sistematizada a bordo, tampoco podían impedir que los africanos intentaran hacer daño o vencer a la tripulación. Tenemos conocimiento de, al menos, cuatrocientos motines a bordo de buques negreros, desde pequeños estallidos de violencia hasta el completo sometimiento –y muerte– de la dotación e incluso la destrucción del propio barco. Es posible que el 10 por ciento de todos los viajes experimentasen alguna clase de revuelta entre los africanos. No sorprende, por tanto, que durante la travesía las actitudes de la tripulación ante los africanos estuvieran marcadas por una mezcla de desconfianza y miedo.

El temor a los esclavos continuaba una vez llegados a América y seguía siendo un aspecto preeminente de todas las sociedades esclavistas americanas, lo cual modeló toda su configuración legal y social. Era un temor que conformaba (y periódicamente reforzaba) el poder de los propietarios y determinaba las restricciones impuestas a la vida individual y colectiva de los esclavos. A los propietarios de todas partes les preocupaba que los esclavos fueran peligrosos, estuvieran dispuestos a responder con violencia, tuvieran tendencia a escaparse o rebelarse y mostraran siempre mala actitud, es decir, que fueran perezosos, mentirosos y estúpidos. Todos y cada uno de los aspectos de la vida de los esclavos estaban regulados y controlados mediante leyes y convenciones basadas en la total desconfianza.

Los esclavos solían escaparse de sus dueños y de las haciendas. Esta tal vez fuese una de las características más constantes de las sociedades esclavistas, pero lo cierto es que huían por muchas razones diferentes. Los casos de fugitivos más llamativos eran las comunidades de cimarrones que se desarrollaron en numerosos territorios americanos. Se trataba de fugitivos que se habían liberado para crear comunidades libres en las regiones más remotas e inaccesibles de las colonias: en el montañoso interior de la región del Cockpit de Jamaica, en las selvas tropicales de Surinam o en el impenetrable interior de Bahía. Algunas de aquellas comunidades sobrevivieron a lo largo de toda la historia de la esclavitud para acabar emergiendo, llegada la emancipación, como comunidades con una sensibilidad independiente que ha durado hasta nuestros días. Otras terminaron en conflictos violentos o en suicidios colectivos. En un principio predominaban los africanos, actuando a menudo como si fueran guerrillas y siempre con intenciones separatistas, de modo que las autoridades siempre las consideraban una amenaza, aunque algunas acabaron llegando a acuerdos con los gobiernos coloniales, los cuales les permitieron seguir existiendo como comunidades independientes.

Más frecuente era que los esclavos, simplemente, se escaparan solos y por su cuenta. Algunos, cuando ya no estaban dispuestos a tolerar más violencia física (y sexual), huían de la brutalidad. Otros (tal vez la mayoría) se marchaban en busca de sus seres queridos: parejas, hijos, padres, parientes y amigos. Dado que a los esclavos los esparcían a los cuatro vientos por motivos puramente económicos (los propietarios dividían las familias) o se casaban/asentaban con parejas que pertenecían y vivían con propietarios de lugares lejanos, este hecho no puede sorprendernos. A veces, y por raro que parezca, los terratenientes incluso hacían la vista gorda con el absentismo de los esclavos: si la carga de trabajo flojeaba o la comida escaseaba, los propios dueños a veces dejaban de buen grado que los esclavos se escabullesen, pero siempre dando por hecho que tendrían que volver cuando se les exigiera. La prensa colonial abundaba en anuncios en los que se reclamaban los esclavos escapados pidiendo su devolución o preguntando por su paradero. Los propietarios de los esclavos normalmente sospechaban adónde podría haber escapado el fugitivo: solían irse junto a un familiar o un ser querido, o bien se escondían cerca de una casa en la que hubieran vivido antes.

Lo que más temían los propietarios de esclavos era la violencia física. Existían ciertos temores universales a que los esclavos domésticos atacaran por la noche, o a que los hombres jóvenes (siempre un problema para los amos) dieran rienda suelta a la ira propia de la edad tras un insulto o tras una paliza excesiva. Las palabras ofensivas o las agresiones por parte de los amos podían despertar (y, de hecho, así sucedía) la furia y las respuestas violentas de los esclavos. También existía el miedo a las agresiones sexuales aunque, por lo que se sabe, las violaciones a mujeres blancas por parte de esclavos eran pocas e infrecuentes, y apenas se acercaban al nivel de las agresiones sexuales a esclavas por parte de hombres blancos.

La gran diversidad de leyes coloniales y costumbres locales que surgieron para atajar la violencia de los esclavos preveían castigos ejemplares y brutales para todos los esclavos delincuentes. Las colonias esclavistas contaban con códigos penales más sanguinarios que cualquier otro código vigente en Europa. Los castigos corporales previstos por la ley estaban a la orden del día, y se ofrecían soluciones para toda clase de transgresiones cometidas por los esclavos (para inquietud de los visitantes foráneos, que tampoco eran ajenos a la violenta política en materia penal). Por supuesto, tales castigos se sumaban a cualesquiera otros golpes y latigazos *ad hoc* que la gente pudiera infligir a sus esclavos. Los blancos temían que los negros respondieran proporcionalmente a la violencia con que trataban de forma cotidiana y, en general, sin regulación a sus bienes humanos. El peor temor debía de ser que los esclavos actuaran de la misma forma que sus amos.

En ocasiones los esclavos sí que hacían realidad las pesadillas de los amos: herían y a veces incluso mataban a los amos y a sus hijos; se revolvían cuando los atacaban, dañaban o destruían bienes; se conjuraban, y se rebelaban. En el Caribe eran habituales las revueltas esclavas.

Hubo estallidos de violencia en islas pequeñas (Antigua, 1735-1736; Granada, 1795-1796), en islas grandes (Jamaica, 1760 y 1831-1832) e incluso en la diminuta Barbados (1816). A veces los terratenientes y sus fuerzas armadas coloniales apenas eran capaces de contener esas insurgencias. Las causas de aquellos estallidos eran diversas y poco claras: una mezcla de reivindicaciones locales, la presencia de esclavos con un liderazgo muy fuerte, noticias preocupantes procedentes del exterior, ambiciones frustradas o esperanzas malogradas. En todo caso, el resultado siempre era el mismo: la violencia de los esclavos era respondida con la represión violenta y a gran escala por parte de los terratenientes. Los derramamientos de sangre para reprimir los levantamientos esclavos fueron empeorando cada vez más. A principios del siglo XIX parecía que a los esclavos solo se los podía mantener a raya ejerciendo una violencia casi medieval. Y, si eso era así –comenzaron a preguntarse los extranjeros–, ¿de verdad valía la pena? ¿Cómo se podían justificar semejantes represalias y matanzas (especialmente ante una opinión pública europea cada vez más escéptica)? Los excesos violentos de las clases propietarias de esclavos, sobre todo en el Caribe, acabaron resultando contraproducentes y contribuyeron a cambiar la opinión pública en favor de la liberación de los negros.

Las rebeliones de esclavos eran menos comunes en Norteamérica que en las Indias Occidentales o en Brasil.

Aun así, allí también se produjeron grandes levantamientos o conspiraciones: la de Stono (Carolina del Sur, 1739), la de Pointe Coupee (Luisiana, 1796), la conspiración de Denmark Vesey de 1822 y la rebelión de Nat Turner en 1831. Como siempre, las represalias fueron tremendas. Al igual que en las demás sociedades esclavistas, tras las revueltas se produjo un endurecimiento de las legislaciones locales en materia de esclavos. Por su parte, los esclavos que no participaban en las revueltas acababan pagando el pato por el fracaso de los rebeldes.

A pesar de que las revueltas esclavas se produjeron por toda América, solo la épica revolución de Haití (1791-1804) –consecuencia de la Revolución francesa– logró acabar con una sociedad esclavista. La independencia de Haití, la primera república negra fuera de África, resonó por toda la América esclavizada. Los refugiados (tanto blancos como negros) se dispersaron por las islas vecinas y por Norteamérica. Pero lo más preocupante de todo fue el ejemplo que supuso el éxito de aquella revuelta negra y el sencillo mensaje de igualdad negra que emitía Haití. Ese fue el golpe más duro: aunque la de Haití fue la única rebelión que consiguió erradicar la esclavitud por completo, constituyó una amenaza al sistema esclavista y a los propietarios de esclavos de todas las esquinas del continente.

Posteriormente llegó una serie de revueltas en todo el Caribe británico. Además, tras las importaciones masivas de africanos a Brasil entre 1807 y 1835, también allí se produjeron revueltas locales. De estas, la más multitudinaria e importante fue la de los *malês* en 1835, protagonizada por los esclavos musulmanes.

Las rebeliones de los esclavos (sobre todo en las Indias Occidentales británicas a principios del XIX) contribuyeron a socavar el sistema esclavista y a convencer a la opinión pública británica de que la esclavitud estaba condenada y había que abolirla. Sin embargo, y dejando a un lado el caso de Haití, las revueltas esclavas no tuvieron éxito, lo cual nos plantea unas sencillas preguntas: ¿qué querían lograr los esclavos con sus actos de resistencia?; ¿a qué aspiraban?; ¿qué podemos deducir de la historia de la resistencia de los esclavos frente a sus propietarios?

La principal observación que debemos apreciar es que la rebelión probablemente fuera un hecho atípico entre las reacciones de los esclavos ante su situación en las sociedades esclavistas americanas. A lo largo de toda la historia de la trata de esclavos transatlántica, las revueltas fueron relativamente escasas y contaron con la participación de una pequeña proporción de esclavos. La mayoría de ellos vivían sus vidas ajenos a las rebeliones.

Sin embargo, las conjuras de esclavos sí que eran más habituales que las revueltas. Los rumores de conspiraciones abundaban, y los terratenientes y sus amigos, que vivían aislados físicamente, lejos de otros blancos y rodeados de legiones de esclavos hostiles, se creían con facilidad los rumores y habladurías que circulaban por todas las comunidades esclavas. Siempre se temían lo peor y asumían que sus esclavos eran una peligrosa amenaza, aunque los conocieran desde hacía años (incluso como amantes). Las muertes y enfermedades repentinas (cosa habitual en la época y cotidiana en las regiones tropicales) se achacaban a la malevolencia de los esclavos. Cuando se los presionaba (es decir, cuando los torturaban), era muy probable que los esclavos sospechosos acabasen diciendo a los amos lo que estos querían oír, y así era como los rumores se convertían en pruebas de las traiciones y conjuras.

La mayoría de los esclavos no se dedicaban a conspirar en absoluto, aunque llevaran una vida de lo más miserable. De todas formas, no podemos asumir que, por el hecho de no ser capaces de asociarse para rebelarse abiertamente, aceptasen su destino sin más. A fin de cuentas, existían diversas clases de respuesta frente a la situación de esclavitud. Los esclavos aprendían rápido las artimañas necesarias para la vida: cómo sobrevivir y adaptarse, cómo apañárselas para hacer lo que se les exigía, pero sin mostrar demasiado empeño ni diligencia, dejándose llevar en el trabajo, actuando con apatía, haciendo lo justo para pasar inadvertido sin mucho esfuerzo y sin llamar demasiado la atención. Indolencia y confusión, engaño e ignorancia: todo se combinaba para generar esa actitud esclava que tanto indignaba a los propietarios, pero que hacía que la vida y el trabajo fueran un poco más llevaderos para los esclavos. Órdenes entendidas a medias y cumplidas a medias, instrucciones ejecutadas de manera parcial, pérdidas de tiempo y tareas realizadas sin prisas: así era el trabajo de los esclavos. Sobra decir que, a menudo, ese comportamiento provocaba la ira y los castigos y, más a menudo, aún daba pie a la resignación, lo que contribuía a que, en la mentalidad de los propietarios y sus amigos blancos, arraigase el prejuicio de que estaban tratando con una gente muy estúpida. En opinión de los amos, solo la esclavización permitía arrancar a los esclavos el esfuerzo que se necesitaba de ellos.

Por otra parte, también estaba el problema del idioma y la comunicación. Al principio los africanos necesitaban a un intermediario (incluso entre ellos), mientras que los esclavos nacidos en el lugar habían adquirido lenguas criollas que los europeos no acababan de dominar del todo. Pero la aparente falta de comprensión no era solo una cuestión lingüística, sino que a veces se trataba de una estrategia mediante la cual los esclavos imponían su propio ritmo al trabajo y a la vida en general. En resumen, se trataba de una forma de resistencia: el rechazo a aceptar el mundo tal como lo veían los propietarios.

En este sentido, no siempre tenían éxito. A veces despertaban la ira de sus superiores. Sin embargo, en toda la América esclavista, a pesar de las variantes locales, el sistema era muy parecido: los esclavos intentaban, en la medida de lo posible, crear un mundo para sí mismos, y eso implicaba el rechazo generalizado a vivir y trabajar siguiendo el ritmo y las exigencias de quienes controlaban sus vidas. Quizá sea esta la forma de resistencia más universal y exitosa de toda la historia de la esclavitud en el mundo atlántico.

La violencia era el lubricante de todo el sistema esclavista aunque, por sí sola, nunca bastaba para mantener su estabilidad y buen funcionamiento. Más curioso resulta que los hombres que administraban la violencia fuesen a menudo personas cultas y sofisticadas que no tenían reparos a la hora de combinar su refinamiento con la brutalidad, tal como nos ilustra el diario del virginiano William Byrd of Westover a partir de 1709:

> 8 [de febrero de 1709]. Me levanté a las 5 de la mañana y leí un capítulo en hebreo y 200 versos de la *Odisea* de Homero. Desayuné leche. Recé mis oraciones. Jenny y Eugene, azotados. Hice mis ejercicios gimnásticos. Leí algo de derecho por la mañana, y algo en italiano por la tarde [...].
> 22 [de febrero de 1709]. Me levanté a las 7 y leí un capítulo en hebreo y 200 versos de la *Odisea* de Homero. Recé y desayuné leche. Amenacé a Anaka con azotarla si no me confesaba qué intriga se traían entre Daniel y Nurse, y ella se libró gracias a la confesión. Reprendí severamente a Nurse por ello, mas esta lo negó con descaro alegando que Daniel solo se había metido en la cama por el bien del niño. Para almorzar no comí más que carne de vaca [...].
> 17 [de abril de 1709] [...]. Anaka fue azotada ayer por hurtar ron y rellenar la botella con agua [...].

10 [de junio de 1709]. Me levanté a las 5 de la mañana, mas no pude leer nada debido a la presencia del capitán Keeling, pero jugué al billar con él, y les gané media corona a él y al doctor. George B***th me trajo de vuelta a casa a un muchacho mío que se llama Eugene [...]. Por la tarde me fui a dar un paseo por la plantación. Eugene recibió sus azotes por escaparse y se le puso la mordaza en la lengua. Dije mis oraciones y me quedé a gusto, con buenos pensamientos y buen humor, gracias a Dios Todopoderoso.[57]

De vez en cuando los esclavos reaccionaban a su situación y padecimientos con su propia dosis de violencia. Sin embargo, eran conscientes del terrible destino que los esperaba si fracasaban. En el siguiente relato recogido en Virginia en 1769, se describe un estallido de violencia esclava y cómo se sofocó:

> Durante las pasadas Navidades aconteció un trágico suceso en una plantación de North Wales, condado de Hanover, perteneciente al señor Bowler Cocke. Los pormenores, según el relato que ha llegado a nosotros, son los siguientes: los negros de la plantación, habiendo sido tratados con demasiada benignidad e indulgencia, se tornaron en extremo insolentes y revoltosos. Por tal motivo, el señor Cocke contrató a un nuevo mayoral. El ayudante del mayoral (un hombre joven) había ordenado a uno de los esclavos que prendiera una hoguera todas las mañanas, a muy temprana hora, pero el individuo no apareció hasta el amanecer. Cuando se

---

[57] Louis B. Wright y Marion Tinling (eds.): *The Secret Diary of William Byrd of Westover, 1709-1721*, Richmond, 1941.

le preguntó por qué no había llegado antes, este respondió de manera harto insolente y provocadora; en ese momento, el joven se dispuso a castigarlo, y el individuo lo atacó con un hacha (o arma similar) que tenía a mano, pero, por fortuna, sin acertarle. Entonces el joven se enzarzó con él y, como lo aventajaba, una multitud de esclavos acudió en ayuda del negro y propinaron al joven una severa paliza. Por fin, el cabecilla (un sujeto muy sensato) intercedió por él, y los otros desistieron. El joven huyó entonces tan rápido como pudo en busca de ayuda para dominarlos. En su ausencia, ellos ataron al mayoral y a un anciano inocente e inofensivo que vigilaba un galpón próximo y, al oír el tumulto [...] [ilegible] al otro lado del río, conocieron [...] [ilegible] los azotaron hasta dejarlos en carne viva desde el cuello hasta la cintura. Al cabo de un tiempo regresó el joven acompañado de una docena de hombres blancos y un par de muchachos, todos con armas de fuego. Liberaron a los dos infelices cautivos y después fueron a un granero, en donde hallaron a una gran multitud de negros reunidos (40 dicen unos, 50 dicen otros), a los cuales intentaron someter mediante la persuasión, pero los esclavos, haciendo oídos sordos a todo cuanto les dijeron y armados con garrotes y bastones, se echaron a ellos con desesperada furia. Uno de ellos abatió a un hombre blanco y, cuando estaba a punto de repetir el golpe para acabar con él, uno de los muchachos lo vio, apuntó con su arma, disparó al pecho del negro y este cayó a tierra. Otro negro, tras abatir a otro de los blancos, fue alcanzado de la misma manera por el disparo del otro muchacho. En resumen, la batalla continuó un tiempo a la desesperada, pero en cuanto a uno de los negros casi le cortaron la cabeza con una espada y otros cinco quedaron heridos, los restantes huyeron. Las versiones varían: hay quien dice que tres murieron en el acto, y otros cinco cayeron heridos, mientras otros dicen que mataron a dos e hirieron a cinco, y de estos uno murió más tarde. Se dice que habían amenazado con matar al mayoral tan pronto este llegara a la plantación. El cabecilla fue uno de los que resultaron muertos.[58]

En todas las sociedades esclavistas se producían innumerables casos de fuga por parte de los esclavos, quienes se escapaban por numerosas razones. Los siguientes ejemplos de anuncios en los que se reclama su devolución se publicaron en Virginia, Carolina del Sur y Jamaica, y ofrecen detalles reveladores acerca de la naturaleza de la esclavitud local, además de ciertos pormenores de las personas implicadas:

Chesterfield, 15 de diciembre de 1772

Huido de quien esta suscribe el domingo, 22 de noviembre, un negro bozal de pequeña estatura y picado de viruelas. Se hace llamar Bonna, y dice que procede de un lugar del mismo nombre situado en el país de Ibo, en África, en donde ejercía el oficio de canoero.

RICHARD BOOKER[59]

Huidos de quien esta suscribe en torno al 1 de septiembre, en la parte alta [del condado] de King William, dos negros bozales,

---

[58] *The Virginia Gazette*, 25 de enero de 1770.

[59] Extraído de Michael Mullin (ed.): *American Negro Slavery: a Documentary History*, Nueva York, 1976.

del país de Ibo, llamados Charles y Frank, que están en esta provincia desde hace unos doce meses, y se piensa que no saben decir el nombre de su dueño. Charles es corpulento, tiene en la cara marcas [escarificaciones] propias de su país, le falta o ha perdido uno o dos dientes incisivos, según él, por culpa de una vaca de su país. Frank es más pequeño, pero bien formado, y tiene dientes afilados. Se llevaron una manta holandesa y cada uno llevaba un sombrero basto y demás ropa de verano.

JOSEPH HILLYARD[60]

Encontrados a una milla de mi plantación, en la parroquia de St. Matthew, condado de Berkley, dos negros procedentes del país de Guinea que se hacen llamar Pompey y Sambo. Miden unos cinco pies y diez pulgadas de altura, apenas hablan inglés. Dicen que el nombre de su dueño es James Butler, y vive a orillas de un río, y que su anterior dueño vive en la otra orilla. Por lo que entiendo gracias a un guineano que tengo, andan huidos desde hace dos primaveras. Están completamente desnudos, tienen los pies y las piernas muy hinchados por estar sometidos al frío, razón por la que no me pareció prudente mandarlos a la factoría. Si el propietario de los susodichos negros tuviera algún impedimento para escribirme una carta, puede remitirla al señor James Courtone, joyero de Charles-Town.

WILLIAM HEATLY[61]

Huido el pasado mes de septiembre de James Armstrong, condado de Fauquier, un negro llamado Ayre, perteneciente a la

---

[60] *Ib.*
[61] *Ib.*

hacienda del difunto señor Allen Macrae, de unos 35 años, 5 pies y 7 pulgadas de alto, delgado, de tez clara, con una característica mueca al hablar y, aunque es africano, pretende pronunciar un inglés muy fino, o más bien imitarlo. Como sabe leer y escribir, es muy probable que haya falsificado un pase y haya podido así viajar como hombre libre adonde le plazca. Su atuendo era de paño de rayas, sombrero gastado y calzado campesino, pero sin duda que habrá tenido oportunidad de modificarlo o cambiarlo hace tiempo. Quien prenda y encierre al susodicho negro escapado y lo devuelva recibirá 10 dólares si lo coge a menos de 20 millas de su casa y, si es a una distancia mayor, o fuera del estado de Virginia, serán 20 dólares, siempre que se entregue al mencionado James Armstrong, su mayoral, o bien que lo traiga a la fundición de Neabsco. Todos los gastos que se estimen razonables correrán por cuenta de

THOMAS LAWSON[62]

Huido del que esta suscribe, el 31 del pasado mes, un negro africano llamado Jasper, carpintero de profesión; habla muy bien el inglés porque llegó muy joven a este país. Tiene unos 50 años, mide unos 5 pies y 5 o 6 pulgadas de altura, paticorto y de constitución fuerte. Sabe leer bastante bien y es tan prudente como taimado. De semblante hosco, sobre todo si se ofende, y es de natural arisco, amigo del licor y, cuando bebe, se altera mucho. Tuvo la viruela, para lo cual fue inoculado, y por eso tiene la cara algo picada. Tiene también una cicatriz llamativa a un lado del cuello causada hace tiempo por un navajazo durante una reyerta con otro negro. No se puede precisar con qué ropa se escapó: se llevó dos gabanes,

---

[62] *Ib.*

uno de faldón corto, de lona parda, y el otro de paño de Virginia blanco, con faldón largo; se desconocen los demás efectos. No dudo que intentará hacerse pasar por hombre libre, y es previsible que intente llegar a algún estado del norte para facilitar la huida. Creo que ha conseguido algún pase o documento falsos. Quien prenda al susodicho fugitivo dentro del estado [...] recibirá una recompensa de 10 libras, y de 20 si es fuera del estado.

FRANCIS JERDONE
Condado de Louisa, 3 de abril de 1793.[63]

Passage Port, 2 de junio de 1790

HUIDO

Del muelle de John Munro, en esta localidad, el día 30 del pasado mes, un marinero negro, de la nación de Cormantín. Mide más o menos 5 pies y 5 pulgadas, cara picada de viruelas, no va marcado, varios bultos en la espalda que semejan un racimo de uvas. Buen conocedor de todas las islas de Barlovento. Ha estado en el continente de América. Llegó a esta isla procedente de Rhode Isle a bordo de la balandra *Amphion*, con el capitán Oliver Berry, quien lo vendió recientemente al señor Munro. Cuando escapó vestía levita de lino y un par de pantalones de percal de la India. Se cree que andará por Kingston. Es artero; habla inglés, francés, holandés, danés y portugués. Sin duda creemos que pretenderá pasar por hombre libre y así aprovecharse de los forasteros y otras gentes del mar.

---

[63] *Ib.*

Se dará una recompensa adecuada a quien lo lleve a un presidio o casa de trabajo de esta isla o lo traslade a este muelle.[64]

Berkshire Hall
St. Thomas in the Vale
4 de julio de 1790

Huidos de esta hacienda el 9 del mes pasado
CUATRO NEGROS BOZALES
fornidos, con el hierro E. W. marcado en la espalda, no hablan mucho inglés.

Quien los prenda y los lleve a presidio o a la casa de trabajo o bien los entregue a esta casa recibirá cumplida recompensa de quien suscribe.

Edward Young Woodcock[65]

FUGITIVA
huida de su propietario en el mes de septiembre pasado, una criada criolla y menuda llamada

Diligence, alias Junk

con una gran cicatriz en el pecho causada por una quemadura. Le faltan dos dedos en sendos pies, razón por la que calza babuchas. Es de habla pausada y artera. Ha estado con una morena libre de Clarendon desde cuya casa suele desplazarse a la hacienda de Colbeck (en donde tiene a su marido, que se llama Chester), y desde allí va a Old Harbour. Se recompensará con 50 chelines por prenderla y

---

[64] *Daily Advertiser* (Kingston), 7 de junio de 1790.

[65] *Daily Advertiser* (Kingston), 12 de julio de 1790.

llevarla a un presidio o casa de trabajo. Quien informe a ciencia cierta de su paradero recibirá cumplida recompensa tras notificarlo a este despacho.[66]

Huido de una plantación de Oxford, parroquia de Saint Mary, un negro nativo de Guadalupe, llamado Pierre, joven y fornido, de piel clara, con cicatriz en la garganta a causa de un corte. Habla bien inglés y podría hacerse pasar por hombre libre. Tiene a algunos conocidos y conterráneos por la parte de Montego Bay, adonde cabe sospechar que se ha ido.

Recompensa de dos doblones para quien mande a este negro a algún presidio de la isla o lo entregue en la susodicha hacienda, o a quien suscribe en Kingston.

J. SYMES
19 de agosto de 1780[67]

Las comunidades de cimarrones —esclavos que conseguían escaparse definitivamente de sus verdugos y, allí donde podían, formaban sus propias comunidades independientes— atormentaban a los propietarios de esclavos de todas partes. El siguiente texto es de 1729 y se ha extraído de una carta del vicegobernador *sir* William Gooch a la Cámara de Comercio de Williamsburg. En ella se describe a grandes rasgos una comunidad cimarrona de Virginia:

---

[66] *Daily Advertiser* (Kingston), 29 de enero de 1790.

[67] Suplemento a la *Royal Gazette* (Kingston), 19 de agosto de 1780.

Milores:

[...] Un tiempo después de mi última carta, un grupo de aproximadamente una quincena de negros pertenecientes a una hacienda nueva situada en la cabecera del río James se confabularon para escapar de su amo y asentarse en la espesura de los montes cercanos. Habían logrado apoderarse de algunas armas y munición, y se llevaron algo de provisiones, así como sus ropas, petates y aperos. Sin embargo, el caballero a quien pertenecían, junto con una partida de hombres, los persiguió con tal diligencia que pronto los halló en su nuevo asentamiento, un recóndito lugar entre los montes en donde ya habían comenzado a desbrozar el terreno, y los obligaron, tras un intercambio de algún que otro disparo con el resultado de un esclavo herido, a rendirse y regresar y, de esa manera, desbarataron por esta vez un contubernio que habría sido tan peligroso para este país como lo fue el de los negros de las montañas de Jamaica para los habitantes de aquella isla. A pesar de que este intento ha sido felizmente reprimido, no debería sino movernos a tomar ciertas medidas efectivas con el fin de impedir que se produzcan otros en el futuro, pues es cierto que, una vez establecido en esas partes un reducidísimo número de negros, pronto se incrementaría este gracias a la incorporación de otros fugitivos, y serían unos vecinos peligrosos para quienes moran en la frontera. Con el fin de impedir este y otros muchos trastornos, estoy instruyendo y ejercitando la milicia en varios condados para disuadir a los esclavos de que se aventuren a escapar, así como para reprimirlos, si fuera preciso.[68]

Para los esclavos que se rebelaban y fracasaban, el destino habitual eran la tortura y la muerte en sus formas

---

[68] Colonial Office Papers, 5/1322, 19ff, Virginia Colonial Records Project, Colonial Williamsburg Research Center microfilm. Reimpreso con permiso del Controller of Her Britannic Majesty's Stationery Office.

más crueles. En los siguientes dos fragmentos, el primero de Surinam (1790) y el segundo de Jamaica (1832), se nos describen las horribles muertes de los rebeldes ejecutados:

> Al negro Joosje lo colgarán de un poste con un gancho atravesado entre las costillas hasta que muera; después se le cortará la cabeza y esta se expondrá clavada en una estaca a la orilla del río, y allí quedará para que las aves rapaces la consuman. En cuanto a los negros Wierai y Manbote, se los arrojará a la hoguera y los quemarán vivos a fuego lento mientras los torturan con tenazas al rojo vivo. A las negritas Lucretia, Ambia, Aga, Gomba, Marie y Victoria las crucificarán, las desmembrarán y las decapitarán, y sus cabezas se expondrán clavadas en estacas a la vera del río.[69]

> Al principio, el método de ejecución preferido era el fusilamiento, y así se procedió con muchos, pero, cuando la novedad cesó, se recurrió a la horca [...]. El cadalso erigido en la plaza pública del centro de la villa rara vez carecía de ocupantes durante el día y a lo largo de muchas semanas. Generalmente eran cuatro, y casi nunca menos de tres, los que se colgaban de una sola vez. Los cadáveres quedaban suspendidos, enrigideciéndose al aire libre [...]. Después llegaban otras víctimas y se colgaban en sustitución de aquellas que, a su debido tiempo, se descolgaban para dejar sitio a otras, y el monte de cadáveres permanecía allí mismo hasta que los negros de la factoría venían a recogerlos para después arrojarlos a una zanja excavada a tal efecto a cierta distancia de la villa.[70]

---

[69] Extraído de Michael Craton: *Testing the Chains*, Nueva York, 1982, p. 273.

[70] *Ib.*, p. 313.

9. LA SOCIEDAD ESCLAVA

Los africanos desembarcaban en América solos. Los compraban y los transportaban no en grupos familiares, sino como individuos. A bordo de los barcos establecían importantes vínculos entre sí (la figura del «compañero de barco» seguía siendo muy valiosa incluso años después de tomar tierra), pero, al final, pisaban tierra despojados de familia o amistades. Todos habían sido arrancados de sus casas y entornos africanos mediante un proceso de venta y reventa –dentro de África y hasta acabar en los buques negreros–, que terminaría en América pasando del barco a manos de sus nuevos propietarios. En cada etapa la identidad del esclavo se iba cambiando. Se los desposeía de sus nombres y se los numeraba (a bordo), a menudo se los marcaba a fuego una vez instalados en una plantación y, entonces, se les asignaban nuevos nombres. Muchas veces les permitían conservar sus nombres africanos, pero también era frecuente que les pusieran nombres totalmente distintos, como nombres clásicos, por ejemplo. En todo caso, era un nombre elegido por el propietario, no por el esclavo, y tal renombramiento se enmarcaba, como era de esperar, en un proceso general de adaptación de los esclavos a los moldes de la plantación y de eliminación de todo rastro africano. El esclavo que nos encontramos en la documentación oficial del hacendado (libros de contabilidad, operaciones de compraventa o diarios) es ya el esclavo reprocesado por los tratantes y por su nuevo dueño. Sin embargo, esa persona no es la misma que veían los demás esclavos, quienes vivían una doble vida: eran una cosa para sus dueños, pero otra muy diferente a ojos de sus compañeros.

De forma gradual, y a medida que la vida económica y social fue madurando, los africanos y sus descendientes nacidos en América acabaron formando sus propias comunidades, muy diferentes de las sociedades que habían abandonado en África. Por supuesto que lo mismo se podría decir de los colonos blancos, pues sus sociedades eran muy diferentes de las de los países europeos de origen. Sin embargo, los africanos se enfrentaban a unas circunstancias totalmente distintas. Obviamente, eran inmigrantes a su pesar, arrojados al continente americano –sin saber dónde exactamente– solos o en pequeños grupos, convertidos en propiedad de unas personas blancas cuyo idioma ni siquiera entendían. Muchos de ellos, quizá la mayoría, arribaban enfermos, pero, aun así, los mandaban pronto a trabajar en los campos (a menudo empleando aperos que desconocían). En todo caso, los africanos tenían que desempeñar su papel de colonos pioneros trabajando junto a indios locales o a colonos blancos, o bien como recién llegados a una plantación o granja ya establecida. Vivían separados de sus propietarios, pero lo suficientemente cerca como para que los pudieran reunir y convocar para trabajar, agrupados en unidades familiares. En las plantaciones de caña de azúcar, en donde la mano de obra esclava era masiva, los esclavos vivían en poblados (calificados a veces como pueblos africanos), pero, en las haciendas de menor tamaño, residían en viviendas más pequeñas, cerca del lugar de trabajo y, con frecuencia, cerca de las casas de los blancos. Los esclavos domésticos vivían en las fincas y, a veces, en las casas de sus jefes/propietarios. Lo mismo sucedía con quienes vivían y trabajaban en las ciudades y, sobre todo, en los puertos que constituían el vínculo fundamental entre las colonias en vías de desarrollo y las remotas tierras de Europa y África.

A medio camino entre los esclavos rurales y los urbanos, se movían los esclavos itinerantes. Eran estos unos esclavos especializados (y dignos de confianza) que viajaban de un lado a otro, por tierra o por vías navegables, a caballo, andando o remando entre una plantación y otra, hasta las ciudades cercanas o hasta las haciendas más remotas haciendo recados, llevando y trayendo mercancías, organizando el tráfico de nuevos africanos desde los muelles hasta las plantaciones, conduciendo ganado y carros, coches cargados de azúcar y barriles de tabaco procedentes de la plantación hasta el puerto más próximo para su despacho, y recogiendo suministros de los buques o consignatarios para transportarlos de regreso a sus puestos de trabajo en el ámbito rural. Este movimiento de esclavos se añadía a los grupos de esclavos que viajaban durante su día de descanso cargando productos de sus huertas y conduciendo su propio ganado hasta los mercados, villas, pasajes fluviales o cruces de caminos, en donde se dedicaban a vender y regatear, a intercambiar bienes y dinero. También se dedicaban a compartir noticias y cotilleos con otros esclavos llegados de las plantaciones remotas e incluso con los recién desembarcados desde África, Europa u otras colonias.

Algunos esclavos se marchaban por su cuenta sin permiso y, entonces, había que buscarlos y traerlos de vuelta. Sin embargo, había otros muchos que viajaban con autorización: se les permitía ir a visitar a familiares y amigos, normalmente en fechas señaladas y festivos o con ocasión de crisis familiares, y después regresaban a su debido tiempo.

Por otro lado, esa movilidad de los esclavos tenía un aspecto más siniestro, puesto que también los trasladaban de un lado a otro en contra de su voluntad. Aquellos africanos, que ya se habían sometido a viajes forzosos a lo largo de enormes distancias tanto en la propia África como a través del Atlántico, a menudo recorrían largas distancias antes de instalarse en su lugar de trabajo definitivo. Ni siquiera a los esclavos nacidos en América, que ya no conocían otro lugar que aquel en el que habían nacido, se les garantizaba que fueran a vivir una vida estable, fija e inalterable. Siempre cabía la posibilidad –y a menudo así sucedía– de que los desarraigasen y los trasladasen a otros lugares, de la noche a la mañana, conforme a los intereses de sus amos o a los diferentes avatares económicos. Es entonces cuando vemos las dolorosas escenas de rupturas familiares que ensombrecen la historia y la memoria colectiva de la sociedad negra durante la era de la esclavitud. Dichas escenas abundaban especialmente en los Estados Unidos durante el siglo XIX. El bum del algodón cultivado por esclavos, la expansión de las plantaciones algodoneras hacia el sur y el oeste y la rápida extensión de la esclavitud estadounidense fueron las causas de que millones de personas fueran arrancadas de sus hogares y llevadas a otras plantaciones. De ese modo, los esclavos acababan expulsados de su casa por múltiples causas. A veces los propietarios querían librarse de los problemáticos, de los improductivos o de los excedentarios (en los libros de contabilidad los seres humanos se convierten en cifras). Otras veces permitían que los esclavos se reunieran con sus seres queridos en otros lugares. En todo caso, lo más habitual era que los desarraigasen sin piedad. La defunción de un propietario significaba que sus bienes (incluidos los esclavos) se transmitían a unos parientes que, a lo mejor, vivían lejos del hogar del esclavo. Los problemas económicos o la ruina también podían conducir a la venta de la tierra y de los esclavos. Todas estas transacciones y muchas otras hacían que a los esclavos los apartasen de lo que ellos consideraban su hogar, su familia y su comunidad y los reubicasen en cualquier otro sitio, con frecuencia a muchos kilómetros de distancia. En aquel mundo esclavista, las víctimas se consideraban un bien y, como todos los bienes, se podían mover de un sitio a otro con total arbitrariedad. En este aspecto, como en muchos otros, los esclavos tenían poco que decir y poco que hacer.

Las escenas de dolor individuales y colectivas que se producían con el reasentamiento de esclavos –la historia de la esclavitud estadounidense en el siglo XIX está plagada de relatos de esclavos llorando por los seres queridos transportados en barcos fluviales o conducidos por tratantes dispuestos a venderlos a plantaciones remotas– nos dan importantes muestras del profundo apego que los esclavos profesaban a la vida familiar. Y es sorprendente si se tiene en cuenta que los africanos habían llegado solos y sus familias se habían quedado en África. Sin embargo, en el siglo XIX la familia se había convertido de nuevo en un elemento importante para el africano, solo que entonces era en América. La familia esclava era, por tanto, parte esencial de la esclavitud. Por un lado, este hecho era –y eso– obvio, pero, por otro lado, es preciso reafirmarlo, aunque solo sea por la persistencia de cierta tendencia académica que sugiere lo contrario. Es verdad que la familia esclava se enfrentó a enormes tensiones y dificultades. Además de verse azotada por las destructivas fuerzas de la economía latifundista y por las caprichosas reubicaciones ordenadas por los dueños, las familias esclavas estaban constantemente amenazadas por la violencia arbitraria y, lo que quizá sea más importante, por la violencia sexual ejercida por los hombres blancos con las mujeres negras. ¿Qué supuso todo ello para la familia esclava? El hecho de saber, por ejemplo, que los hombres blancos se aprovechaban sexualmente de las esclavas casadas o con pareja, madres e hijas, sin la menor consideración a sus sentimientos debió de ser muy dañino para las relaciones familiares. Aun así, y a pesar de todos los peligros y el caos, parece claro que la familia esclava no acabó destruida.

Entre los esclavos, la institución familiar era importante a diversos niveles. Por encima de todo, era el ámbito en el que se desarrollaban los afectos y las emociones: la base de todo lo que las personas más valoran generación tras generación. Y, por supuesto, era el ámbito primario de cultura y socialización esclavas. En el seno de la familia, era donde los jóvenes esclavos aprendían lo necesario para la dura vida del esclavo adulto: qué hacer y qué no hacer, cómo escuchar y mirar, cómo responder a los menosprecios y peligros que los esperaban en los campos o en las casas de sus dueños. Los esclavos necesitaban saber hasta dónde podían llegar, qué era lo que no podían hacer, hasta qué punto podían responder a las provocaciones, hasta dónde podían excederse sin llegar a desatar la ira de amos y capataces. Todas esas lecciones se aprendían en casa, dentro de la comunidad esclava, impartidas por madres, abuelas, padres, hermanos mayores y compañeros de trabajo. Los esclavos aprendían las habilidades personales y sociales de la misma manera que adquirían su capacitación laboral: no de los blancos, sino de los demás esclavos.

La familia esclava formaba parte de una red de comunidades esclavas mucho más extensa, especialmente en las viviendas destinadas a los esclavos dentro y alrededor de las plantaciones. Cualquiera que fuese el tipo de comunidad –pequeña o grande, concentrada o dispersa–, los esclavos siempre se buscaban entre ellos. Incluso en los extraños y a veces hostiles entornos urbanos europeos, los esclavos y los negros libres se juntaban en busca de compañía, seguridad y ocio. Así, Francis Barber, criado del doctor Johnson, podía recibir visitas de otros negros en la casa londinense de su señor. También en Londres había algunos *pubs* que, a finales del siglo XVIII, se convirtieron en los refugios preferidos de los clientes negros. Y todo aquel tejido social negro se desarrollaba a miles de kilómetros de las grandes concentraciones de esclavos de la América tropical.

Sobra decir que no existía una única comunidad esclava, pero sí que se repetían ciertos patrones: vivían unos cerca de otros, en grupos familiares, congregándose para el ocio y el descanso al final de la jornada, contar anécdotas, organizar sus propias actividades de entretenimiento, recibir visitas (a veces de fugitivos y de recién llegados en los buques negreros) o trabajar en el sinfín de tareas domésticas y comunitarias que hay en todas las sociedades. El patio de los esclavos, la cocina comunal, las huertas y fincas, las ferias locales, los cobertizos y cabañas próximas a la casa del amo, todo ello y mucho más permitía a los esclavos disponer de un espacio común en el que se desarrollaba la vida social.

Los orígenes de estas heterogéneas comunidades esclavas se remontan a mucho antes de la llegada a América. En los «pueblos de africanos» predominaban los africanos, pero eso fue cambiando con el tiempo, a medida que los nacidos en América empezaron a superar en número a los oriundos de África. Estos traían los diversos y complejos recuerdos de África hasta los galpones de los esclavos: idiomas, habilidades, experiencias militares, costumbres familiares y religiosas o usos sociales –desde la ropa hasta los sistemas de creencias y religiones–, y todo ello se mezclaba en ese crisol social que era la comunidad esclava local, a lo que se añadían los patrones culturales derivados del contacto con las costumbres euroamericanas dominantes.

A partir de esta singular mezcla de pueblos y culturas, surgieron otras culturas criollas locales donde se diferenciaban unas comunidades de otras. Pero, sobre la base de los distintos sistemas laborales y económicos de cada lugar, también surgieron otras diferencias. Trabajar en el azúcar era muy distinto de trabajar a mayor altitud en los cafetales, e igualmente era muy distinto de trabajar en las pequeñas haciendas tabaqueras o en los húmedos arrozales. La esclavitud doméstica o urbana no tenía nada que ver con ser marinero esclavo. Las características concretas de cada trabajo determinaban los aspectos particulares de la experiencia esclava, y esas diferencias nos previenen contra cualquier generalización osada que podamos afirmar acerca de la sociedad y las comunidades esclavas.

Esta diversidad de estilos de vida podría hacer que nos preguntemos si es pertinente hablar de *comunidad*, teniendo en cuenta su fragmentación. Sin embargo, esas acusadas diferencias entre unos esclavos y otros quedaban superadas por la gran cantidad de factores que los vinculaban a todos. En primer lugar, resulta obvio que los esclavos eran, en su totalidad, víctimas y supervivientes de un complejo y prolongado sistema de reclusión y transporte violentos. El proceso de esclavización –sobre todo el infierno de los barcos negreros, la violencia cotidiana real o en forma de amenaza y el temor a la separación familiar– unía a los esclavos más que ninguna otra fuerza. Los «compañeros de barco» se mantenían muy unidos. Además, y al contrario que en otros sistemas esclavistas pasados (y futuros), la esclavitud en América era un fenómeno absolutamente racializado, pues solo los negros podían ser esclavos: ser negro era ser esclavizado, y ser esclavizado significaba ser desigual y marginado, es decir, excluido del tejido formal de la sociedad. Los esclavos eran conscientes de que compartían un estatus y un color (etnicidad) comunes, sin excepción alguna. Cualesquiera que fuesen las fricciones, disputas y rivalidades en el seno de la comunidad esclava, ninguna era comparable con los intereses comunes e identidades que vinculaban a los esclavos entre sí.

A ojos de los blancos, los esclavos iban todos en el mismo saco. Por su parte, los esclavos se veían como un grupo, y como tal los veían desde fuera. Independientemente de sus diferencias de origen, edad, sexo y capacidades, la sociedad esclavista blanca veía a los esclavos como un todo racial, y lo que añadía cohesión a esa visión era el miedo. Como ya hemos visto, en las sociedades esclavistas los blancos temían a los esclavos porque constituían un constante e inevitable conjunto de amenazas: se escapaban y se resistían, desobedecían o remoloneaban, fingían ignorancia y mentían; a ojos de hombres y mujeres, eran traidores y desleales. Sin embargo, los esclavos también eran imprescindibles; eran un mal necesario sin el cual se desmoronaría todo el entramado económico, y tanto negros como blancos lo sabían.

A pesar de todas las evidentes divergencias y diferencias locales, lo que emergió a lo largo de toda la América esclavista fue un mundo muy racializado y polarizado, con los negros-esclavos por un lado y los blancos-libres por otro. Nunca había existido una situación semejante, y esa perversa tradición racista habría de transmitirse a las generaciones venideras. Sin duda que existía un sinfín de comunidades esclavas, un mosaico de pueblos africanos con sus descendientes, pero también existía una acusada brecha que separaba a negros de blancos, una separación que constituyó el núcleo inmutable de la conciencia y la sociedad esclavas.

Sea cual sea la colonia esclavista que examinemos, en las viviendas de los esclavos se observan algunas transformaciones interesantes desde los comienzos más espantosos y deprimentes (los africanos enfermos y alienados desembarcando solos en América), hasta que fueron surgiendo estructuras familiares y comunitarias bien definidas. El centro de la vida esclava giraba en torno a sus humildes casas, con sus huertos y fincas comunitarias. El siguiente relato informativo de Isaac Weld sobre la sociedad esclava norteamericana es de la década de 1790:

> Los esclavos de las plantaciones grandes están en general muy bien mantenidos y se los trata con gentileza. Durante los casi tres meses que pasé en Virginia solamente observé dos o tres casos de maltrato con ellos. Sus cuartos, que es como llaman a sus viviendas, suelen hallarse a cien o doscientas yardas de la casa, lo cual confiere el aspecto de un pueblo a la residencia de todo hacendado de Virginia. Sin embargo, cuando la hacienda es tan grande que se

divide en varias granjas, entonces los cuartos se anexan a la casa del mayoral de cada granja. Los esclavos suelen tener junto a sus casas pequeños huertos y corrales para la cría de aves, que son propiedad de ellos. Disponen de mucho tiempo para tratar de sus cosas, suelen tener los huertos bien abastecidos y numerosas aves en los corrales. Aparte de los alimentos que producen por sí mismos, se les entregan generosas raciones de carne de cerdo salada y de maíz. Muchas de sus cabañitas están cómodamente amuebladas, y ellos mismos, en general, van muy bien vestidos. En resumen, su estado no es tan miserable como cabría imaginar. Se los obliga a trabajar durante ciertas horas al día, pero a cambio reciben ropa, comida y buen alojamiento, y se les ahorra toda preocupación por el mantenimiento de su prole. No obstante, y aunque al esclavo se le facilite una situación tan cómoda, mientras este sea consciente de ser propiedad de otro hombre que pueda disponer de él a su antojo, mientras oiga a quienes lo rodean hablando de las bondades de la libertad, y mientras él se considere cautivo, no cabrá esperar que se sienta tan feliz como el hombre libre. Nada importa de qué forma se nos presente la esclavitud: cuando esta existe, sobran los motivos para que la humanidad llore y lamente que los hombres puedan ser tan inconscientes de su propia situación como para vivir ajenos a los sentimientos del prójimo.[71]

La vida en familia era fundamental, el crisol donde se formaba la sociedad esclava con sus costumbres y su cultura. El terrateniente Edward Long (nada amigo de los

---

[71] Isaac Weld: *Travels Through the States of North America*, edición de Joseph J. Kwiat, Nueva York, 1968.

esclavos) explica la importancia de la vida familiar en su descripción de los esclavos jamaicanos en 1774:

> Están todos casados (a su manera) y *pro tempore* con algún cónyuge, o tienen otros lazos familiares en casi todas las parroquias de la isla, de modo que cualquiera de ellos puede tener seis o más maridos o mujeres en diferentes lugares. De esta manera, consiguen amparo cuando sus propias tierras les fallan y disfrutan de alojamiento cuando van de viaje. Así se produce una comunicación general entre los negros criollos de la isla entera, y la mayoría está muy bien informada de todos los asuntos, tanto privados como públicos, que afectan a los blancos. En sus casas, muchos viven con orden y limpieza, y hacen gala de disponer de muebles bastante buenos y otras comodidades. Respecto al cuidado de la prole, algunos son verdaderamente ejemplares. Se conoce el caso de un negro tan preocupado e interesado por la crianza de su hijo que llegó a pagar de su propio bolsillo a un herrero para que mantuviera a dicho hijo holgazán como aprendiz, de modo que, aun sin trabajar, este no dejase de adquirir los conocimientos precisos del oficio. Ejercen algo así como una autoridad soberana sobre sus hijos, cosa que nunca cesa a lo largo de la vida; a veces los castigan con suma severidad y, por lo visto, tienen la obediencia filial en mayor consideración que la fidelidad conyugal. Es posible que, debido a la gran cantidad de consortes que tienen, solo uno o una sea objeto de apego duradero; las demás, aun llamándose esposas, son solo una suerte de concubinas ocasionales o criadas cuya ayuda el marido reclama a la hora de trabajar la tierra, vender sus frutos, etcétera, pagando recíprocamente la amistad cuando haga falta. Se ríen de la idea de un matrimonio que ate a dos personas

de forma indisoluble. Entienden el amor como algo libre y transitorio.[72]

Que la vida cultural de los esclavos era marcadamente africana también se recoge en la descripción que Edward Long hace en 1794 de los nombres de los esclavos y ciertos fenómenos gramaticales:

> Los africanos hablan sus respectivos dialectos mezclados con un poco de inglés chapurreado. La lengua de los criollos es un mal inglés salpicado de dialecto guineano, debido al uso que hacen de palabras africanas con el fin de hacerse entender por los esclavos importados, cosa que les resulta mucho más fácil que enseñar inglés a tales forasteros. Los mejores de ellos gustan de mejorar su lenguaje pescando cualquier palabra complicada que los blancos puedan dejar caer ante ellos, y después la alteran y utilizan incorrectamente y de forma extraña. Mas el hecho de juntar bastantes vocablos de esos les da un aire de sabiduría e importancia a ojos de sus congéneres, cosa que excita su vanidad y los anima a acumular todavía más palabras en esa jerga ininteligible. Los negros parecen tener mucha querencia por las reduplicaciones para expresar una mayor o menor cantidad de una cosa, a saber: *walky-walky, talky-talky, washy-washy, nappy-nappy, tie-tie, lilly-lilly, fum-fum,* o *bug-a-bugs* (hormigas rojas), *dab-a-dab* (olla de maíz, arenques y pimienta), *bra-bra* (otro de sus platos), *grande-grande* (aumentativo de tamaño), etcétera. En su plática confunden sin piedad todos los modos, tiempos, casos y conjugaciones como, por ejemplo, «mí sorprende» en lugar de «yo me sorprendo» o «mí alegra a verte» (por «me alegro de verte») [...]. Esta suerte de galimatías también

---

[72] Edward Long: *History of Jamaica,* 1774, vol. III.

se contagia a muchos criollos blancos, quienes lo aprenden de sus niñeras durante la infancia y, con el paso de los años, hallan mucha dificultad para quitárselo de encima y expresarse con corrección. Muchos negros de las plantaciones ponen a sus hijos el nombre africano del día de la semana en que nacieron, y dichos nombres presentan dos géneros, masculino y femenino como, por ejemplo:

Hombre	Mujer	Día
Cudjoe	Juba	Lunes
Cubbenah	Beneba	Martes
Quâco	Cuba	Miércoles
Quao	Abba	Jueves
Cufee	Phibba	Viernes
Quamin	Mimba	Sábado
Quashee	Quasheba	Domingo[73]

Los observadores de las comunidades esclavas –blancos de la zona y gente que llega de visita– raramente pasaban por alto la vida social de los esclavos. A pesar de la dureza de sus vidas, los esclavos aprovechaban al máximo su tiempo de descanso. Entre esas impresiones recogidas por escrito, destaca el gusto musical de los esclavos, que aquí se nos describe en dos relatos procedentes de Norteamérica, el primero de John Smyth, en 1784, y el segundo de Nicholas Cresswell, en la década de 1770:

> En vez de retirarse a descansar, que es lo que se podría pensar que al esclavo le gustaría, normalmente se marcha de casa y camina seis o siete millas de noche, por mucho bochorno que haga,

[73] *Ib.*

para ir a un baile de negros en el que se desenvuelve con asombrosa agilidad [...] hasta que queda exhausto, y apenas le quedan tiempo o fuerzas para volver a casa antes de la hora de ir a trabajar a la mañana siguiente.[74]

[...] fuimos a ver un baile de negros. El domingo es el único día que estas pobres criaturas tienen para sí mismas, y normalmente se juntan para entretenerse bailando al son del banyo. Este instrumento musical (si se lo puede llamar así) se fabrica con una calabaza a la manera de una guitarra, con solo cuatro cuerdas, y se toca también con los dedos. Algunos cantan al son del banyo, y es música bien graciosa. En sus canciones, suelen reproducir los usos aprendidos de sus amos o amas con un estilo y maneras muy satíricos. Su poesía es igual que la música: tosca e inculta. La danza es un ejercicio violentísimo, pero a la vez irregular y grotesco. No soy capaz de describirlo. Todos parecen regocijarse mucho en estos festejos, como si hubieran olvidado su miserable condición o fueran insensibles a ella.[75]

En 1774 Edward Long, al igual que otros comentaristas que escribieron sobre las colonias esclavistas, se mostraba muy impresionado con la gran afición de los esclavos jamaicanos por la música y la producción musical:

Tienen buen oído para la música, y sus canciones, que así las llaman, suelen ser impromptus, sin la menor traza de poesía o imágenes poéticas, de las cuales parecen no tener conocimiento.

---

[74] John F. D. Smyth: *A Tour in the USA (1784)*, Nueva York, 1928.
[75] *Journal of Nicholas Cresswell, 1774-1777*, Nueva York, 1928, pp. 18-19.

Los cantos consisten en un solo, que podríamos calificar de recitativo y cuya clave se suele variar, acompañado de un coro completo o general. Algunos no carecen de melodía, aunque el tono de la voz es, en su mayoría, más bien apagado y melancólico. En vez de escoger temas panegíricos, suelen preferir el escarnio, a menudo a cuenta del mayoral si este se halla cerca y a la escucha, lo que solo sirve para añadir inquina a la sátira y excitar la diversión. En época de zafra, los molenderos se entretienen muy a menudo con estos chascarrillos nocturnos, divertimento que los ayuda a mantenerse despiertos.

Su instrumento favorito es el *merry-wang*, una guitarra rústica de cuatro cuerdas. Se fabrica con una calabaza, de la cual se quita una rebanada, más una vejiga o pellejo seco estirado sobre la sección mayor, y todo sujeto a un mástil que se esfuerzan mucho en ornamentar con una especie de tosco relieve y con cintas.

El *goombah*, otro de sus instrumentos musicales, consiste en un bloque de madera hueco cubierto por una piel de oveja sin pelo. El tañedor sostiene en cada mano un palillo de unas seis pulgadas de longitud y afilado en una punta, como si fuera la hoja de una navaja. Con una mano, lo frota contra una pieza de madera rugosa fijada a lo largo de toda la extensión del instrumento, y la cruza con la otra de manera alterna, usando ambas con un rápido movimiento, mientras un segundo músico golpea con toda su fuerza la piel de oveja o parche.

Las melodías para bailar suelen ser briosas, con una agradable combinación de *vivace* y *larghetto*, alternando alegría y gravedad. También parecen apropiadas para que los bailarines sigan el compás con movimientos regulares. La bailarina se muestra lánguida y dulce en sus movimientos, mientras que el hombre es todo él acción, fuego y gesticulación, pues todo su cuerpo se gira y se contuerce sin parar, y agita las extremidades con el brío necesario para exhibir ante su compañera el vigor y elasticidad de sus músculos. La dama fija su vista en él con modesto recato, cosa que finge con gran dificultad. Con sus pasos exhibe ella mucha arte, especialmente al menear de caderas y mantener bien firme el tronco: la correcta ejecución de este contoneo, acompasado con la música de manera precisa, es lo que entre ellos se considera excelente y, como lo empiezan a practicar a edad tan temprana, son pocas las que carecen de él en sus andares ordinarios. A medida que se desenvuelve la danza, el músico va introduciendo, de vez en cuando, una pausa o silencio, o bien se detiene en dos o tres notas de pianísimo, y luego continúa de repente con un aire más animado. Mientras tanto, los bailarines acompasan sus movimientos con muy buen oído y apropiada disposición, lo cual produce un agradabilísimo efecto.[76]

No menos elaborados eran los funerales de los esclavos, tal como nos los describe también Edward Long en sus escritos sobre Jamaica (1774):

El funeral de los negros nos hace recordar el velorio escocés, tal como lo describe el señor Pennant. La noche siguiente al fallecimiento de cualquier persona, los familiares y amigos del difunto se congregan en la casa acompañados de gaita y violín. El pariente más próximo, sea su mujer, hijo o hija, inicia un baile fúnebre, danzando y saludando (es decir, plañendo a viva voz) al mismo tiempo. Esto continúa hasta el alba, pero con tanto bullicio y jolgorio entre los más jóvenes de la compañía que la pérdida que los ha ocasionado suele compensarse con creces gracias a las consecuencias de la velada. Si el cadáver permanece insepulto durante dos noches, se repiten los mismos ritos. De este modo, y a

---

[76] Edward Long: *op. cit.*, vol. II, pp. 423-424.

la manera de los escitas, celebran que sus amigos se liberen de esta vida de sufrimientos. Estos *coranich*, o funerales cantados, todavía se practican en ciertos lugares. Los cantos suelen ser elegías dedicadas al difunto o bien un relato de las heroicas gestas suyas o de sus ancestros.[77]

Los esclavos se dotaron de una notable vida social a partir de las escasas recompensas que podían arañar del mundo que los rodeaba. Quizá lo más impresionante de todo fuera su empeño en conseguir una alfabetización básica (proceso acelerado por la introducción del cristianismo). Saber leer y escribir equivalía a ser capaz de entablar luchas personales y colectivas en unos términos reconocidos por los propietarios blancos. La siguiente carta de 1723 remitida por un esclavo virginiano al obispo de Londres nos ofrece un conmovedor testimonio de las aspiraciones de los esclavos:

[Primera página]
A [tachado]
Cuatro de agosto de 1723

al ~~Reben~~ Reberendismo padre señor arzo bispo de Londres
la presente es pa informar su ilustrisma que hay en este Pais de Virjinia una clase de gente que les disen mulatos que estan bautisados y criados en la fe cristiana ~~y el~~ y sigen lo que manda la Iglesia de Inglaterra, y algunos dellos son de padres blancos y algunos

---

[77] *Ib.*

son de madres blancas y hai en este País una Ley que manda que ellos an de ser ESclavos pa siempre –
y reverendismo señor, amas de los echos caritativos suyos nosotros ~~omildes~~ sus omildes y probes petizionarios rogamos su alluda y asistensia en este asunto que segun entiendo a de llegarle al corason que es que ~~el~~ su reberendismo con la ayuda de nuestro sobrano el rey Jorge y las otras utoridades nos liveren deste cruel cautiberio y lo rogamos por Jesus Cristo que nos mando buscar primero el reino de ~~dios~~ dios y todas las cosas nos seran dadas
y aqui conbiene menzionar que un ermano es Esclavo de otro y una ermana de otra que esta muy a trasmano y en cuanto a mi [tachado] mismo soy ESclavo de mi ermano pero mi nombre es secreto
y aqui tan bien conviene menzionar que nos mandan respetar el dia del Señor y a penas savemos cuando es porqe nuestros [tachado] capatases se portan tanmal con nosotros como los egicios con los ijos de Isrrael dios nos tenga pieda

[Segunda página]
aqui espongo la severida y penuria que nos hasen en todo nosotros en pirmero que bibimos en la inorancia de nuestra Salvacion y segundo que nos dejan fuera de la Iglesia ~~y~~ y el matri monio nos lo niegan
y sensiyamente nos tratan poco mas que si fueramos perros y espero que cuando estas estrañas linias llegen a manos de su ilustrisma las hade tener en cuenta
y aqui rogamos por Jesus Cristo que igual qe su ilustrisima ruega merced a dios en el dia de la pasion y la redenzion de nuestro Salvador Cristo que cuando esta llege a sus manos su ilustrisma tenga un poco de piedad de nosotros que somos sus omildes petizionarios y Señor nosotors sus omildes petizionarios omil-

demente rogamos el fabor de su ilustrisma nos conceda una cosa que es que nuestros ~~ig~~ ijos se puedan heducar en la fe cristiana y nuestro deseo es qe les puedan aprender las oraciones y el credo de Nuestro Señor y los diez mandamientos y que puedan ir todos los domingos a misa con el señor Є cura pa que los esaminen por que nuestro deseo es que haba mucha debozión entre nosotros y deseamos que nuestros ijos van a la escuela y aprendan a ler en la Bibla

[tercera página]
que esta sienpre pre sente en nuestras oraziones a dios por su bien antes que su ilustrisima esta de sus omildes siervos del Señor
mi gramatica es mui mala y hespero que su ilustrisma la tome por verdadera
Yo soy solo un probe ESclavo ~~qu~~ que la escrive y no tiene mas ~~tienpo~~ tiempo que el domingo y aveces ni eso

8 de setiembre de 1723
Al reberendismo e ilustrismo señor arzo bispo de Londres
En la presente no nos atrebemos a escrivir el nombre de naide por miedo que nuestros amos que si se enteran que la enviamos a su ilustrisma habemos poco menos que acabar colgados en la orca[78]

La comunidad esclava era a la vez local e internacional. Los esclavos –y los negros manumitidos– se movían por los territorios esclavistas del Atlántico llevando consigo información y rumores de una orilla a otra del océano;

---

[78] Thomas N. Ingersoll: «"Release us out of this Cruell Bondegg": an Appeal from Virginia in 1723», *William and Mary Quarterly*, 3.ª ser., 51, 1994, pp. 777-782.

por ejemplo, las noticias del caso Somerset, juzgado en Londres (1771-1772) y relacionado con la cuestión de la libertad de los esclavos en Inglaterra, pronto llegaron a los galpones de los esclavos virginianos. Los esclavos americanos se convencieron de que, en Inglaterra, se había abolido la esclavitud. En la siguiente nota aparecida en la *Virginia Gazette,* se informa de uno que intentó lograr la libertad escapándose de Virginia a Inglaterra:

Augusta, 18 de junio de 1774

Escapado el día 16 del corriente, de casa de quien esta suscribe, un negro llamado Bacchus, de unos 30 años de edad, cinco pies y seis o siete pulgadas de altura, fuerte y de buena complexión; se llevó dos casacas de algodón de Rusia, una con solapa azul y la otra lisa y nueva, con botones metálicos blancos, calzones de felpa azules, chaleco Pompadour de paño fino, dos o tres chaquetas de verano ligeras, varios pares de medias de hilo blancas, cinco o seis camisas, dos de ellas muy buenas, buenos zapatos, hebillas de plata, buen sombrero de corte Macaroni, gabán pardo de doble forro y otras prendas buenas. Perteneció antiguamente al doctor George Pitt, de Williamsburg, e imagino que se ha ido allí haciendo creer que lo he enviado para algún negocio, igual que he venido haciendo con frecuencia hasta la fecha. Es un negro taimado y artero, muy capaz de inventar cualquier fábula para aprovecharse de los incautos; conoce bien la parte baja del país porque viajó mucho conmigo hace unos años, y está acostumbrado a servir desde la infancia. Se le vio unos días antes de huir con una cartera llena de dólares, y acababa de cambiar un billete de cinco libras, cantidades que, en su totalidad o en parte, supongo que me habrá hurtado, cosa que pudo haber hecho fácilmente, pues yo confiaba mucho en él tras haberme demostrado su fidelidad. Es probable que intente hacerse pasar por hombre libre con el nombre de John Christian, e intentará embarcar a bordo de algún buque que parta hacia Gran Bretaña, pues tiene conocimiento de la reciente resolución del caso de Somerset. Quien capture al susodicho esclavo recibirá una recompensa de cinco libras tras su entrega a Gabriel Jones.[79]

---

[79] *The Virginia Gazette*, 30 de junio de 1774.

CUARTA PARTE

ABOLICIÓN Y EMANCIPACIÓN

10. LA ABOLICIÓN DE LA TRATA DE ESCLAVOS

En el último cuarto del siglo XVIII, la trata de esclavos británica iba viento en popa. Solo en la década de 1780, los buques británicos (o de las colonias británicas) transportaron a más de 300 000 africanos, aunque de esa cantidad solo 276 000 llegaron a puerto. Para ello, más de mil barcos negreros zarparon de puertos británicos o de colonias británicas con rumbo a las costas africanas. A la vista de las cifras que la trata de esclavos británica arrojaba (número de buques y de africanos transportados), así como del obvio optimismo mercantil que reinaba entre sus defensores y activistas, pocas cosas podían hacer pensar que aquel sistema tuviera malas perspectivas y un futuro económico dudoso. Si entre quienes se dedicaban al negocio de los esclavos alguno sentía que su actividad comercial estaba condenada, sin duda que se guardaba para sí sus preocupaciones. En todos los espacios geográficos y comerciales de la trata de esclavos transatlántica, las personas más implicadas estaban tranquilas respecto al futuro de su negocio. Armadores, tratantes, inversores financieros, intermediarios africanos, hacendados americanos y sus agentes, todos ellos seguían actuando y planificando la continuidad exitosa de la trata de esclavos transatlántica. Sin embargo, y de forma paralela, una minoría de personas bienintencionadas estaba empezando a orquestar su caída. En el transcurso de dos décadas, la trata de esclavos británica (y americana) acabaría llegando a su fin. Los padres fundadores del abolicionismo se enfrentaban a una desalentadora tarea, pero ni siquiera ellos podían imaginar lo relativamente rápido que les llegaría el éxito. Y tampoco podían vislumbrar el gran calado de las consecuencias derivadas de su ataque planificado contra la trata de esclavos transatlántica.

Fueron los cuáqueros, y sobre todo los cuáqueros americanos de Filadelfia, quienes abrieron el camino a partir de mediados del siglo XVIII, aprovechando el sentimiento antiesclavista heredado de generaciones anteriores. En ambas orillas del Atlántico, los cuáqueros ya se venían decantando por una hostilidad manifiesta contra la esclavitud y la trata desde la década de 1670, cuando George Fox hizo su famosa denuncia. Aquellas dudas colectivas empezaron a resurgir en las décadas de 1750 y 1760. Al mismo tiempo, también comenzaron a aparecer duras críticas entre los autores ilustrados de mediados del XVIII en Francia, Escocia y Norteamérica. Sin embargo, aquellas voces eran marginales y, al principio, fueron en gran medida ignoradas en medio de toda aquella fiebre por las ganancias generadas por la «trata de negros», en palabras de Anthony Benezet. La mayoría de las iglesias, por ejemplo, y al igual que la mayoría de estados de la época, se limitaban a aceptar la esclavitud como un elemento incuestionable de la vida.

Benezet fue la figura clave del abolicionismo. Este prominente cuáquero de Filadelfia estaba en relación con otros cuáqueros británicos y mantenía una abundante correspondencia con otros correligionarios de ambas orillas del Atlántico. Sus escritos contra la trata de esclavos, distribuidos por todo el mundo de habla inglesa, pretendían convencer a otros para que se opusieran a la brutalidad de dicho comercio y se dieran cuenta de la inmoralidad que suponía que el mundo occidental dependiese de los esclavos. Por eso urgía a los demás cuáqueros a «procurar mantener las manos limpias de todo lucro injusto fruto de la opresión». Gracias a sus contactos personales y religiosos a lo largo de todas las colonias americanas y en Londres, las palabras de Benezet pronto alcanzaron a un público más amplio. John Wesley, por ejemplo, redactó sus *Thoughts upon Slavery* (Reflexiones sobre la esclavitud, 1774) movido por su relación con Benezet y así se ganó a su propia comunidad metodista para el bando del abolicionismo. De forma similar, Benjamin Franklin empleó los textos de Benezet para los artículos proabolición que publicó en la prensa londinense entre 1770 y 1772. Benezet, por su parte, estaba en contacto regular con Granville Sharp, el hombre que desde la década de 1760 había llamado la atención sobre el estatus legal y social de los negros en Gran Bretaña. En sus deliberaciones sobre cuál era la mejor táctica para lograr la liberación de los negros, Sharp y Benezet coincidían en la utilidad de que, desde las colonias, se enviasen peticiones dirigidas tanto al Parlamento como al rey. Aunque el debate pertenecía al ámbito de las cuestiones coloniales, el envío de peticiones (un método de acción política muy eficaz y aceptado) quedó grabado en las mentes de aquellos protoabolicionistas. Años más tarde, aquel sistema se convertiría en un elemento fundamental a la hora de aunar el sentimiento abolicionista y trasladar la opinión pública al Parlamento.

Benezet estaba en el centro de un debate escrito cada vez más extendido y de la creciente actividad panfletaria a favor de la abolición en Norteamérica. Incluso los propietarios de esclavos (entre quienes destacaba Thomas Jefferson) se pusieron en contra de la trata, aunque es cierto que Norteamérica ya no necesitaba a nuevos africanos gracias al crecimiento vegetativo de la población esclava local. Ya antes de la independencia de los Estados Unidos (1776), el problema de la esclavitud era un tema central de la vida política del país. La ruptura de las colonias del norte con los británicos contribuyó a poner el foco sobre los problemas que suponían la trata de esclavos y la esclavización de los africanos, ambos entrelazados. La guerra de Independencia de los Estados Unidos soliviantó también a los esclavos, pues ambos bandos, los británicos y los americanos, intentaron ganarse a los africanos para su causa. Los británicos lo hicieron ofreciéndoles la libertad. Los esclavos que se alistaron en el bando perdedor acabarían finalmente dispersados por Canadá, Gran Bretaña y Sierra Leona. Resulta muy irónico que los padres de la patria estadounidenses, los arquitectos de la independencia y constructores del moderno estado democrático, fueran tan contumaces respecto al mantenimiento de la esclavitud, pero no es sorprendente si se tiene en cuenta que muchos de ellos (como Jefferson, Washington y Madison) poseían esclavos. Una de las grandes esperanzas que albergaba el pequeño grupo de abolicionistas tanto británicos como americanos –el final de la esclavitud en Norteamérica– se estrelló contra la decisión de admitir la esclavitud en los recién creados Estados Unidos de América. Sin embargo, fue precisamente en 1787, el año en que la esclavitud se incorporó a la nueva república americana, cuando los abolicionistas de Londres empezaron su propia campaña de agitación contra la trata de esclavos.

El punto de partida de la campaña británica fue el caso Somerset (1771-1772), que giraba en torno a la legalidad de la esclavitud en Inglaterra. Aquella causa dio pie a un debate transatlántico sobre la esclavitud en general. A partir de 1776, la guerra de Independencia de los Estados

Unidos contribuyó a que se prestara mucha más atención al problema de la trata de esclavos y la esclavitud, y, en el transcurso de la contienda, la cuestión de la esclavitud, asunto hasta entonces marginal en el debate público, pasó a ocupar el centro del escenario político. Por su parte, la nueva república americana heredó de manera inmediata una serie de problemas legales y morales en torno a la esclavitud. En el bando de los vencidos, los británicos también acabaron enzarzados en una polémica cada vez más agria sobre la trata transatlántica de esclavos.

En Londres, la figura clave era Granville Sharp, quien se carteaba desde hacía tiempo con Benezet y, desde la década de 1760, era firme aliado de los negros británicos en su larga lucha por la libertad legal y social. El sistema legal inglés llevaba tiempo sumido en un conflicto entre principios jurídicos contrapuestos respecto a la esclavitud en Inglaterra, y los negros locales se veían como peones en un debate político-jurídico en el que el *lobby* de las Indias Occidentales (hacendados y tratantes) ejercían mucho poder e influencia. Sharp, al principio único defensor de los negros ingleses, se mostraba infatigable en la defensa letrada de muchas personas a quienes amenazaban con repatriar por la fuerza desde Inglaterra hasta las colonias esclavistas. También fue él quien dio a conocer los increíbles detalles del caso del *Zong*.

Este episodio fue sobrecogedor incluso para una sociedad que, en general, se mostraba impasible ante los habituales padecimientos de los africanos. Luke Collingwood, capitán del *Zong*, un buque negrero con base en Liverpool, había ordenado arrojar por la borda a 133 esclavos con el fin de salvar al resto una vez que el barco, llegando al final de su travesía atlántica, había agotado los suministros. Collingwood pretendía recuperar así las pérdidas reclamándoselas a la compañía aseguradora. Cuando la causa llegó a un tribunal inglés en 1783 (en el capítulo 6 se describe con más detalle), lo hizo en forma de disputa jurídica relativa a una reclamación al seguro. «Por mucho que nos escandalice –afirmó con gravedad el juez lord Mansfield–, el caso de los esclavos fue el mismo que si se hubieran arrojado por la borda unos caballos o reses.»[80]

En aquel mismo año de 1783, los cuáqueros se dirigieron por primera vez tanto al Parlamento británico como al Congreso Continental americano con una petición contraria a la trata de esclavos, y los cuáqueros de Londres decidieron empezar a publicar textos antiesclavistas. Aquello fue el tímido comienzo de lo que acabaría siendo una impresionante explosión de literatura abolicionista cuáquera. Durante los siguientes cincuenta años, se publicaron y se difundieron por el mundo anglófono millones de tratados y artículos acerca de la trata de esclavos y de la esclavitud. Siguiendo la estela del caso del *Zong*, surgió una

---

[80] Prince Hoare: *Memoirs of Granville Sharp*, Londres, 1820, p. 241.

masiva y exitosísima campaña de propaganda que, aportando datos y cifras y mezclando argumentos polémicos y comedidos, logró recabar un amplio apoyo social y parlamentario contra la trata de esclavos primero y contra la propia esclavitud después.

Los cuáqueros británicos contaban con una organización nacional a su disposición. Se trataba de una maquinaria bien engrasada, con importantes vínculos con Norteamérica. Los cuáqueros eran gente instruida y presumían tanto de su cultura como de su eficiencia y seriedad a la hora de gestionar sus asuntos. Tenían asimismo acceso a escritores y editores simpatizantes repartidos por todo el país. A partir de 1783 empezaron a publicar textos abolicionistas en la prensa local de toda Gran Bretaña, para lo cual seleccionaban artículos pertenecientes a toda la gama de literatura antiesclavista: obras de escritores ilustrados, textos clásicos, comentarios jurídicos y periodismo contemporáneo, todo ello sumado a los documentos «oficiales» aprobados por el comité central de los cuáqueros.

En toda esta campaña contra la trata de esclavos se denunciaba esta práctica por su inhumanidad, por su ineficiencia comercial, por su inmoralidad y por constituir una ofensa a los sentimientos religiosos. No se trataba de un simple ataque sectario o religioso contra la trata, sino de una arremetida general que llamó la atención de la opinión pública.

En 1786 se incorporó a la campaña el hombre que acabaría siendo el catalizador necesario para aunar toda la opinión británica contraria a la trata. Thomas Clarkson, un joven recién salido de la universidad y recién ordenado diácono, había obtenido un premio en Cambridge por un ensayo publicado en 1786 con el título *Essay on the Slavery and Commerce of the Human Species* (Ensayo sobre la esclavitud y la trata de seres humanos). Aquel texto contribuyó a ganar para la causa abolicionista (a la vez que para el evangelismo) el apoyo de William Wilberforce, parlamentario por Yorkshire y estrella política en alza. Clarkson y Wilberforce se avinieron a colaborar a favor de la abolición, mientras que los cuáqueros se prestaron a publicar el ensayo del primero. Así fue como se forjó una sociedad fundamental y pionera: Wilberforce como líder parlamentario del abolicionismo y Clarkson como propagandista público e infatigable investigador haciendo campaña por toda Gran Bretaña, ambos con la inestimable ayuda de los cuáqueros y su eficiente organización nacional. En mayo de 1787 un reducido grupo de hombres formado en su mayoría por cuáqueros, pero también con presencia de anglicanos evangélicos, y todos ellos representando diversos intereses políticos, constituyeron el Committee for the Abolition of the Slave Trade (o Comisión para la Abolición de la Trata de Esclavos, que posteriormente sería la Comisión Abolicionista).

Esta comisión, tras declarar que la trata de esclavos era «tan impolítica como injusta», tenía intención de conseguir «información y pruebas, y distribuir el ensayo de Clarkson y otras publicaciones con el fin de lograr la abolición de la trata de esclavos». Desde un primer momento decidió concentrarse no en la esclavitud, sino en un objetivo político más práctico y gestionable como era el de poner fin a la trata transatlántica de esclavos. La comisión pospuso el abrumador objetivo de abolir la esclavitud para otro momento, y así Clarkson escribió que «pretender la abolición de ambas sería apuntar demasiado alto y [...], al obrar así, podríamos fracasar en todo». Los activistas tenían la esperanza de que, al detener la importación de africanos, obligarían a los hacendados de las Indias Occidentales a tratar mejor a sus esclavos por la simple razón de que ya no podrían sustituir a los esclavos que perdiesen mediante la compra de más africanos. Sin embargo, incluso un objetivo tan limitado –la abolición de la trata– suponía una tarea monumental y, además, la campaña se lanzó justo cuando la trata británica estaba en auge.

El abolicionismo británico arrancó con una campaña de propaganda masiva enviando decenas de miles de panfletos a partidarios y simpatizantes de todo el país, aprovechando los contactos y redes cuáqueros. Pronto quedó claro que el abolicionismo tocaba la fibra sensible de muchas personas pertenecientes a todos los grupos religiosos y, más en general, de gente que los abolicionistas no se habían fijado como objetivo (sobre todo, mujeres y clase trabajadora). Lograron asimismo apoyos en los Estados Unidos e incluso en Francia, aunque este último país, al contrario que los otros dos, nunca llegaría a desarrollar una base de apoyo totalmente «popular» a favor de la abolición.

Pese a la presencia de una comunidad negra en Gran Bretaña, para los británicos, la esclavitud era una institución extraña y lejana, a pesar de los casos locales que se dirimían periódicamente en los tribunales ingleses. Sin embargo, en Norteamérica, el debate sobre la trata de esclavos se produjo al mismo tiempo que el de la propia esclavitud. Dado que la trata de esclavos transatlántica hacia Norteamérica ya no era importante para los estadounidenses, los debates americanos se centraron sobre todo en el principio de la emancipación de los negros, en contraposición a la cambiante demanda de mano de obra esclava en diferentes estados. La mayoría de los estadounidenses, incluso los propietarios de esclavos, podían llegar a un consenso respecto a la trata, pero en lo que concernía a la propia esclavitud estaban muy divididos, y el debate se habría de reformular por completo a principios del siglo XIX, debido a la rápida expansión del cultivo de algodón con mano de obra esclava en amplias zonas del Sur. Entretanto, en Gran Bretaña el debate político dominante siguió siendo la trata transatlántica. Mientras que en Norteamérica solo se presentó en la Convención Constitucional una petición –procedente de Pensilvania–

contra la trata de esclavos, en Londres, el Parlamento recibió más de cien peticiones abolicionistas. A principios de la década de 1790, este tipo de iniciativas ya se había consolidado como el método clave a la hora de configurar la opinión pública británica en todos los municipios o instituciones y encauzar las demandas abolicionistas al Parlamento.

La campaña abolicionista adoptó ciertas imágenes emblemáticas que siguen formando parte de la memoria colectiva de hoy en día. El famoso camafeo de Wedgewood, en el que se ve a un esclavo suplicando («¿Acaso no soy un hombre y un hermano?») o el plano transversal del barco negrero *Brookes* (una de las pocas imágenes que los austeros cuáqueros se permitían en la decoración de sus casas) se sumaron a los miles de tratados y ensayos destinados a saturar el país de propaganda abolicionista. Las antiguas publicaciones (sobre todo las de Benezet) atraían la atención, junto con nuevos textos escritos a propósito para capturar y reforzar el nuevo sentimiento abolicionista de las décadas de 1780 y 1790. La Comisión Abolicionista también aprovechó desde el principio las experiencias de personas que habían participado en la trata de esclavos, pero ahora habían visto la luz abolicionista y se mostraban deseosos de prestar sus voces para la causa. John Newton, antiguo tratante de esclavos, publicó sus *Thoughts upon the African Slave Trade* (Pensamientos sobre la trata de esclavos de África), y Alexander Falconbridge, quien había trabajado de médico a bordo de un buque negrero, publicó su *Account of the Slave Trade* (Relación de la trata de esclavos), ambas obras publicadas en 1788. Sus escalofriantes relatos de primera mano en los que exponían las prácticas cotidianas a bordo de los buques negreros contribuyeron a disipar cualquier duda que los lectores aún pudieran albergar acerca de la brutalidad de la trata.

A aquel clamor abolicionista se sumaron las voces de una serie de iglesias no conformistas.[81] Incluso el rey le prestó atención, aunque no simpatizase con el abolicionismo. El Parlamento fue incapaz de resistirse a la creciente presión abolicionista y así, en mayo de 1788, tomó en consideración –y pospuso– la celebración de un debate sobre las peticiones abolicionistas que había recibido. Sin embargo, toda aquella presión pública consiguió algunos cambios importantes. La ley Dolben de 1788, por ejemplo, restringió la cantidad de africanos que se podían transportar a bordo de los buques negreros británicos (especificando un número máximo de africanos por tonelada). También disponía que todos los barcos negreros deberían llevar un médico a bordo y ofrecía incentivos económicos para disminuir la tasa de mortalidad de los africanos que transportasen.

---

[81] Iglesias protestantes no sometidas a la Iglesia de Inglaterra. (N. del T.).

De entre toda esta actividad, las peticiones abolicionistas son lo que nos llama la atención y nos demuestra la gran popularidad de esta causa entre 1787 y 1792. En 1788 llegaron al Parlamento 102 peticiones procedentes de todo el país. Todavía fueron más (519) las que llegaron a Westminster en 1792. Las peticiones al Parlamento eran una táctica que alcanzó cotas aún más vertiginosas en posteriores fases de la propia campaña antiesclavista entre 1824 y 1833. De hecho, los historiadores reconocen hoy que las peticiones abolicionistas fueron la forma de expresión de opinión pública más impactante de todas las campañas políticas registradas entre 1788 y 1838. El número de firmantes de las peticiones abolicionistas superaba con creces el de otras que se presentaban al Parlamento. La petición de Manchester de 1787, por ejemplo, consiguió 10 700 firmas recogidas en una ciudad de 50 000 habitantes. Un año después, las peticiones abolicionistas llegaron a reunir 60 000 firmas y, una generación más tarde, las cifras eran aún más impresionantes: las peticiones proemancipación de 1833 llevaban más firmas que las de todas las peticiones a favor de la reforma parlamentaria de 1831-1832 o las presentadas a favor de la emancipación por los católicos en 1829. Pocos dudaban de la buena fe de aquellas peticiones, y las personas más implicadas (abolicionistas, miembros del Parlamento y ministros del Gobierno) las aceptaban, sencillamente, como una sincera expresión de la opinión pública sobre el asunto.

El movimiento abolicionista pronto se hizo famoso por el tamaño y entusiasmo de sus actos públicos. Aunque nació como un pequeño grupo (una comisión de cuáqueros y simpatizantes), pronto consiguió un apoyo mucho más amplio. Por toda Gran Bretaña proliferaron comisiones abolicionistas locales, y todas organizaban sus correspondientes actos públicos. Dichos actos a menudo no eran más que una oportunidad para escuchar a algún conferenciante abolicionista de visita, antes de proceder a la posterior firma de una petición dirigida al Parlamento. La gran cantidad de personas que atraía el movimiento carecía de precedentes. Thomas Clarkson abrió el camino recorriendo más de 56 000 kilómetros a lo largo de Gran Bretaña entre 1787 y 1794, impartiendo conferencias y causando agitación allí donde iba, normalmente ante grandes muchedumbres, y estableciendo una agotadora rutina que habría de caracterizar las actividades de los abolicionistas hasta lograr la completa emancipación en 1838. Tras hablar en una iglesia de Manchester en 1787, Clarkson escribió: «Cuando entré en la iglesia, estaba tan abarrotada que apenas pude llegar a mi sitio».[82] Los abolicionistas veían en el público, en la muchedumbre entregada y en el atento oyente un elemento básico de su táctica y de su éxito. Sin embargo, a partir de 1793 el recurso a los actos

---

[82] Thomas Clarkson: *The History of the Abolition of the African Slave Trade*, Londres, 1808, vol. I, p. 418.

públicos como táctica empezó a ganarse la hostilidad de unas clases hacendadas cada vez más inquietas. La primera oleada de entusiasmo abolicionista pronto chocó con el miedo a la revolución. En 1792, la Revolución francesa se había escorado hacia el extremismo violento, el levantamiento de los esclavos de Haití suponía una inestabilidad amenazante para todo el Caribe y las sociedades radicales británicas estaban manifestando abiertamente su simpatía por las ideas revolucionarias francesas. Llegados a este punto, las reuniones públicas de todo tipo comenzaron a preocupar a las autoridades del Estado y a las clases propietarias que lo sostenían. Lo que era tolerable en la década de 1780, es decir, la simple reunión de personas para expresar su apoyo al abolicionismo (o la congregación de abolicionistas en grandes actos), a partir de entonces se empezó a ver como otro aspecto más de la invasiva influencia francesa, o del jacobinismo. Incluso al comedido Wilberforce lo acabaron tachando de jacobino. A lo largo del resto de la década de 1790 el abolicionismo se tiñó de jacobinismo. Cuando estalló la guerra contra Francia en 1793, la vida política de Gran Bretaña ya se había ido contaminando de desconfianza. Por un lado, las sociedades radicales populares, lideradas por la London Corresponding Society (LCS), habían asumido el abolicionismo como un aspecto más de su lucha por los derechos del hombre. Por otro lado, sus adversarios desconfiaban cada vez más del abolicionismo por los mismos motivos. Thomas Hardy, fundador de la LCS, afirmó que los derechos del hombre «no se limitan a esta pequeña isla, sino que se extienden a toda la raza humana, negros y blancos, nobles y humildes, ricos y pobres».[83]

El abolicionismo fue desde el principio un movimiento muy culto, pero orientado a un público lector popular. La pionera Comisión Abolicionista de Londres se propuso publicar textos «tendentes a la abolición de la trata de esclavos».[84] La difusión de propaganda escrita ya era una tradición del radicalismo británico bien consolidada, pero el abolicionismo la elevó a nuevos niveles de participación. Solo en el primer año se gastaron más de 10 000 libras en la edición y distribución de textos. Del primer escrito de Clarkson se tiraron 15 000 ejemplares. Poemas, cartas, artículos y ensayos publicados tanto en la prensa local como en los grandes diarios de Londres, todo ello servía para dar voz y publicidad a la campaña contra la trata de esclavos. Como era de esperar, los escritores abolicionistas se topaban a cada paso con el desafío del poderoso *lobby* de las Indias Occidentales, capaz de reclutar también a sus propios escritores, hacendados y otros colonos de aquella región para rebatir las afirmaciones de los abolicionistas. Sin embargo, el abolicionismo contaba con la ventaja de

---

[83] London Corresponding Society: Minute Book, British Library Add. Ms. 27, 811, ff. 4-9.

[84] Judith Jennings: *The Business of Abolishing the British Slave Trade*, Londres, 1997, p. 35.

que su campaña por medios escritos se desarrollaba en paralelo con multitudinarios actos públicos. El avance de la causa mediante la palabra hablada y la redacción de miles de peticiones en pro de la abolición constituyeron una combinación de tácticas que el *lobby* de las Indias Occidentales, simplemente, no podía igualar.

El abolicionismo también fue excepcional por su capacidad de atraer un considerable e importante apoyo femenino. De hecho, las mujeres abolicionistas constituyeron una fuerza de primera magnitud dentro de la campaña general, pues aportaron su presencia y su voz colectiva a la causa, además de un papel y un método de agitación distinto tanto a nivel local como nacional. En todo caso, sobra decir que ya existía una rica –y a menudo ninguneada– literatura femenina anterior al surgimiento del abolicionismo en 1787. Y existía igualmente una larga tradición, que se remontaba al siglo XVII, de peticiones al Parlamento por parte de mujeres. Sin embargo, el abolicionismo había creado una causa política totalmente nueva que pronto atrajo a multitud de mujeres que ocuparon un lugar central, sobre todo en lo relativo a la campaña de peticiones. Por otra parte, muchas escritoras (la más famosa de ellas fue Hannah More, autora de *Slavery, A Poem*, escrito a vuelapluma en 1787) pusieron su talento al servicio de la causa, lo cual contribuyó a favor del ambiente abolicionista y sirvió para presionar al Parlamento. El apoyo femenino se haría sentir de forma más espectacular en las campañas abolicionistas de las décadas de 1820 y 1830.

El hombre que acabó personificando la campaña proabolición y a quien hoy más se recuerda por ello es, por supuesto, William Wilberforce. De principio a fin, y durante casi medio siglo, fue el principal parlamentario que se encargó de cortejar a otros miembros del Parlamento, lores, ministros y autoridades. Sin embargo, la campaña pública –la agitación popular en todo el país– fue inspirada y liderada por el conferenciante, viajero e investigador Thomas Clarkson, un infatigable soldado de a pie en la lucha por la abolición. Clarkson fue el hombre que contribuyó a transformar la vaga y genérica noción que cundía entre la opinión pública de que la trata de esclavos transatlántica entrañaba algo malo y la convirtió en un rechazo amplio y contundente a nivel nacional. Clarkson fue el primero que espoleó y posteriormente canalizó ese rechazo.

El debate parlamentario sobre las peticiones proabolición empezó formalmente en mayo de 1789. El discurso de Wilberforce, en el que presentó sus famosas 12 proposiciones abolicionistas, duró tres horas y media. Un sinfín de pruebas y testimonios hizo que el debate se prolongase durante dos años enteros. Los abolicionistas se iban ganando para la causa el apoyo de todo grupo influyente que se pudiera imaginar. Poetas, científicos, clérigos, negros locales y críticos sociales censuraban todos y cada uno de los aspectos de la trata de esclavos, denunciada sucesivamente por inmoral, anticristiana e incluso antieconómica.

Los primeros intentos parlamentarios de Wilberforce fueron rechazados en 1791, lo que estimuló más intentos posteriores. En 1792 sus proposiciones abolicionistas superaron la Cámara de los Comunes por 230 votos a favor y 85 en contra, pero la moción fue rechazada en la Cámara de los Lores (en la que los intereses de las Indias Occidentales ejercían gran influencia). Sin embargo, por entonces ya habían empezado a influir ciertos sucesos externos. El *lobby* partidario de la trata de esclavos se vio reforzado gracias a los sucesos acaecidos en la colonia de Santo Domingo (o Saint Domingue, actual Haití), que era la posesión más valiosa de los franceses en el Caribe. Esta colonia era una amenaza comercial para los territorios británicos del Caribe porque, como colonia de reciente creación, podía producir cultivos tropicales mejores y más baratos. Pero también era un polvorín racial y político más volátil que cualquier otra isla de la región. El azúcar y el café del Santo Domingo francés contribuyeron a llenar los bolsillos de los mercaderes de Burdeos y Nantes, pero la prosperidad de estos se compraba a costa de los grandes sufrimientos de los esclavos, una gran parte de los cuales era de importación reciente. Los disturbios revolucionarios de 1789 y el impacto de las ideas revolucionarias (especialmente el concepto de *derechos del hombre*) tocaron la fibra sensible de los esclavos del Santo Domingo francés y provocaron una explosión. La violencia entre negros y blancos, entre esclavos y hombres libres, entre colonia y metrópoli devastó la economía de base esclavista y su infraestructura social. El consiguiente colapso del dominio francés también tentó a los británicos –y a los españoles, que ocupaban la otra mitad de aquella montañosa isla– a invadir el territorio y tomar posesión de él. Aquello fue un desastroso error de cálculo que supuso para los británicos una derrota militar sin precedentes (sobre todo debido a las enfermedades).

La invasión británica del Santo Domingo francés formaba parte de una contienda más amplia contra la Francia revolucionaria a partir de 1793, pero también tuvo consecuencias imprevistas para la campaña británica antitrata de esclavos. A los hacendados les bastaba con mencionar la violencia registrada en Santo Domingo y la destrucción del sector azucarero haitiano como demostración de todo cuanto habían advertido, puesto que llevaban tiempo diciendo que la liberación de los esclavos no traería más que anarquía y derramamientos de sangre. El miedo al contagio de la revolución haitiana se extendió por toda América en cuanto los refugiados, tanto negros como blancos, y tanto libres como esclavos, huyeron de Haití a las islas cercanas, a Luisiana y a Carolina del Sur. El primer ministro británico, William Pitt, quien había sido un firme partidario de Wilberforce, se puso entonces del lado de los terratenientes y en contra de los esclavos.

En la década de 1790 estallaron revueltas de esclavos por todo el Caribe: en Granada, en San Vicente, en Santa Lucía y en Jamaica. La Revolución francesa y las guerras revolucionarias, y, por encima de todo, la revuelta de los esclavos de Haití hicieron pensar a muchos que aquel era un mal momento para hablar de cualquier cambio profundo en el sistema esclavista del Atlántico. La rebelión de Haití y la tremenda pérdida de vidas sufrida por las tropas británicas en la isla endurecieron la actitud de muchos ingleses contra los esclavos de todas partes, así como contra los abolicionistas que los defendían. Estos se consolaron con el hecho de que, en 1794, la Convención francesa ilegalizara la esclavitud en todas las colonias y ampliase la ciudadanía francesa a todos los hombres sin importar su color. Sus detractores adoptaron una posición diferente: aquellas decisiones parecían precursoras de más violencia y destrucción de cara al futuro.

En medio de este clima cada vez más hostil, los abolicionistas británicos siguieron haciendo campaña contra la trata de esclavos. Para ello llevaron a la práctica boicots al azúcar producido por esclavos, y ahí las mujeres volvieron a desempeñar un papel fundamental, al igual que en las campañas de peticiones al Parlamento. Sin embargo, a partir de 1793 el abolicionismo se vio en claro retroceso, obligado a adoptar una postura defensiva a la vista de los acontecimientos del Caribe y de la alarma política generada en Gran Bretaña, expresada en el Parlamento y por el ruidoso *lobby* londinense de las Indias Occidentales, en el sentido de que la abolición de la trata suponía una peligrosa interferencia en el sistema esclavista general que solo traería desastres como el de Haití.

El persistente debate abolicionista consiguió algunos resultados positivos, entre ellos ciertas propuestas para mejorar la supervisión y el trato dispensado a los esclavos en las colonias, además de la exigencia de que se les permitiera el acceso formal a la práctica de la religión cristiana y a la educación. Quien mejor y con más rigor expresó estas ideas fue Edmund Burke quien, a pesar de su radical oposición a la Revolución francesa, escribió su exhaustivo e ilustrado *Sketch of a Negro Code* (Esbozo de un código negro, 1792). Las ideas de Burke tenían mucha influencia de Montesquieu, cuya obra había traducido el propio filósofo, y estaban claramente orientadas a la completa emancipación de los esclavos. Aun así, resulta revelador que incluso un antirrevolucionario tan acérrimo se hubiera pasado a la causa de los esclavos, a pesar de las adversas circunstancias políticas.

Sin embargo, entre 1794 y 1799 el Parlamento británico siguió rechazando las mociones que Wilberforce presentaba anualmente contra la trata de esclavos. A mediados de la década de 1790, algunos líderes abolicionistas habían empezado a perder la esperanza de llegar a convencer al Parlamento de la abolición de la trata. Para empezar, la guerra y el descontento interno (como la hambruna de 1795) hicieron que la abolición pareciera un asunto lejano y nimio. A finales de aquella misma década, incluso a los abolicionistas más entregados les costaba mantener en pie los ánimos y las actividades. Para mayor desgracia, y a pesar de su aparente falta de progresos, seguían siendo objeto de duras acusaciones. Los culpaban, por ejemplo, de fomentar la rebelión de los esclavos, cosa que les achacaba especialmente Bryan Edwards, prominente hacendado y activista, en *A History of Santo Domingo*. La pertinaz lucha parlamentaria de Wilberforce para conseguir la abolición se rechazaba porque podría dar pie a una insurrección esclava en el Caribe. En palabras de Bryan Edwards, los esclavos acabarían por «matar a sus amos y plantar el árbol de la libertad sobre sus tumbas».[85] En definitiva, el abolicionismo no podía librarse del estigma de Haití. En 1798, cuando fracasó otra moción abolicionista en el Parlamento (83 votos contra 87), Wilberforce decidió no seguir insistiendo mientras no mejorase el ambiente.

Al llegar el cambio de siglo, con el país empantanado en la interminable guerra contra Francia y con el descontento social cundiendo por todas partes, la causa abolicionista se tambaleaba. Incluso los cuáqueros, normalmente tan decididos, se distrajeron por culpa de ciertas disputas internas en el seno de la Society of Friends. Los políticos

---

[85] Extraído de Judith Jennings: *op. cit.*, p. 92.

radicales, en general, se echaban atrás ante las intimidaciones y actuaciones hostiles del Gobierno. Pero, tras una breve pausa en la guerra (confirmada por la Paz de Amiens en 1802), pronto se renovaron las hostilidades, esta vez contra la Francia napoleónica, que había reinstaurado la esclavitud en sus colonias (1802). En febrero de 1804, Wilberforce volvió a prometer que presentaría en el Parlamento su moción para la abolición de la trata de esclavos. Las antiguas figuras, organizaciones y tácticas resurgieron y se reafirmaron en el Parlamento y en la esfera social. Y, una vez más, los abolicionistas bombardearon a la opinión pública con datos, cifras, argumentos y acusaciones relativos a la trata mediante una reavivada proliferación de escritos y panfletos. A pesar del aplastante apoyo de los Comunes a la abolición, los Lores seguían tan opuestos como siempre. En aquel momento, toda la campaña era impulsada por los amigos evangélicos de Wilberforce, pertenecientes a la secta de Clapham. Clarkson, dedicado otra vez a recorrer el país igual que en la década de 1790, informaba del generalizado apoyo a la causa que hallaba en todos los lugares en los que hablaba. Dondequiera que fuese de visita, se encontraba con un resurgimiento de los comités abolicionistas locales.

En enero de 1806, y seis meses antes de su muerte, William Pitt *(el Joven)* accedió a prohibir la trata de esclavos en los territorios de reciente adquisición (por entonces, el comercio con esos territorios suponía una parte sustancial del total de la trata de esclavos británica). Sin embargo, fue el fallecimiento de Pitt y el regreso del Gobierno de Fox-Grenville lo que despejó el camino hacia la abolición completa: Clarkson escribió entonces en una carta que «tenemos más partidarios de la abolición en este gobierno que en el anterior».[86]

La abolición se tramitó rápidamente en el Parlamento, pues ya se trataba de una proposición del Gobierno y, en mayo de 1806, se aprobó la ley de Trata de Esclavos en el Exterior. Un mes más tarde, Fox informó de que iba a adoptar una resolución sobre la abolición final de la trata de esclavos. Apropiándose del lenguaje de los pioneros abolicionistas, y rindiendo merecido homenaje a su difunto adversario, William Pitt, propuso «que esta Casa, considerando que la trata de esclavos africanos es contraria a los principios de justicia, humanidad y buen gobierno, procederá con la mayor prontitud posible a tomar medidas efectivas para la abolición de dicha trata».

La abolición ya estaba entonces garantizada, incluso tras la muerte del propio Fox en septiembre de 1806. En las elecciones generales subsiguientes, la abolición fue un tema central, objeto de seguimiento por parte de la prensa y de presiones de los electores locales encaminadas a forzar el avance de la prohibición. Todos los parlamentarios

---

[86] *Ib.*, p. 110.

del país se vieron obligados a declarar ante sus votantes si estaban a favor o en contra de la abolición. Aunque el nuevo Gobierno de Grenville solo contaba con el apoyo de una reducida minoría, a principios de 1807, se presentó una ley de Abolición que pronto llegó a la Cámara de los Lores. La oposición se quejó de la ruidosa campaña pública contra la trata de esclavos (y contra sus partidarios). «En esta ocasión, se recurrió a toda medida que el ingenio o las artes puedan inventar para crear un clamor popular. La Iglesia, el teatro y la prensa habían actuado con el fin de crear un prejuicio contra la trata de esclavos.»[87]

Estaba claro que la opinión pública había vuelto a cambiar, y muchos de los nuevos (y más jóvenes) parlamentarios se posicionaron sin reparos en contra de la trata de esclavos, pues muchos de ellos habían prometido a sus electores que apoyarían la abolición en el Parlamento. Al final, los Comunes decidieron por 283 votos contra 16 que la trata de esclavos era «contraria a los principios de humanidad, justicia y buen gobierno» y, por lo tanto, debía quedar abolida. Este grandilocuente preámbulo se revisó a fondo en el propio texto de la ley, pero en marzo de 1807, tras superar todas las etapas parlamentarias, el texto recibió la sanción real. Los británicos acababan de abolir la trata de esclavos.

[87] *Ib.*, p. 110.

No obstante, todavía hoy perduran muchos misterios y especulaciones acerca de por qué lo hicieron. Al fin y al cabo, abolieron una forma de trata que había sobrevivido casi dos siglos sin apenas oposición, que seguía reportando beneficios a mucha gente y que había permitido el desarrollo de importantes zonas para la colonización europea en la América tropical. El hecho de que se le pusiera fin de forma tan rápida, tan exhaustiva y con tal aclamación popular sigue siendo una curiosidad histórica. ¿Acaso había dejado de ser rentable a pesar de que la gente más implicada quería continuar con aquel negocio? ¿Acaso el pueblo británico había cambiado y había desarrollado una sensibilidad desconocida hasta entonces respecto a la trata y su intrínseca crueldad? ¿Se debió, en gran medida (o solamente), a la obra de Wilberforce y Clarkson y su incesante campaña de agitación? ¿O se trató —y esto es lo más probable— de una combinación de todas estas cosas y otras? Por otra parte, ¿qué papel desempeñaron los esclavos —sobre todo los que participaron en la insurrección de Haití— en aquella transformación? Es difícil dar una respuesta satisfactoria. En todo caso, en 1807 la campaña solo había recorrido la mitad del camino. La trata de esclavos llegó a su fin, pero la propia esclavitud siguió existiendo.

El complejo debate jurídico e intelectual en torno a la esclavitud, que posteriormente se incorporaría al movimiento abolicionista, apareció en Inglaterra en la década de 1760. La campaña inicial se centró en la esclavitud en Inglaterra y fue liderada con gran tenacidad por Granville Sharp, quien en 1765 se había quedado sobrecogido ante el trato brutal dispensado a un esclavo negro en Londres. Tras aquel episodio decidió lanzar una campaña –en solitario al principio– contra la posesión de esclavos en Inglaterra. Su primer gran (e influyente) ataque llegó en 1769 con su obra titulada *Representation of the Injustice and Dangerous Tendancy of Admitting the Least Claims of Private Property in the Persons of Men in England* (Exposición de la injusticia y de la peligrosa tendencia a admitir cualquier derecho de propiedad privada sobre las personas de los hombres en Inglaterra). En el siguiente fragmento, muestra su repetida insistencia en la naturaleza esencialmente humana del esclavo, opinión que, por supuesto, chocaba con la idea del esclavo como bien tenido en propiedad que defendía el *lobby* esclavista:

> Por lo tanto, debe observarse que la afirmación de *propiedad privada* respecto a un negro, como si fuera *un caballo o un perro*, es muy insuficiente e incompleta. Mas ahora pasaré a demostrar que la comparación entre un hombre y un animal es, en cualquier caso, innatural e injusta, al igual que capturarlo y retenerlo como tal es una temeridad de los pretendidos propietarios, pues estos no pueden justificarse, a menos que sean capaces de demostrar que un negro no es ni hombre ni mujer ni infante y, si no son capaces de demostrarlo, ¿cómo pueden aventurarse a considerar que esas

personas son una simple *cosa de propiedad privada* y sujeta a un derecho ejercible ante los tribunales?

Antes de poder ejercer legalmente ese derecho, al negro habría que despojarlo de su carácter humano y privarlo de la protección del Rey.

Ahora bien, ¿cómo se lo podría despojar de su *naturaleza humana* o de su derecho a ampararse bajo la protección del Rey?

Efectivamente, se podría decir que un hombre queda desprovisto de su *humanidad* cuando, en primer lugar, y en un sentido moral, debido a sus propias acciones, se rebaja cometiendo alguna vileza ajena a la dignidad del hombre. En segundo lugar, mediante la ejecución de la ley, y en castigo por algunos tipos de vileza, y por los cuales un hombre puede ser despojado *legalmente* de su humanidad, llegando a la *muerte civil,* es decir, quedando «incapacitado para ejercer cualquier cargo o derecho de sufragio, etc. [...], como si esa persona estuviera muerta de forma natural». Esta es una de las penas recogidas en una ley (2 Jorge II, cap. 24) contra el soborno y la corrupción en las elecciones al Parlamento, por la cual tanto *el que soborna* como el *sobornado* (sin importar si el delito lo comete «él mismo o un subordinado») quedan sometidos a la pena anteriormente mencionada. Pero ¡ni siquiera los negros más viles e ignorantes son de una bajeza tan *inhumana* y degenerada como la de aquellos desleales que ofenden a Dios, al Rey, a sus amigos y compatriotas, a ellos mismos y a toda su infeliz descendencia, e incluso a los niños que aún no han nacido! ¡Son enemigos del Estado, infinitamente más temibles que la potencia extranjera más poderosa en estado de guerra declarada!

Mas el caso de este negro es muy diferente. Si es esclavo, es porque lo hicieron esclavo sin su consentimiento. Y además *él no se vendió ni traicionó* a otros y, por tanto, no se le puede condenar a castigo tan severo. No es culpable de delito alguno que yo conozca, y por el cual se le pueda despojar legalmente de su humanidad. Por tanto, debe reconocerse que es diferente de un caballo o de un perro en lo que se refiere a esta *cuestión esencial*, es decir, en lo que se refiere a *su humanidad*.[88]

Más general era el ataque a la esclavitud iniciado en Norteamérica por los cuáqueros locales, quienes observaban directamente la realidad de los esclavos en su cotidianidad comercial y social. Anthony Benezet fue el más influyente entre los primeros detractores cuáqueros. Su tratado titulado *Some Historical Account of Guinea...* (1771) contiene un ataque moral contra la esclavización de los africanos:

> Es el anhelo de riqueza, de poder o de honor lo que anima a la mayoría de los hombres a distinguirse en sus cometidos, mas tales motivos poco influyen en las mentes de los negros, pues son pocos los que pueden albergar perspectivas de algo que no sea el estado de esclavitud. De ese modo, aunque sus capacidades naturales fueran óptimas, no tienen ni acicates ni ocasiones para utilizarlas con provecho. Como es natural, este hecho tiende a deprimirles la mente y a hundirles el espíritu en la pereza y la indolencia, hábitos en los que, muy probablemente, no incurrirían si se hallaran en situación de igualdad con las personas blancas. Son obligados con impunidad a cohabitar sin estar casados, y a separarse una vez

---

[88] Granville Sharp: *Representation of the Injustice and Dangerous Tendancy of Admitting the Least Claims of Private Property in the Persons of Men in England*, Londres, 1769.

que están solemnemente unidos como marido y mujer, a pesar de la legislación moral y religiosa del país, que prohíbe de forma terminante tales prácticas. Como es natural, esto contribuye a infundir temores entre los más juiciosos de estas gentes a quienes miramos como si fueran una raza inferior, indigna de recibir el mismo trato o los mismos premios o castigos que nos damos a nosotros mismos. Sin embargo, lo cierto es que, tanto entre los que han obtenido la libertad como entre los que siguen sometidos a la servidumbre, hay algunos que manifiestan una gran sagacidad y una ejemplar rectitud de corazón. Si no fuera así en general, ¿acaso habríamos de sorprendernos? ¿Acaso no tenemos razones para quejarnos de muchos siervos blancos que, cuando dejan de servirnos, y aunque muchos de ellos han tenido más oportunidades de instrucción y progreso que los negros, resulta que, una vez libres, trabajan con las mismas dificultades de antes por no haber tenido relación ni intercambio con los blancos de mayor valía y siguen igual de limitados al conversar? Y, si rara vez se quejan del injusto y cruel trato que han recibido tras ser sacados a la fuerza de su país, etc., no debemos sorprendernos, pues transcurre mucho tiempo desde su llegada entre nosotros hasta que aprenden nuestra lengua y, cuando por fin son capaces de expresarse por sí mismos, tienen muchos motivos para creer que poco o ningún caso se hará de sus quejas. Ahora bien, si alguien habla con los que tienen capacidad para reflexionar antes de que los traigan de su país natal, oirá unas razones tan conmovedoras que, a menos que este haya perdido todo sentimiento de humanidad, llegarán al fondo de su corazón. Un reciente ejemplo de esto lo tenemos en el caso de un desdichado negro traído no hace mucho de Guinea. Desde su llegada, se mostró meditabundo y apesadumbrado, y a menudo le caían las lágrimas cuando veía a los hijos de su amo. La causa no se conoció hasta que fue capaz de hablar inglés, cuando relató su caso diciendo que, en su país, tenía mujer e hijos y que, estando enfermos y sedientos algunos de ellos, había salido de noche a traer agua de un manantial, momento en que lo habían prendido a la fuerza y se lo habían llevado unas personas que estaban al acecho de hombres y, desde allí, lo habían transportado a América. El recuerdo de su familia, de sus amigos y de otros conocidos que allí había dejado y a quienes no esperaba ver nunca más era la principal causa de su pesadumbre y tristeza [...]. Y, sin duda, los casos de muchísimas de estas afligidas personas, cuando se les pregunta, presentarían unas circunstancias igualmente trágicas y onerosas. Y, si preguntamos a los negros que fueron traídos de sus países natales cuando niños, descubriremos que a la mayor parte de ellos los raptaron cuando estaban alejados de sus padres, por los caminos, por los bosques o vigilando sus campos de cereal. Pues bien, vosotros que habéis estudiado el libro de la conciencia, y vosotros que sois versados en derecho, ¿qué diríais de casos tan deplorables? ¿Cuándo y cómo han perdido la libertad estas oprimidas personas? ¿Acaso la justicia no reclama tajantemente que se les restituya? ¿No tienen derecho a exigirla igual que haríamos nosotros si unos piratas nos secuestrasen en nuestro país natal? ¿No es deber de todo administrador de justicia que no sea ajeno a su propia humanidad recordar que se trata de hombres y declararlos libres? Cuando se producen con semejante frecuencia estos casos tan crueles sin que sean objeto de pesquisa y reparación por parte de aquellos a quienes se les exige «buscad lo justo, socorred al oprimido» (Isaías 1, 17), ¿qué se puede esperar, sino que los lamentos y llantos de esos desdichados lleguen a los cielos? ¿Y qué haremos «cuando Dios se levantare a juzgar? Y cuando [...] preguntare», ¿qué le responderéis? «¿Por ventura el que en la madre me hizo a mí, no le hizo a él también, y no fue uno el que nos formó en la matriz?» (Job 31, 14).[89]

Estos ataques iniciales a la esclavitud en buena medida eran fruto de la indignación moral y religiosa, pero también existían ya críticas de carácter económico. La más famosa y recordada fue la de Adam Smith (1776), quien argumentaba que la esclavitud, lejos de ser barata, en realidad era la mano de obra más costosa:

> Si la mejoría y perfección que podía esperarse de tan grandes propietarios era tan corta, mucho menores ventajas debían prometerse de los que ocupaban sus tierras bajo el dominio de ellos. En el estado antiguo de Europa todos los que ocupaban las tierras eran unos colonos pendientes del arbitrio del señor. Todos, o casi todos eran sus esclavos; bien que su esclavitud fuese de una especie más suave que la de los griegos y romanos, y aún que aquella que se conoce en las colonias inglesas de las Indias Occidentales. Suponíanse pertenecer más a las tierras que a los dueños de ellas, y por tanto podían ser vendidos con estas, aunque no separadamente. Podían casarse pidiendo antes el consentimiento del señor; ni este tenía facultad para disolver después sus matrimonios vendiendo el hombre y la mujer a diferentes sujetos. Si el señor mataba, hería o lastimaba a cualquiera de estos colonos se sujetaba a cierta pena, que generalmente era una multa muy pequeña. Pero estos esclavos no eran capaces de dominio; cuanto adquirían lo adquirían para el Señor, y este podía tomarlo o quitárselo a discreción. Cual-

---

[89] Anthony Benezet: *Some Historical Account of Guinea...* (1771), Londres, 1788.

quier mejora, cultivo o adelantamiento que por ellos se hiciese en las tierras se reputaba ejecutado por el dueño. Todo se hacía a sus expensas: las semillas, los ganados, los instrumentos de labranza, todo era suyo: todo cedía en su beneficio, y estos míseros esclavos no podían adquirir más que el preciso sustento para el día. En este caso, pues, el que propiamente ocupaba las tierras era el mismo propietario, y este era, puede decirse, el que las cultivaba por medio de sus siervos. En Rusia, Polonia, Hungría, Bohemia, Moravia y en otras partes de la Germania se conoce todavía mucha parte de esta servidumbre: solo en las provincias occidentales y meridionales de Europa es donde por nuestra felicidad se ha ido enteramente aboliendo.

Pues si rara vez pueden esperarse grandes adelantamientos de estos propietarios grandes, mucho menos se deben prometer cuando son esclavos los que se emplean en el cultivo de sus tierras. La experiencia de todos los siglos y naciones demuestra según creo, que una obra hecha por esclavos es más cara que otra alguna, aunque al parecer solo cuesta el mantenimiento de ellos. Un hombre que no es capaz de adquirir propiedad o dominio, no puede tener otro interés que comer lo más que pueda y trabajar lo menos que le sea posible. Todo lo que haya de hacer sobre lo que sea precisamente bastante para adquirir su mantenimiento no podrá conseguirse de él sino a fuerza de violencias, y de modo ninguno por un interés que le obligue gustosamente a ello.[90]

En Gran Bretaña, los primeros reparos de conciencia respecto a la trata de esclavos y la esclavitud surgieron

---

[90] Adam Smith: *Investigación de la naturaleza y causas de la riqueza de las naciones,* vol. II, (trad. José Alonso Ortiz), Valladolid, Viuda e hijos de Santander, 1794, pp. 191-193.

en parte a raíz de la llegada del problema a los tribunales ingleses. Aquellas causas, que culminaron en el caso Somerset de 1772, a menudo incluían ejemplos de atrocidades indignantes cometidas no a bordo de los buques negreros, sino en Inglaterra. Al mismo tiempo, un pequeño grupo de escritores negros empezaron a recordarles a sus lectores británicos los problemas más generales que se derivaban de la esclavitud. La obra más famosa de todas ellas quizá sean las cartas de Ignatius Sancho, enviadas en su mayoría desde su tienda de frutas y verduras de Westminster a numerosos amigos y personajes prominentes del momento. La fama de Sancho, por ser un exesclavo que, gracias a la suerte y al duro trabajo, se había convertido en una persona educada y culta, se confirmó con la publicación de su correspondencia en 1782, así como por su retrato, obra de Thomas Gainsborough. Actualmente, los estudiosos reconocen la obra de Sancho como una importante aportación al creciente malestar frente al imperio esclavista británico. Sus cartas –y su vida– también confirmaron el potencial y las posibilidades de los africanos una vez que se liberaban de las restricciones punitivas de la esclavitud. En su carta de 1778 ataca al Imperio británico:

> Lamento observar que la práctica de vuestro país (al que como residente amo, y al que tanto por la libertad que ofrece como por las muchas ventajas de que disfruto siempre le dedicaré mis mejores oraciones y bendiciones); pues, como decía, con pena debo observar que el proceder de vuestro país ha sido generalmente ruin en Oriente, así como en las Indias Occidentales e incluso

en la costa de Guinea. El principal propósito de los navegantes ingleses, y de todos los navegantes cristianos, no es otro que el dinero, dinero y más dinero, de lo cual no pretendo culparlos. El comercio existe, gracias a Dios, para difundir los diversos frutos de la tierra por todas partes, para unir a la humanidad mediante las benditas cadenas del amor fraternal, de la sociedad y de la dependencia mutua. El cristiano ilustrado debería difundir la riqueza del Evangelio de la paz, junto con los bienes de su respectivo país. El comercio realizado con estricta honradez y con la religión como compañera debería ser una bendición para todas las tierras que alcance. En África, los desdichados nativos, bendecidos con las tierras más fecundas, acaban en la mayor de las miserias por culpa de algo que la Providencia otorgaba como bendición: la abominable trata de esclavos que practican los cristianos y la espantosa crueldad y vileza de los reyezuelos animados por sus clientes cristianos, quienes les llevan licores para inflamar su locura nacional, y también pólvora, y malas armas de fuego, proveyéndolos así de los más infernales medios para matar y raptar. Mas no sigo, pues es un asunto que me hace hervir la sangre, y tengo por seguro que no ha de complacer la disposición amistosa de vuestra sensibilidad social. Solo lo menciono para prevenir a mi amigo de precipitarse demasiado a la hora de condenar la vileza de unas personas que, por malas que puedan ser, tal vez hayan empeorado por culpa de los cristianos que los visitan. Estudiad la naturaleza humana donde quiera que residáis, cualquiera que sea la religión, o el color de la piel, y estudiad sus corazones. ¡Sean vuestra guía la sencillez, la bondad y la caridad, pues con ellas incluso los salvajes os han de respetar y obtendréis la bendición de Dios![91]

---

[91] Vincent Carretta (ed.): *Letters of the Late Ignatius Sancho, an African, in Two Volumes* (1782), Londres, 1998.

Más directa fue la reprobación de la esclavitud de Ottobah Cugoano. Nacido en Ghana (c. 1757) y esclavizado en torno al año 1770, había estado trabajando en el Caribe antes de que lo llevaran a Inglaterra como criado. Conocido también como John Stewart (o Stuart), a finales de la década de 1780 Cugoano ya era un hombre libre que trabajaba para Richard Cosway, el pintor de moda en la corte. Cugoano pertenecía al grupúsculo de africanos afincados en Londres que comenzaron a hacer campaña contra la trata a mediados de la década de 1780. Amigo de Olaudah Equiano, otro africano de Londres todavía más famoso, Cugoano escribía bajo una clara influencia de los numerosos escritores abolicionistas contemporáneos, y hay indicios de que Equiano participó en la revisión o edición de su panfleto de 1787 titulado *Thoughts and Sentiments on the Evil and Wicked Traffic of the Slavery and Commerce of the Human Species* (Reflexiones y sentimientos acerca del ruin tráfico de la esclavitud y el comercio de seres humanos). Este texto constituye una invectiva más agria que la anterior crítica de Sancho y señala el camino hacia el cese total de la trata transatlántica. En el siguiente fragmento Cugoano describe su experiencia cuando lo cargaron a bordo de un barco negrero y lo transportaron hasta la isla de Granada:

> Pero, cuando llegó una embarcación para llevarnos hasta el barco, la escena fue de lo más horrible. No se oía más que el estruendo de las cadenas, los látigos restallando y los quejidos y gritos de

nuestros compañeros. Algunos no se movían del suelo cuando los azotaban y golpeaban de la manera más horrible. He olvidado el nombre de aquella infernal fortificación, pero nos subieron al barco que había venido para llevarnos a otro que estaba preparado para zarpar desde Cape Coast. Cuando nos metieron en el barco, vimos cómo subían a bordo varios tratantes negros, pero nos metieron a todos en el hoyo y no nos permitieron hablar con ninguno de ellos. En aquella situación pasamos varios días a la vista de nuestra tierra natal, pero no hallé a nadie que pudiera informar de mi situación a Accasa, que estaba en Agimaque. Y cuando por fin vimos que nos llevaban, resultó que la muerte era preferible a la vida, y nos conjuramos para prender fuego al buque y así perecer todos entre las llamas. Sin embargo, nos traicionó una paisana nuestra que se acostaba con uno de los jefes del barco, pues era costumbre de los indecentes marineros coger a las africanas y yacer con ellas mientras los hombres quedaban encadenados y encerrados en los agujeros. Eran las mujeres y los niños los encargados de prender fuego al barco con la aprobación y quejidos del resto. Aunque el intento fue desbaratado, su descubrimiento provocó otra escena igualmente sangrienta.

Mas no sería necesario describir todas las horribles escenas que vimos y el vil trato que recibimos durante aquel espantoso cautiverio, pues son bien conocidos los casos de los miles de víctimas de este infernal tráfico. Baste decir que yo perdí a mis queridos y benévolos padres y amigos, y ellos me perdieron a mí. No tenía más consuelo que los gritos y las lágrimas, que de poco valían; de unos padecimientos pronto pasé a otros peores. Fui arrancado de un estado de inocencia y libertad y llevado de forma bárbara y cruel a un estado de horror y esclavitud: una situación de desesperanza que es más fácil concebir que describir. Desde el momento en que me prendieron y me llevaron a una factoría, y desde allí, siguiendo este brutal, vil y a la vez habitual método de comercio, me llevaron a Granada; los dolorosos pensamientos que entonces sentí siguen golpeándome el corazón, aunque mis temores y lágrimas hayan desaparecido hace mucho. Con todo, aún duele pensar que miles de personas han padecido penurias similares o mayores a manos de bárbaros secuestradores y despiadados capataces, y que incluso hoy hay muchos sufriendo unas crueldades y padecimientos que no se pueden describir con palabras. Los gritos de unos pocos y el espectáculo de sus padecimientos se pueden ver y oír de lejos, pero los profundos lamentos de las multitudes sometidas a la onerosa opresión y a las calamidades que les infligen son tales que solo pueden llegar claramente a los oídos del Señor.[92]

En 1787 un pequeño grupo de exesclavos se reunió en Londres para cooperar en la lucha contra la trata. Deseaban difundir los argumentos a favor de la abolición insertándose en el ambiente abolicionista generalizado que había surgido a raíz de la formación de la Comisión Abolicionista. Sin embargo, eran muy diferentes de los demás abolicionistas, entre otras razones por el hecho de ser hombres libres que habían dejado atrás los padecimientos de la esclavitud. Como tales, sus voces rebosaban autenticidad. Además, eran conscientes de lo mucho que le debían a Granville Sharp, el hombre que había empuñado la bandera

---

[92] Ottobah Cugoano: *Thoughts and Sentiments on the Evils and Wicked Traffic of the Slavery and Commerce of Human Species* (1787), edición de Vincent Carretta, Londres, 1999.

del abolicionismo durante más tiempo y que había hecho campaña de manera denodada (y a veces en solitario) en pro de los negros oprimidos de Inglaterra. Se hacían llamar «Los Hijos de África» y, en 1787, redactaron esta carta de agradecimiento a Granville Sharp por su obra:

15 de diciembre de 1787

Honorable y distinguido señor:

Permítanos decir que todo hombre virtuoso es en verdad honorable, que aquel que hace el bien se gana para sí el honor, que son muchas las alabanzas que corresponden a los justos, que vuestro recuerdo es digno de alabanza y que vuestras obras han de hablar en favor de vos cuando llegue el juicio.

Y debemos decir que nosotros, que somos parte o descendientes del castigadísimo pueblo de África, os estamos especialmente agradecidos por los muchos y muy buenos servicios amistosos que nos habéis hecho y que ahora ni siquiera tenemos capacidad de enumerar.

No obstante, apreciamos sobremanera vuestra gran amabilidad y humanidad, y no podemos más que, con máxima sinceridad y gratitud, reconocer lo mucho que os debemos y de todo corazón manifestar en todo momento nuestro agradecimiento y aprecio a vuestros prolongados, valiosos e infatigables esfuerzos, así como vuestra buena disposición, encaminados al rescate de nuestros sufridos hermanos esclavizados.

Señor, vuestros escritos no tratan de trivialidades, sino de grandes y esenciales asuntos de importancia moral y religiosa, dignos de ser atendidos por todos los hombres, y abundan en muchas cuestiones de gran valor y de carácter sagrado, especialmente en lo que respecta a las leyes de Dios y a los deberes del hombre.

Deseamos pues, para nosotros y para otros, que esos valiosos tratados se puedan reunir y conservar en provecho de todos los hombres y en pro del eterno recuerdo de los grandes conocimientos, piedad y cuidado de su encomiable autor, que es nuestro gran amigo. Y deseamos que las leyes de Dios y sus designios de justicia expresados en ellas sirvan de camino por el que transiten los virtuosos y los prudentes; sirvan, asimismo, de luz que ilumine a los sabios de todos los tiempos, y que esos y otros escritos de la misma naturaleza se puedan conservar y erigir como monumento o faro que guíe o advierta a los hombres para que no se aparten de la senda de la justicia y de la humanidad, que puedan convertirse en un medio para poner freno a los torpes violadores de la santa ley de Dios, y detener a los avariciosos usurpadores de los derechos y libertades del hombre mientras la raza humana habite esta tierra que pisamos.

Por otra parte, honorable y distinguido señor, que Dios todopoderoso os guarde, bendiga y dé larga vida, además de haceros muy útil con todas vuestras buenas palabras y obras. Y, cuando llegue la hora, quiera Dios que paséis un buen trance y podáis ascender y brillar eternamente en la gloria de los cielos, cuando la voz del Señor, hablando con júbilo, como el sonido de los mares, se oiga diciendo: «¡Bien hecho, mi buen y fiel siervo, entra en la gloria de tu Señor!». Esa será entonces la más dulce de las delicias, y sonará más melodiosa que cualquier otra música. Y Nuestro Señor y Salvador otorgará ese honor y felicidad a todos los santos y fieles siervos que de entre los hombres se rediman y se salven del pecado, de la esclavitud, de la miseria, del dolor, de la muerte y de la eterna deshonra e ira que recaerá en todos los malvados y rebeldes.

Y ahora, honorable Señor, con el máximo respeto, debemos rogar que aceptéis esta manifestación de agradecimiento por vuestros buenos y fieles servicios para con nosotros, así como por vuestra humana compasión por nuestros hermanos y paisanos sometidos ilegalmente a la esclavitud.

Suscribimos la presente unos pocos como señal de gratitud y afecto. Con la mayor estima y veneración, honorable y distinguido señor, se despiden vuestros devotísimos y humildes servidores,

Ottobah CUGOANO	Jasper GOREE
John STUART	Gustavus VASA
George Robert MANDEVILLE	James BAILEY[93]

Las dispares voces que se alzaron contra la esclavitud se aunaron en 1787 constituyendo la Comisión para la Abolición de la Trata de Esclavos. Era de inspiración principalmente cuáquera, y los cuáqueros eran mayoría en la primera reunión. Thomas Clarkson describe la formación de la Comisión en un texto escrito veinte años después:

> Durante aquella conversación, y cuando todos parecían interesados en la causa, el señor Langton formuló la pregunta –de lo cual tanto desconfiaba yo– al señor Wilberforce, pero en forma de delicado cumplido. Este último replicó que no tenía nada que objetar a la presentación de la medida en la cámara una vez que estuviera preparado para ello, y siempre que no fuera posible hallar a una persona más adecuada. Entonces los señores Hawkins Browne y Windham dijeron que lo apoyarían a él. Antes de abandonar la

---

[93] Extraído de Prince Hoare: *Memoirs of Granville Sharp*, Londres, 1820, pp. 374-375.

reunión, me llevé al señor Wilberforce a un aparte y le pregunté si podía comunicar su decisión a mis amigos de la ciudad, de quienes él ya me había oído hablar, pues deseaban ayudarlo constituyendo una comisión para tal efecto. Él me respondió que sí, y entonces le pregunté al señor Langton en privado si tenía algo que objetar a pertenecer a una asociación de la cual surgiera una comisión a favor de la abolición de la esclavitud. Me respondió que sería para él un placer ser miembro de tal comisión. Cuando hube recibido aquellas respuestas satisfactorias, regresé a casa.

Al día siguiente, habiendo puesto por escrito lo sustancial de la conversación mantenida en la cena, fui junto a James Phillips y le pedí que nuestros amigos se reunieran lo antes posible para que pudieran oír mi informe. Mientras tanto, escribí al doctor Peckard y visité a lord Scarsdale, al doctor Baker y a otros con el fin de saber si, suponiendo que se formase una sociedad para la abolición de la trata de esclavos, podría decir que ellos pertenecían a ella. Todos respondieron de manera afirmativa y me pidieron que los representase en caso de que hubiera alguna reunión a tal efecto.

A la hora acordada me reuní con mis amigos. Leí lo esencial de la conversación que se había producido en casa del señor Langton. No hubo objeciones. Todos se mostraron unánimes a favor de la creación de la Comisión. Al día siguiente acordamos reunirnos para tal fin. Entonces se resolvió por unanimidad, entre otras cosas, que la trata de esclavos era tan impolítica como injusta. Se resolvió también que las siguientes personas habrían de conformar una comisión para la obtención de informaciones y pruebas –además de su publicación– encaminadas a la abolición de la trata de esclavos, y para la gestión del dinero disponible y del que, a partir de entonces, se pudiera recaudar para el citado propósito.

Granville Sharp	Thomas Clarkson
William Dillwyn	Richard Phillips

Samuel Hoare
George Harrison
John Lloyd
Joseph Woods

John Barton
Joseph Hooper
James Phillips
Philip Sansom

Todos estos estuvieron presentes [...] el día 22 de mayo de 1787 [...]. Tras la constitución de la comisión, se participó al señor Wilberforce la noticia del acto, y comenzó así una amistad que ha continuado de forma ininterrumpida entre ellos hasta la fecha.[94]

Al mismo tiempo, y bajo la presión de los pioneros del abolicionismo, también los ministros empezaron a prestar atención a la trata de esclavos. Llegados a 1788, incluso el primer ministro William Pitt estaba convencido de la idea de la abolición (aunque al final la política, la guerra y la revolución acabarían cambiando su adhesión). Su apoyo queda patente en este fragmento de una carta que envió a lord Hawkesbury con fecha del 30 de enero de 1788:

> Con mucho placer trataría del asunto de los documentos que adjuntáis en la carta que acabo de recibir. Poner fin a una práctica tan persistente como la de la trata de esclavos, y que afecta a tantos otros temas, sin duda que podría tener consecuencias de mucho alcance, y si tal medida se llegara a hacer efectiva, sería un cometido grave y urgente por nuestra parte intentar paliar los inconvenientes derivados de ella. Sin embargo, reconozco que cualesquiera que sean los inconvenientes, me faltan argumentos que justifiquen la

---

[94] Thomas Clarkson: *The History of the Rise, Progress and Accomplishment of the Abolition of the Slave Trade by the British Parliament*, 1808, vol. I.

admisión de un rechazo a la medida en sí misma. No es mi deseo importunaros con más detalles mientras no tengamos ocasión de departir acerca de este tema, cosa que me gustaría hacer a fondo antes de que se debata.[95]

A partir de 1787 la campaña abolicionista se centró en dos frentes. En el Parlamento, Wilberforce iba ganando apoyos y lideraba el debate –que se celebraba prácticamente cada año– a favor de la abolición, mientras que Thomas Clarkson se dedicaba a movilizar el apoyo popular por todo el país. Clarkson explica su defensa de la eliminación de la trata de esclavos en este fragmento de su tratado *An Essay on the Impolicy of the African Slave Trade* (1788):

> Si se aboliese la trata de esclavos, es evidente que se tomarían numerosas medidas benévolas y salutíferas: que el esclavo estaría mejor alimentado, que su horario de trabajo se reduciría, que su persona gozaría de más seguridad, que tendría la capacidad de hacer valer sus derechos y que se favorecería todo lo necesario para fomentar su procreación. Con la inevitable adopción de estas u otras medidas similares observaríamos una mudanza material en su situación. Lo veríamos en posesión de más tiempo para sí mismo, dedicándose a su ocio particular o a la mejora de su pequeño terreno para el aprovechamiento y disfrute futuros. No lo veríamos ya paralizado de miedo al ver a su propietario, sino sonriendo

---

[95] Vincent Harlow y Frederic Madden (eds.): *British Colonial Developments, 1774-1834, Select Documents,* Oxford, 1953, p. 525.

de alegría y gratitud. Lo veríamos unido *legalmente* por los vínculos de la felicidad conyugal, mientras que su esposa tendría tiempo para cuidar y disfrutar de su hijo sin lamentar haberlo traído al mundo para heredar una vida de perpetua miseria y aflicción, sino para ser testigo de su nueva situación y ser partícipe del cambio. Experimentando así, por un lado, la disminución de los anteriores rigores y, por otro lado, las ventajas positivas, ambos accederían de forma *inmediata* a una porción de *felicidad,* y su condición *mejoraría* de manera considerable.

Una vez producido ese cambio, y habiéndose necesariamente generado un gran beneficio para el hacendado gracias a su adopción, no ha de ser difícil anticipar la situación *futura* del esclavo, pues es natural suponer que si el hacendado obtiene ventajas proporcionales a su humanidad, este perseverará en dicho camino y, cuando ese sistema derivado de la abolición de la trata de esclavos surta el efecto esperado, adoptará otro más benévolo y justo. Toda nueva concesión de este tipo redundará en el ascenso del esclavo dentro de la escala social y en la mejora de su condición. Y cada mejora en su condición lo hará más apto para su acceso al *cristianismo y a la libertad.* Y si estos gloriosos eventos llegan a verificarse, entonces vendrá una era en que la felicidad llegará a su máxima extensión en las colonias y la hacienda del terrateniente dará sus máximos beneficios.[96]

Entre la notable explosión de literatura abolicionista de las décadas de 1780 y 1790, los textos más persuasivos fueron los de los hombres que habían tenido contacto directo

---

[96] Thomas Clarkson: *An Essay on the Impolicy of the African Slave Trade,* 1788.

con la esclavitud. James Ramsay fue un clérigo que vivió y trabajó entre esclavos en las Indias Occidentales. A continuación incluimos un fragmento de un tratado suyo de 1784 en el que rebate la creencia de que los negros, por su naturaleza, estaban destinados a la esclavitud. Asimismo, discute la idea del «derecho divino de la dominación europea»:

> Si la naturaleza hubiera concebido a los negros para la esclavitud, los habría dotado de numerosas cualidades de las que ahora carecen. Sus alimentos no requerirían preparación, sus cuerpos no necesitarían ropajes, habrían nacido sin la menor querencia por la libertad, mas con la paciencia necesaria para no responder a la provocación, siendo así incapaces de albergar resentimiento o rebeldía, ese delito de alta traición contrario al derecho divino de la dominación europea. Un caballo o una vaca, cuando los maltratan, los golpean o los hambrean, intentarán alejarse del látigo o harán todo lo posible por buscar pasto en el cercado más próximo. Mas no tenemos noticia de ninguno que se haya escapado del servicio de un dueño cruel o que, derramando su sangre, se haya vengado de la crueldad recibida.
>
> Hablar de razas diferentes, y en especial de razas superiores e inferiores, es hablar de diferentes normas de conducta y de la existencia de diferentes deberes para cada una. Ahora bien, ¿dónde hallaremos indicios de tales diferencias en el caso que nos ocupa? El vicio nunca se ha visto en África de una manera más bárbara y turbadora que la que vemos en la vida cotidiana de los lugares más refinados de Europa. Europa nunca ha mostrado mayor altura de sentimientos que los que se han visto entre las tinieblas africanas.

Podemos comprender por qué las naciones en que se divide la humanidad para vivir en sociedad presentan rasgos característicos en cuanto a color de piel y facciones (y casi todo este tema de debate se podría resumir en ellas), con el fin de unir por semejanza a los compatriotas de forma más estrecha y afectiva. Mas conviene insistir en que tales rasgos son meras impresiones arbitrarias que ni otorgan ni quitan cualidades animales o racionales, sino que, en la práctica, se limitan a cumplir la función que parecen tener, que es mantener unidas las tribus y las familias. Además de ellas, el clima, el modo de vida y la prevalencia accidental de ciertas costumbres están detrás de muchas características nacionales.

Sin embargo, el alma es una sustancia simple; no se distingue por ser alta o baja ni por ser morena, negra o rubia. Por tanto, toda cuanta diferenciación puede albergar consiste en un mayor o menor grado de energía, o un mayor o menor grado de correspondencia entre las acciones y las circunstancias en que se halla el agente. En resumen, no hay más intelecto que el que consiste en actuar con infinito poder y perfecta propiedad en el seno de la Deidad, en diversos grados de poder y propiedad limitados y en los diversos órdenes de seres vivos inteligentes. Por eso no hay nada que diferencie esas diversas clases de seres aparte de tener más o menos poder, y nada nos impide suponer un posible y paulatino avance desde los grados inferiores a los superiores entre los seres vivos. Pero no podemos hablar de la conversión de un buey en un caballo, o de un cerdo en un elefante [...].

Podemos ver claramente la existencia de diversas ocupaciones y diferentes grados de dedicación de las capacidades energéticas de raciocinio en los diversos individuos que componen una comunidad, con el fin de llevar a cabo los diferentes fines de la sociedad. Pero no es preciso recurrir a una diferenciación de las almas, como si el labriego tuviera una clase de alma, el artesano tuviera otra y el hombre letrado tuviera otra, pues la diferenciación entre razas según criterios de excelencia también se aplicaría en la diferenciación de aquellos tres. Y vemos, en contraste con esas descabelladas ideas, que las comunidades prosperan a medida que desaparece cualquier otra diferenciación, aparte de lo que la sociedad exija de sus miembros en pro del bien común. El alma es versátil y, al ser simple, adquiere su forma y apariencia de los objetos que la rodean. Parece universalmente adaptarse solo al carácter dentro del cual actúa, pero el hecho de que ese carácter no es indeleble queda de manifiesto en todas las páginas de la historia de la humanidad.[97]

Hubo escritores negros, como Sancho o Equiano, que habían sido víctimas de la trata de esclavos y, cuando quisieron dar a conocer sus opiniones, hallaron una buena acogida entre el público lector británico durante las décadas de 1780 y 1790. La autobiografía de Equiano (1789) tuvo una difusión notable. A continuación, en esta petición dirigida a la reina en 1788, intenta ganar el apoyo de la monarquía a la lucha contra la trata:

A la Excelentísima Majestad de la Reina.
Señora,
La célebre benevolencia y humanidad de Su Majestad me anima a dirigirme a su real presencia, confiando en que la bajeza de mi situación no impedirá a Su Majestad atender a los sufrimientos por los que abogo.

---

[97] James Ramsay: *On the Treatment and Conversion of African Slaves*, 1784.

Pero no solicito su real compasión por mi propio infortunio, pues mis sufrimientos, aun siendo cuantiosos, están en buena medida olvidados. Suplico la compasión de Su Majestad por los millones de mis compatriotas africanos que gimen bajo el látigo de la tiranía en las Indias occidentales.

La opresión y crueldad infligidas sobre los infelices negros de allá han llegado al fin a la legislación británica, que en estos momentos está deliberando para enmendarlas; incluso varias personas que tienen esclavos en propiedad en las Indias occidentales han solicitado que se parlamente contra su continuación, sensibles como son ante el hecho de que es una práctica tan imprudente como injusta y de que lo que es inhumano siempre será necio.

El reinado de Su Majestad se ha distinguido hasta ahora por actos privados de benevolencia y generosidad; sin duda, cuanto más extensa la miseria, más merece la compasión de Su Majestad, y tanto mayor ha de ser el placer de Su Majestad al contribuir a su auxilio.

Así pues, graciosa Majestad, me tomo la libertad de implorarle que medie con su real consorte a favor de los desdichados africanos; que, con la benévola influencia de su Majestad, se pueda poner punto final a su miseria; y que puedan alzarse desde la condición de bestias a la que hoy se ven degradados hasta los derechos y la situación de los hombres, y se les permita compartir las bendiciones del feliz gobierno de Su Majestad; de este modo, Su Majestad disfrutará del sincero placer de procurar la felicidad a millones y de verse recompensada con las agradecidas plegarias de estos y de su descendencia.

Que el munificente Creador vierta sobre Su Majestad y sobre la Familia Real todas las bendiciones que puede deparar este mundo, y la plenitud de gozo que la divina revelación nos ha prometido para el siguiente.

Soy el más obediente y devoto sirviente de Su Majestad, Gustavus Vassa, el etíope oprimido.

53, Baldwin's-Gardens.[98]

La prensa recogía y aprobaba las incipientes opiniones femeninas, lo que supuso una de las impactantes innovaciones llegadas con el abolicionismo. Aquí vemos un ejemplo extraído de *The York Courant* (1792):

> Se ha dicho que produciría buen resultado una petición de las señoras al Parlamento a favor de la abolición de la trata de esclavos. Tal idea es ciertamente apropiada porque, comoquiera que los padecimientos femeninos también se incluyen en el miserable destino reservado a los africanos, la petición en nombre de ellas por parte del mismo sexo iría muy cargada de razón.[99]

La escritora contemporánea más famosa era Mary Wollstonecraft, acérrima detractora de la trata de esclavos. Su opinión queda recogida en este ataque a Edmund Burke escrito en 1790:

> La trata de esclavos jamás se habría de abolir si las ideas de Burke se impusieran. Y, debido a que nuestros ignorantes antecesores

---

[98] Olaudah Equiano: *Narración de la vida de Olaudah Equiano, el Africano, escrita por él mismo* (ed. y trad. de Celia Montolío), Madrid, Miraguano Ediciones, 1999, pp. 228-229.

[99] *The York Courant*, 21 de febrero de 1792.

no alcanzaban a entender la dignidad innata del hombre y consintieron un comercio que atenta contra todo principio de razón o religión, ahora debemos aceptar esa inhumana costumbre, y calificar de amor a nuestro país y de auténtica sumisión a las leyes que protegen nuestras propiedades lo que es un atroz insulto a la humanidad. ¡La defensa de la propiedad! He ahí, en unas pocas palabras, la definición de la libertad inglesa. Y en aras de este egoísta principio debemos sacrificar cualesquiera otros principios más nobles.[100]

El abolicionismo afectaba a una gran variedad de intereses y sensibilidades. Tenía una especial resonancia en diversos escritores y poetas. Uno de ellos era William Cowper, quien criticó la esclavitud en su poema *The Negro's Complaint* (1793):

> Arrancado del gozo del hogar
> la costa de África abandoné,
> para dar riquezas al extranjero
> por las recias olas arrastrado.
> El inglés me compró y me vendió,
> pagó mi precio con poco oro,
> mas si por esclavo me tomaron,
> mi mente no compraron.
>   Siendo de mente más libre que nunca,
> pregunto qué derecho tiene Inglaterra.
> ¿Separarme de mis gozos?

---

[100] Mary Wollstonecraft: *Vindication of the Rights of Men*, 1790.

¿Torturarme? ¿Obligarme a trabajar?
El cabello ensortijado y la piel negra
no pueden ir contra la naturaleza.
Diferentes serán las pieles,
pero el amor de blancos y negros es igual.
 ¿Por qué la naturaleza creó
la planta por la que trabajamos?
Nuestros suspiros han de orearla;
nuestras lágrimas, regarla;
nuestro sudor ha de abonar la tierra.[101]

Tal vez sea más recordado el poema de William Blake titulado «The Little Black Boy» (1789). Hoy quizá parezca que nos da una imagen confusa, pero, en esencia, se trataba de una radical y democrática afirmación de igualdad:

El niño negro

Me parió mi madre en las selvas del sur,
y soy negro, pero ¡ay!, mi alma es blanca;
blanco como un ángel es el niño inglés,
mas yo soy negro, como privado de luz.

Me enseñó mi madre debajo de un árbol,
y sentándose antes del gran calor del día,
me puso en su regazo y me besó,
y señalando hacia el este comenzó a decir:

---

[101] Extraído de *The Gentleman's Magazine*, diciembre de 1793.

«Mira el sol naciente: allí vive Dios,
y extiende su luz, y envía su calor;
y flores y árboles y bestias y el hombre reciben
consuelo en la mañana, júbilo a mediodía.

Y ponemos nosotros en la tierra un corto espacio
donde podamos aprender a tolerar los rayos del amor;
y estos cuerpos negros y este rostro quemado por el sol
no son más que una nube, y como una arboleda sombría.

Pues cuando nuestras almas hayan aprendido a soportar el calor
se esfumará la nube; escucharemos su voz
diciendo: "Salid de la arboleda, mi amor y mi cuidado,
y en derredor de mi tienda de oro alegraos como corderos".»

Así habló mi madre, y me besó;
y así le digo yo al niño inglés:
cuando yo de la negra y él de la blanca nube estemos libres,
y en torno a la tienda de Dios como corderos nos alegremos,

yo le protegeré del calor, hasta que soportar pueda
el estar recostado con alegría en las rodillas de nuestro padre,
y entonces me pondré en pie y acariciaré sus cabellos de plata,
y seré como él, y entonces él me amará a mí.[102]

El abolicionismo acompañaba sus ataques políticos y literarios contra la trata de esclavos con una campaña práctica contra el *lobby* esclavista. El boicot al azúcar cultivado por esclavos (liderado una vez más por las mujeres) resultó

---

[102] William Blake: *Canciones de Inocencia y de Experiencia* (ed. bilingüe y trad. de José Luis Caramés y Santiago González Corugedo), 6.ª ed., Madrid, Ediciones Cátedra, 2009, p. 75.

muy eficaz y logró bastante publicidad. Maria Edgeworth lo describe en estos dos fragmentos de la década de 1790:

¿Ha visto algo de lo que se ha publicado recientemente acerca de los negros? Acabamos de leer un breve panfleto de unas diez páginas, una mera relación de informaciones presentadas ante la Cámara de los Comunes. En Inglaterra, veinticinco mil personas han dejado de consumir por completo azúcar de las Indias Occidentales con la esperanza de que, cuando ya no haya demanda de azúcar, a los esclavos no los traten con tanta crueldad. En varias escuelas los niños han dejado los dulces, cosa muy generosa. Aunque es del todo incierto que todo esto vaya a conducir al fin que se pretende, mientras tanto aquí seguimos comiendo tartas de manzana endulzadas con azúcar en vez de miel. Sin embargo, mi padre dice que en casa del señor Keier comió unas excelentes natillas endulzadas con miel. ¿No será demasiado sacrificio para las pobres abejas?

*

Estuvimos en Clifton con el señor y la señora Barbauld. Él es un señor amable y benevolente, tan contrario a la trata de esclavos que, cuando tomaba el té con nosotros, siempre traía consigo un poco de azúcar de las Indias Orientales, para así no participar en nuestra infamia al consumir el producido por los esclavos negros.[103]

Como cabía esperar, los más implicados en la trata de esclavos –comerciantes, armadores y hacendados– presentaron sus propios alegatos ante la opinión pública y ante el

---

[103] *Ib.*

Parlamento. En 1788 los tratantes que operaban en África enviaron una petición en la que defendían el gran valor que la trata de esclavos tenía para Gran Bretaña:

Mas los efectos de esta trata [africana] en Gran Bretaña son infinitamente beneficiosos. Como consecuencia más inmediata, ocupa unos 150 buques mercantes que transportan anualmente desde este país más de un millón en bienes, en su mayoría de nuestros fabricantes; como consecuencia más remota, no existe casi ninguna rama del comercio de esta nación que no obtenga alguna ventaja de ella. Sin embargo, los ventajosos efectos de este comercio en ningún sitio han sido tan manifiestos como en las colonias azucareras de las Indias Occidentales, en donde la experiencia ha demostrado que los europeos no pueden llevar a cabo los trabajos de campo, de manera que aquellas valiosas posesiones muy probablemente estarían ahora incultas y desaprovechadas en gran medida de no haber contado con la ayuda de la mano de obra africana. Por tanto, lo justo es incluir todo el provecho que este país obtiene de sus colonias en las Indias Occidentales entre las ventajas que reporta la trata de africanos, en especial la de esclavos, y si sus señorías tienen a bien retrotraerse a la situación de la nación británica en los inicios de esta actividad y observan los progresos logrados en la navegación, en el comercio, en la industria, en la riqueza y en el poder, hallarán que los logros conseguidos en estos grandes empeños nacionales son exactamente proporcionales a los avances en la trata africana, además de la consiguiente mejora para las colonias británicas y los asentamientos de América.

Para concluir, esta comisión no duda en afirmar que la trata africana está tan imbricada con nuestra economía y tan entrelazada con nuestros intereses generales que, si en algún momento debido al abandono, a la mala gestión o a la mala fortuna, esta nación fuese desposeída de sus ventajas, sufriría una pérdida enorme e irreparable, una merma en su economía, en su dignidad y en su poderío, de la cual sería imposible que se recuperase jamás.[104]

De manera parecida, los grupos de presión de las Indias Occidentales deseaban proteger sus intereses frente a los ataques abolicionistas. El 5 de noviembre de 1790 la Asamblea de Jamaica se dirigió al rey rogando la posibilidad de defender sus argumentos:

A SU GRACIOSA MAJESTAD EL REY
Humilde carta y petición de la Asamblea de Jamaica

Graciosa majestad:

Nosotros, fieles y leales súbditos de vuestra majestad que componemos la Asamblea de Jamaica, con justicia considerando a vuestra majestad el protector ecuánime e imparcial de todos vuestros súbditos, por lejos que se hallen, suplicamos la venia para dirigirnos al trono, con la máxima humildad, a fin de exponer a vuestra majestad:

Que, a la vista de las actas de la Cámara de los Comunes correspondientes a los años 1788 y 1789, fueron presentadas en esa honorable Cámara varias peticiones procedentes de diferentes corporaciones y entidades constituidas por súbditos de vuestra majestad en Gran Bretaña, en las cuales ruegan la intervención del Parlamento para abolir la trata de esclavos africanos basándose,

---

[104] Vincent Harlow y Frederic Madden: *op. cit.*, p. 527.

sobre todo, en supuestos e imaginarios padecimientos derivados del maltrato al negro en esta y en las demás islas azucareras, y consideramos que nos incumbe, en vindicación de nuestro honor mancillado, en defensa de nuestros derechos legales y para el amparo de nuestras propiedades legalmente adquiridas, proceder a una más amplia pesquisa concerniente tanto a las numerosas falsas acusaciones e injuriosas calumnias incluidas en algunas de las referidas peticiones como a lo relativo a las fatales consecuencias que se podrían producir en caso de que la proposición de prohibir futuras importaciones de braceros africanos se aplicase en virtud de la autoridad emanada de una ley del Parlamento británico [...].

Rogamos tenga a bien vuestra majestad permitirnos desde aquí observar que, al reconsiderar minuciosamente dicha queja, vemos que esta se expresa en unos términos ante los cuales no podemos allanarnos. Al sostener que los derechos de los colonos británicos son tan inviolables como los de los demás conciudadanos de cualquier parte de los dominios británicos, y al afirmar que la autoridad del Parlamento no es competente para eliminar o mutilar parcialmente el derecho a la propiedad privada sin compensar a los perjudicados, reclamamos justicia en términos constitucionales. Creemos que tales términos no podrían haber sido tenidos por inapropiados ni por el tribunal más libre e imparcial del universo.

Por consiguiente, con máxima sorpresa y pesar, nos vemos obligados a manifestar a vuestra majestad que el reconocido, indiscutido y consolidado derecho de vuestros súbditos residentes en vuestro reino, esto es, el derecho a presentar quejas ante el gran Consejo de la nación, en esta ocasión ha sido negado a vuestra leal Asamblea de esta isla pues, a pesar de que nuestra protesta fue entregada durante el presente período de sesiones del Parlamento a las altas autoridades a las que fue comunicada, según se nos ha informado, no se entregó notificación o comunicación alguna a ninguna de las cámaras del Parlamento, informando de la presentación de una petición procedente de la cámara legislativa de esta isla; tampoco se nos ha dado razón alguna que explique por qué se ocultó o se eliminó tal exposición de problemas importantísimos para nuestro bienestar presente y futuro.

Ante estas circunstancias, esta vuestra leal Asamblea consideraría inexcusable, tanto ante sus representados como ante la posteridad, permanecer callada [...].[105]

En 1789 unos mercaderes y terratenientes de Bristol, siguiendo el ejemplo de los abolicionistas, presentaron una petición ante la Cámara de los Comunes en la que defendían la importancia económica de su negocio esclavista:

> También se ha presentado y leído ante la Cámara una petición de los hacendados de las Indias Occidentales, así como de los tratantes de las Indias Occidentales y otros vecinos de la ciudad de Brístol y su comarca, que han arriesgado sus bienes en valores de las Indias Occidentales, ya sea en forma de hipotecas, bonos, rentas, etcétera, y de los refinadores de azúcar de la susodicha ciudad de Bristol, exponiendo: que los peticionarios han sabido con gran alarma que, a la vista de la proposición de pesquisa en el seno de la Comisión de la Cámara de los Comunes sobre las peticiones contra la trata de esclavos, se va a presentar una moción para su completa abolición, siendo que de dicha trata, según los peticionarios,

---

[105] *Ib.*, pp. 534-535.

depende el bienestar y la prosperidad, o incluso la existencia misma, de las islas de las Indias Occidentales; que recientes indagaciones realizadas con sumo rigor muestran que el comercio entre África y las Indias Occidentales constituye, por lo menos, tres quintas partes del tráfico del puerto de Brístol y que, si tal proposición se convirtiera en ley, ello traería inevitablemente la decadencia del comercio de la ciudad de Brístol, puesto que la trata africana y el comercio con las Indias Occidentales, vinculados y dependientes entre sí, constituyen una parte considerable de dicho tráfico, lo que redundaría en una gran pérdida para los peticionarios y en la ruina de miles de personas que viven de ella, pero no son conscientes del peligro que se avecina, y que los peticionarios, muchos de ellos por su propia experiencia, y todos ellos a partir de informes procedentes de personas juiciosas, buenas conocedoras de las Indias Occidentales y en cuyas informaciones pueden confiar, están plenamente convencidos de que la agricultura de las Indias Occidentales no se puede llevar a cabo con provecho alguno si se acaba aboliendo esa trata mediante la cual han venido proveyéndose de trabajadores negros traídos de África gracias a súbditos de este país y que, comoquiera que las Indias Occidentales son el gran mercado de los arenques británicos, esa pesquería, que siempre se ha considerado el vivero de nuestra marinería y fuente de riqueza y empleo para numerosos súbditos de este reino, se verá afectada materialmente por cualquier disminución en el consumo de aquellas islas, y los peticionarios ruegan que se les permita exponer los daños que la pretendida medida infligirá al hacendado británico dejándolo en una situación de desventaja frente a los súbditos de nuestros grandes rivales comerciales y coloniales: los franceses, los españoles, los holandeses y los daneses, especialmente estos dos últimos, que cuentan con ilimitadas extensiones de tierras fértiles que producen cultivos tropicales con poca mano de obra y poca destreza [...].[106]

William Wilberforce ejercía un dominio cada vez más amplio en el Parlamento. En un debate de mayo de 1789 ataca tanto a la trata de esclavos como a sus nefastas consecuencias para África:

> El Consejo Privado de su majestad ha redactado un informe que creo que todos han leído y que certifica que la trata de esclavos es, en la práctica, tal como sabemos que debe de ser en teoría. ¿Cuál debemos imaginar que será la consecuencia de continuar con nuestra trata de esclavos en África, un territorio de vasta extensión, no del todo bárbaro, sino civilizado hasta un reducidísimo grado? ¿Alguien cree que la trata de esclavos contribuirá a su civilización? ¿No es manifiesto que es perjudicial para él? Es preciso examinar esa civilización: ¿se deben barbarizar aún más sus bárbaros usos?; ¿la felicidad de sus millones de habitantes debe perjudicarse por culpa de su intercambio con Gran Bretaña? ¿Acaso no ven todos que la trata de esclavos desarrollada en torno a su litoral acarrea necesariamente violencia y desolación en el interior? En un continente que está saliendo de la barbarie, si se establece un sistema de trata de hombres, si sus hombres se convierten en mercancías o en bienes susceptibles de compraventa, cabe concluir que también serán susceptibles de saqueo igual que las mercancías, especialmente si se hallan en un estadio de civilización en el que no existe un poder legislativo que defienda ese único derecho de propiedad que tienen, del mismo modo que el legislativo de todo

---

[106] *Ib.*, pp. 530-531.

país civilizado salvaguarda el derecho a la propiedad privada. En la naturaleza de las cosas vemos, por tanto, con qué facilidad se explican las costumbres africanas. Allí sus reyes nunca se ven obligados a recurrir a la guerra –que sepamos– movidos por principios políticos, o en aras de la gloria nacional, y mucho menos por amor a su pueblo. En Europa son la expansión comercial, la salvaguardia del honor nacional o algún gran principio político las razones que mueven a la guerra a todos los monarcas, mientras que, en África, lo son la avaricia personal y la sensualidad de sus reyes. Ambos vicios [...] los estimulamos nosotros en todos esos príncipes africanos, y dependemos de esos vicios para el propio mantenimiento de la trata de esclavos. ¿Que el rey de Barbessin quiere brandi? Pues no tiene más que mandar de noche a sus tropas a quemar y arrasar algún poblado: los cautivos serán bienes que le servirán para mercadear con el tratante británico.[107]

Como ya hemos visto, la lucha por la abolición fue una larga contienda en todos los frentes. Sin embargo, la trata de esclavos británica llegó a su fin en mayo de 1807, mediante la ley de Abolición de la Trata de Esclavos:

> Considerando que las dos Cámaras del Parlamento, mediante resoluciones del 10 y el 24 de junio de 1806, decidieron por separado, basándose en ciertos motivos en ellas expuestos, que a la mayor brevedad posible habrían de tomar medidas efectivas, encaminadas a la abolición de la trata de esclavos africana, de la manera y con los plazos que se juzgasen apropiados, y considerando oportuno [...] que esta debe quedar, a partir de ahora, abolida

---

[107] *Cobbett's Parliamentary History*, Londres, 1763-1835, vol. XXVIII, pp. 41-101.

y prohibida [...], se dispone [...] que, a partir del 1 de mayo de 1807, la trata de esclavos africana y toda suerte de negocio relativo a la compra, venta, intercambio o transmisión de esclavos o de personas destinadas a la venta, transmisión, empleo o intercambio como esclavas en, desde o hacia cualquier parte de la costa o de los países de África quedan [...] terminantemente abolidas y prohibidas, y se considerarán ilegales; otrosí que toda [...] clase de negocio, bien por la vía de la compra, venta, intercambio o transmisión, o en virtud de cualesquiera otros contratos o acuerdos en relación con cualquier esclavo o con cualesquiera personas que se pretenda emplear [...] como esclavos con el fin de llevar o transportar esas personas o esclavos, bien de manera inmediata o mediante transbordo en el mar u otros medios, directa o indirectamente desde África, o desde cualquier isla, país, territorio o plaza de las Indias Occidentales o de cualquier lugar de América que no esté bajo el dominio, posesión u ocupación de su majestad hasta cualquier otra isla [...] o lugar quedan, en virtud de esta ley [...], terminantemente prohibidos [...] y declarados ilegales y, si algún súbdito de su majestad, o cualquier persona o personas residentes en este Reino Unido o en cualquiera de las islas, colonias, dominios o territorios pertenecientes a él, o sometidas a ocupación o posesión de su majestad [...], a partir de la fecha anteriormente indicada negociare, tratare, comprare, vendiere, intercambiare, transfiriere, contratare o acordare el comercio o intercambio de [...] algún esclavo [...], él o quienes tal delito cometieren pagarán [...] por tal delito [...] 100 libras [...] por cada [...] esclavo adquirido [...], de las cuales una mitad corresponderá a su majestad [...] y la otra mitad será para cualquier persona que haya dado parte, haya interpuesto demanda o haya denunciado tales hechos.

II. Serán decomisadas las embarcaciones pertrechadas en este Reino, colonias, etcétera con el fin de dedicarlas a la trata de esclavos.

III. Queda prohibido transportar como esclavos habitantes de África, de las Indias Occidentales o de América de un lugar a otro, o bien participar en su recepción, etc. Las embarcaciones empleadas en tal transporte, etc., serán decomisadas, así como la propiedad de los esclavos. Los propietarios serán sancionados con 100 libras por cada esclavo.

IV. Los súbditos africanos y otros que se hayan llevado e importado como esclavos a cualquier colonia británica, etc., serán entregados a su majestad.

V. Serán ilegales las pólizas de seguro relativas a la trata de esclavos, so pena de 100 libras más el triple de la cantidad asegurada.

VI. Esta ley no afectará al comercio de esclavos exportados de África en embarcaciones que hayan partido de Gran Bretaña en el día 1 de mayo o antes, y los que hayan arribado a las Indias Occidentales antes del 1 de marzo de 1808.

VII. Los esclavos que vayan a bordo de embarcaciones extranjeras tomadas como botines de guerra o decomisadas se considerarán botín o serán decomisados a favor del Rey; serán manumitidos y podrán ser alistados en las fuerzas armadas o ir destinados a trabajar como aprendices durante 14 años.

VIII. Se recompensará a quienes capturen a tales esclavos.[108]

---

[108] A. Aspinall y E. Anthony Smith (eds.): *English Historical Documents*, Londres, 1959, pp. 803-804.

11. LA LIBERACIÓN DE LOS ESCLAVOS

Poner fin a la trata de esclavos fue un gran triunfo. Pero, después, ¿qué? Los abolicionistas llevaban años haciendo hincapié en que su objetivo no era la liberación inmediata de los esclavos y, de hecho, Wilberforce recordaba a sus lectores: «¿Es necesario declarar que los abolicionistas están tan convencidos como el que más de que solo la locura podría dictar semejante proyecto?».[109] Hasta el momento, el plan había sido bien sencillo: los hacendados, al no poder comprar a más africanos, a partir de entonces tendrían que tratar mejor a sus esclavos y estimular así el aumento de la población esclava por medio del crecimiento vegetativo, lo cual, de alguna manera no concretada, acabaría conduciendo a la decadencia natural del propio sistema esclavista. Fue también Wilberforce quien lo señaló: «La abolición

---

[109] William Wilberforce: *A Letter on the Abolition of the Slave Trade*, Londres, 1807.

asestaría el golpe mortal a este sistema». Ahora bien, ¿quién podía saber realmente cuáles serían los efectos exactos de la abolición en las islas esclavistas? ¿Y cómo se podrían medir tales efectos? Era imprescindible idear un sistema para monitorizar la abolición.

El clima inmediatamente posterior a la abolición promulgada en 1807 era de expectación. Nadie sabía a ciencia cierta qué depararía el final de la trata de esclavos ni qué sucedería en las Indias Occidentales. Cuando la guerra contra Francia por fin fue llegando a su fin entre 1814 y 1815, Europa intentó recuperarse después de sacrificar toda una generación dedicada a las hostilidades. Antes de la guerra, la trata de esclavos transatlántica había sido un elemento relativamente incuestionado del comercio marítimo y de la prosperidad europeos. Sin embargo, los británicos –los aliados preponderantes del bando vencedor– habían renunciado a su propia trata de esclavos y no estaban dispuestos a permitir que la derrotada Francia recuperara su trata. En el ámbito del sistema de congresos (el esfuerzo diplomático de posguerra establecido en Europa después de 1815 y celebrado en varias ciudades para crear una Europa pacífica con unas fronteras consensuadas), Thomas Clarkson, tan activo como siempre, se dedicó a viajar con el fin de presionar a favor de la abolición internacional de la trata de esclavos. El trabajo de Clarkson contó con la ayuda del duque de Wellington, quien le permitió emplear la valija diplomática para mantener su correspondencia antitrata. Es indicativo de la posición destacada de Clarkson (y de la importancia de su campaña) el hecho de que tuviera acceso directo a ministros, altos cargos y miembros de la realeza allí donde viajara. Pero Clarkson también tenía que estar alerta: parecía que la diplomacia estaba dispuesta a permitir que los franceses restauraran su propia trata de esclavos transatlántica. Ante tal amenaza, el movimiento abolicionista británico resurgió en 1814 y 1815 para aunar otra gran campaña de sentimiento antiesclavista con la esperanza de doblar el pulso de los negociadores británicos que participaban en las reuniones del Congreso de Viena. En torno a millón y medio de personas (de una población de 12 millones) firmaron las peticiones abolicionistas británicas. «El país jamás ha expresado un sentimiento tan generalizado (y me temo que jamás lo volverá a hacer) respecto a la trata de esclavos», escribió Samuel Whitbread.[110]

El periódico *The Times* estaba lleno de noticias sobre el activismo contrario a la trata de esclavos, y Clarkson, convencido de que el poder de esa sensibilidad pública no dejaba al Gobierno británico otra opción que la de presionar a favor de la abolición internacional, escribió a su esposa: «Sin embargo, debemos continuar perseverando

---

[110] F. D. Cartwright (ed.): *The Life and Correspondence of Major Cartwright*, Londres, 1826, vol. II, p. 84.

con las peticiones para hacer que se oiga la voz de Inglaterra y reafirmar así a los ministros».[111]

Talleyrand, principal negociador por parte de Francia, pensaba que el abolicionismo inglés se había convertido en «una pasión llevada al punto del fanatismo y que el ministerio ya no tiene capacidad de refrenar». El clamor popular no era más que la última expresión de un cambio de rumbo impresionante. Hasta finales del siglo XVIII, los británicos habían sido los tratantes de esclavos más dominantes y exitosos en el Atlántico, pero a partir de entonces, una vez firmada la paz en Europa en 1815, estaban decididos a impedir que otros hicieran lo que ellos habían perfeccionado. Sin embargo, ni ellos ni los abolicionistas americanos lograron un éxito completo puesto que durante el siguiente medio siglo, hasta la década de 1860, época en que se puso fin de manera efectiva a la trata de esclavos transatlántica, todavía se transportaron tres millones de africanos hasta América, en su mayoría a Cuba y Brasil. Por eso, los abolicionistas tenían buenas razones para seguir alerta. En todo caso, lo impresionante de verdad fue la forma como el pueblo británico se pudo aunar masivamente en contra de la trata de esclavos (y, posteriormente, contra la propia esclavitud).

---

[111] Thomas Clarkson, carta del 30 de junio de 1814, Clarkson Papers, Huntington Library, San Marino (California).

Efectivamente, los abolicionistas tenían que estar alerta, porque las noticias que llegaban de las Indias Occidentales eran preocupantes. En las islas, los misioneros no conformistas estaban atrayendo y convirtiendo a cada vez más esclavos año tras año, a pesar de los esfuerzos de los hacendados por obstaculizar su labor y, a medida que más esclavos se iban haciendo cristianos, también parecían ofrecer una resistencia más firme a su situación de sometimiento. Entre el final de la guerra y el año 1831, la represión de tres rebeliones de esclavos –cada una más violenta que la anterior y con un uso de la fuerza por parte de los terratenientes y la administración colonial que dejaron impresionados a los testigos británicos– parecía confirmar que la esclavitud en las Indias Occidentales era un sistema que solo se podía mantener en pie mediante el recurso a una violencia desmesurada. Como cabía esperar, el *lobby* de las Indias Occidentales, cuyo poder en Londres estaba decayendo, en ningún momento dejó de oponerse y obstaculizar la campaña de los abolicionistas.

Para los abolicionistas quizá fuera igual de preocupante ir dándose cuenta, poco a poco, de que la interrupción del suministro de africanos no iba a acabar por sí misma con la esclavitud en América. Esto quedó muy claro en el caso de los Estados Unidos. Aunque Norteamérica se había situado a la vanguardia del abolicionismo durante los años de la Revolución y había puesto fin a su propia trata de esclavos en 1808, a finales de la década de 1820 los Estados Unidos contaban con un próspero sistema esclavista interno en los campos algodoneros del Sur, lo cual tenía consecuencias muy provechosas para el bienestar del país en general.

El surgimiento del rechazo británico a la trata de esclavos durante las décadas de 1780 y 1790 se había visto impulsado por la difusión de las brutales condiciones de vida (y muerte) a bordo de los barcos negreros. La opinión pública británica, habituada a los derramamientos de sangre y a la violencia en la vida cotidiana (sobre todo en la cultura popular y en su sistema legal), se mostraba claramente horrorizada ante las simples descripciones de la vida a bordo de aquellos buques. Entonces, los abolicionistas empezaron a pensar que unas revelaciones similares sobre la vida en las plantaciones de las Indias Occidentales tal vez podrían causar un impacto parecido.

Sobra decir que en Gran Bretaña también había muchas personas que conocían muy bien aquellas islas. Además, numerosas iglesias importantes y sectas habían enviado misioneros para convertir esclavos al cristianismo. Por tanto, la información sobre la vida de los esclavos era fácilmente accesible, pero era preciso recopilarla, editarla y difundirla. Las autoridades gubernamentales pusieron en marcha su propio proceso de recopilación de información acerca de la sociedad esclavista del Caribe. El establecimiento de un censo de población esclava era el único medio fiable para evaluar el impacto demográfico real que tendría la abolición de la trata. En la encarnizada lucha parlamentaria sobre la extensión del censo a todos los esclavos de las Indias Occidentales (partiendo de un modelo implantado en Trinidad en 1812), los hacendados y sus partidarios se oponían, como era de esperar, a toda intervención estatal entre ellos y sus esclavos. Sin embargo, en 1819 se acabó aprobando una ley en la que se establecía el registro de todos los esclavos a partir de 1820. La recopilación de la información era lenta, pero, desde aquel año, comenzaron a aparecer datos demográficos irrefutables. A partir de entonces, ya se podía relatar la historia detallada de la vida de los esclavos en las islas de las Indias Occidentales y el impacto de la abolición de la trata.

Los abolicionistas tenían por fin acceso a datos demográficos crudos que podrían emplear en la promoción de la emancipación de los esclavos. Además de confiar en que dicha información influiría notablemente en la opinión pública británica, creían que esta, si se manejaba de forma apropiada, podría ganar el pulso a los terratenientes. Entonces se produjo un acusado cambio en la campaña proemancipación. Al igual que las pruebas aportadas anteriormente por Clarkson acerca de la trata de esclavos, el uso que los abolicionistas hicieron de los datos del registro logró que los argumentos dejasen de ser vagos y basados en rumores y empezaran a sustentarse en datos concretos y documentados. Cualesquiera que fuesen los defectos del sistema de registro y la información que este ofrecía, palidecían en cuanto se ponían al lado de las sólidas pruebas que aportaban.

Los hacendados no solo se oponían frontalmente al sistema de registro de esclavos, sino que, además, odiaban el movimiento abolicionista y se resistían a cualquier intento de supervisión de la gestión cotidiana de sus plantaciones y esclavos. Por encima de todo, lo que seguía preocupándolos era la agitación de los esclavos. La sombra de la revolución haitiana seguía proyectándose sobre los terratenientes de toda América, especialmente los del Caribe, más próximos a Haití que, ya en 1804, se había convertido en una nación negra independiente. Los hacendados acusaban a los abolicionistas y sus simpatizantes de alentar las expectativas de los esclavos y fomentar su descontento. Y precisamente, como si se pretendiera demostrar este argumento, en 1816 estalló en Barbados la rebelión de Bussa (Bussa era el nombre del líder).

La historia de la esclavitud en el Caribe y en Brasil se podría escribir en términos de resistencia. La violencia y la resistencia formaban también parte de la historia general de la esclavitud africana en toda América (que fue mucho menos violenta en Norteamérica). Aunque la destrucción registrada en Haití no tenía parangón, las revueltas de esclavos en el Caribe británico eran habituales, impredecibles y surgían por todas partes. A los terratenientes y autoridades coloniales les preocupaba cómo descabezarlas o aplastarlas, y jamás se fiaban del todo de los esclavos, que eran muy superiores en número.

Barbados parecía un lugar poco propicio para una revuelta. Su población esclava estaba conformada de manera aplastante por nativos y los africanos importados ya no desempeñaban el importante papel económico y social de antaño, ni allí ni en muchas otras islas. Por diversas razones evidentes, las islas pequeñas como Barbados no habían experimentado el sinfín de levantamientos y represiones tan habituales en otras islas grandes como, por ejemplo, Jamaica. Sin embargo, los terratenientes barbadenses se dedicaron a tirar piedras contra su propio tejado: su ruidoso rechazo al registro, sumado a sus irresponsables e indiscretas conversaciones privadas que, como era de esperar, se transmitían velozmente a los galpones de los esclavos, contribuyeron a generar el descontento entre estos últimos, quienes estaban convencidos de que los hacendados les estaban negando la libertad que Londres ya les había otorgado. Aquellas creencias, aunque erradas, tuvieron unas consecuencias dramáticas.

La rebelión de Bussa de 1816 fue aplastada con el resultado de 120 esclavos muertos, 140 ejecutados y 132 deportados. No obstante, los hacendados barbadenses, aunque aliviados, no dudaban de que la llama del descontento esclavo seguía encendida y avivada por el debate sobre la emancipación: «El espíritu no se ha sometido ni se someterá jamás, mientras esas peligrosas doctrinas que se han extendido por el extranjero se sigan propagando entre los esclavos».[112] Los propietarios de esclavos tenían ya un gran temor a esa alianza de enemigos que golpeaban a sus puertas. Los primeros, y los más alarmantes, eran los esclavos con su simple, a la vez que tenaz, exigencia de libertad. En segundo lugar, estaban los abolicionistas británicos, quienes reclamaban acciones positivas y cambios en la situación de los esclavos. En tercer lugar, venían los misioneros, dedicados a ganarse a multitudes de esclavos para sus respectivas iglesias. Y, por último, pero no por ello menos importante, los hacendados tenían que lidiar con el Gobierno británico, que parecía cada vez más dispuesto a censurar a los terratenientes en defensa de los esclavos. Sea lo que fuere, a quienes temían los hacendados por encima de todo era a los esclavos.

Como hemos visto, ya era tradición que los esclavos se resistieran a su cautiverio en todas partes –en África, a bordo de los barcos negreros y en las haciendas–, pero dicha resistencia no siempre era violenta o basada en la amenaza física. A menudo consistía en cualquier estratagema que resultara oportuna según el momento: remolonear, fingir ignorancia, hacerse el tonto, malinterpretar las órdenes, escaparse…; todo ello constituía un recurso repetido en todos los imperios esclavistas del Atlántico.

---

[112] Extraído de Michael Craton: *Testing the Chains: Resistance to Slavery in the British West Indies*, Ithaca (Nueva York), 1982, p. 266.

Pero la violencia rara vez faltaba, entre otras razones, porque la violencia de los blancos contra los esclavos también era omnipresente y generalizada. Aunque la resistencia de los esclavos era un hecho universal, hasta hace pocos años no se consideraba un elemento desestabilizador o que sirviera para acabar con la esclavitud en sí misma, pero eso fue precisamente lo que empezó a suceder durante los últimos años de la esclavitud dentro del Imperio británico.

La capacidad de persuasión de los descarnados relatos sobre la vida del esclavo –el dolor y los padecimientos a bordo de los buques negreros y en las haciendas– fue lo que logró inclinar la opinión pública británica en contra de la esclavitud. El inteligente uso de los sufrimientos de los esclavos por parte de la campaña abolicionista creó una corriente de opinión pública frontalmente contraria a la trata en primer lugar y, después, a la propia esclavitud. Pero, en realidad, las atrocidades de la esclavitud ya habían llegado al público lector británico antes de que se lanzase la campaña abolicionista de 1787. Buena parte de aquel relato estaba estrechamente relacionado con las experiencias de negros que vivían en Inglaterra. Los casos de esclavos que habían llegado a los tribunales ingleses –en especial el caso Somerset de 1772–, más los testimonios de un reducido grupo de escritores y activistas negros residentes en Londres durante las décadas de 1770 y 1780, sumados a ciertas imágenes impactantes, habían contribuido a difundir la verdad sobre la esclavitud atlántica.

Como ya vimos en el capítulo anterior, los escritores negros, por ejemplo, habían ofrecido al público sus relatos de primera mano sobre la vida de los esclavos y las experiencias de los negros en Gran Bretaña. La *Narrative of Gronniosaw* (1772), recogida por escrito por Hannah More; los poemas de Phillis Wheatley (1773); las cartas de Sancho (1782); los *Thoughts and Sentiments* de Cugoano (1787) y, la más famosa de todas, la *Narración* de Equiano (1789) constituyeron un género que halló a un público lector receptivo durante los años de apogeo del sentimiento abolicionista posteriores a 1787. Sobra decir que se trataba de escritores muy diferentes entre sí, pero siempre recurrían, cada uno con su estilo particular, a unos temas comunes: la inhumanidad de la esclavitud, los actos contrarios a Dios cometidos por los británicos cristianos y los logros de los negros industriosos e independientes (es decir, los propios autores), cuando se les permitía prosperar, una vez liberados de la esclavitud. Sus obras constituyeron una pequeña pero influyente aportación para conseguir que la opinión pública comprendiera el principio de que los negros, en esencia, no eran diferentes de los blancos: que ellos también podían ser personas con sensibilidad, con creencias religiosas y capaces de logros materiales una vez que se los liberaba de la esclavitud. Como cabía esperar, estas afirmaciones eran las que adoptaban y promovían los abolicionistas, siempre con miras a establecer la sencilla pero corrosiva idea política de que los negros eran, efectivamente, hombres y mujeres, hermanos y hermanas.

En esta prolongada campaña contra la esclavitud, todo el horror que se estaba revelando llegaba a veces a superar incluso a los abolicionistas más firmes. No hubo nada que pudiera superar el impacto gráfico de la masacre del *Zong* de 1781, aunque no se llegase a exigir responsabilidades a nadie por aquel homicidio múltiple. El caso del *Zong*, aun siendo una matanza a sangre fría sin parangón, daba idea del destino que esperaba a los esclavos rebeldes e insumisos de otros barcos y haciendas.

Mucho antes de la emancipación total lograda en 1838, hubo importantes victorias para la causa de los negros, empezando por el caso Somerset de 1772, pero, a pesar del grupúsculo de infatigables defensores de la causa negra, el problema fundamental seguía siendo que Gran Bretaña estaba fuertemente atada a la esclavitud y se beneficiaba de ella sobremanera. No hay duda de que la inglesa no era una sociedad esclavista como la jamaicana, la virginiana o la barbadense, pero la esclavitud, por lejana que quedase, seguía desempeñando un papel fundamental en la economía y en la sociedad británicas. La vida parecía girar en torno al consumo generalizado de productos cultivados por los esclavos. Por muchas libertades de que disfrutaran los negros en Gran Bretaña, siempre estarían limitadas o circunscritas mientras la esclavitud en el Imperio no llegase a su fin.

Las colonias esclavistas británicas estaban desperdigadas por el Caribe, a 8000 kilómetros de distancia. Para los abolicionistas, fue un gran avance conseguir acercar a Gran Bretaña el problema de la esclavitud y lograr que, en el debate político nacional, empezase a ocupar un lugar más cercano que el que cabría esperar debido a la separación geográfica. Consiguieron que el desarrollo de los acontecimientos del Caribe, la espantosa vida cotidiana de las plantaciones y la violencia a bordo de los barcos negreros suministraran munición para la guerra literaria y política que se estaba librando entre el *lobby* esclavista y sus contrincantes abolicionistas. A partir de entonces, los detalles de la vida de los esclavos se convirtieron en un elemento fundamental dentro de la disputa política sobre la esclavitud entre 1787 y 1838.

Tras la paz de 1815, la concienciación sobre la esclavitud experimentó un gran impulso en Gran Bretaña. En ello desempeñaron su papel los esclavos, en un primer momento, gracias a la espectacular rebelión de Bussa en Barbados (1816). Aunque aquella revuelta parecía confirmar todo cuanto los hacendados venían diciendo desde hacía muchos años (que jugar con el asunto de la esclavitud solo iba a generar malestar entre los esclavos), el problema de estos era que a la esclavitud la estaban atacando desde muchos frentes distintos. No solo eran las propias estratagemas de los esclavos lo que estaba carcomiendo la práctica de la esclavitud, sino que, a un nivel más general y estratégico, los debates en torno a la trata de esclavos ocupaban los titulares allí donde se reunieran los diplomáticos europeos tras la guerra, lo cual daba a la cuestión de la esclavitud un estatus político sin precedentes. Además, los esclavos del Caribe estaban muy al tanto del debate que se estaba produciendo en Gran Bretaña. Con todos los hacendados, mercaderes, tratantes, marineros y viajeros llegados a las islas hablando sobre cómo se estaba gestionando el tema de la esclavitud en Londres, y con todos los propietarios de esclavos comentando las noticias que de allí llegaban, era inevitable que los esclavos de las Indias Occidentales acabasen enterándose de lo que se estaba discutiendo en Gran Bretaña. Sabían que en la metrópoli tenían amigos, y eran muy conscientes de que sus propietarios caribeños eran reacios a cualquier cambio que se estuviera proyectando a favor de los esclavos.

También era patente que la acción de los misioneros estaba causando un profundo efecto desestabilizador en la población esclava. Las iglesias británicas establecían unas normas estrictas que ordenaban a los misioneros destinados a las colonias esclavistas esquivar todo debate político y hacer todo lo posible por no alterar el delicado equilibrio social. Pero eso era imposible. La simple presencia de los misioneros entre los esclavos era muy perturbadora, tanto como su mensaje, por mucho que lo pudieran disfrazar con terminología teológica. La Iglesia anglicana oficial hacía tiempo que se venía mostrando muy laxa en su actuación en el Caribe, y no satisfacía las necesidades de los esclavos (ni de los hacendados), pero eso empezó a cambiar a partir de la década de 1780, cuando una serie de misioneros no conformistas (protestantes no sometidos a la Iglesia anglicana) empezaron a penetrar en las comunidades esclavas. Así, baptistas y metodistas, siguiendo el camino iniciado por los alemanes moravos a mediados de siglo, zarparon hacia las islas tras recibir estrictas advertencias: «Recordad que el fin no consiste en enseñar los principios y las leyes de un reino terrenal [...], sino los principios y las leyes del Reino de Cristo».[113] Sobra decir que aquello no era tan fácil, y que eran inevitables los desvíos desde el plano teológico al secular. A los esclavos les parecía que buena parte de lo que decían los misioneros se refería directamente a su condición mundana. Y resultó aún más importante que el mensaje cristiano pasara rápidamente de manos de los misioneros británicos a manos de los predicadores locales negros. El cristianismo –basado en iglesias locales, en el conocimiento de la Biblia, en los himnos y en los predicadores paisanos– se convirtió en una potente arma en manos de los esclavos: las congregaciones de esclavos negros, los relatos de ira divina extraídos del Antiguo Testamento o los coros religiosos comunitarios

---

[113] Mary Turner: *Slaves and Missionaries: The Disintegration of Jamaican Slave Society, 1787-1834*, Urbana (Illinois), 1982, p. 9.

se convirtieron en las piedras lanzadas contra el tejado de los terratenientes.

Muchos anglicanos y algunos evangélicos destacados se sentían incómodos con la obra de los misioneros en las islas esclavistas. (Algunos tampoco estaban nada contentos con la expansión del metodismo entre la propia clase trabajadora británica.) Les molestaba la capacidad del metodismo para crear «entusiasmo» entre personas «de escaso juicio y poco o ningún conocimiento».[114] Sin embargo, aquellas objeciones poco podían hacer para detener la conversión masiva de los esclavos isleños al cristianismo no conformista. Y, en cualquier caso, todo el mundo coincidía en que el cristianismo era el primer paso hacia la «civilización» de los esclavos: un movimiento esencial para alejar a los esclavos de su «paganismo» africano y orientarlos hacia una vida social y personal más civilizada. Esa era la fuerza básica que impulsaba el movimiento evangélico en general: la fe cristiana era, al mismo tiempo, un medio y un fin, una manera de atraerse a los pueblos del mundo sumidos en las tinieblas hacia una forma de sociedad civilizada. La mayoría de los escritores partidarios de la liberación de los negros, antes o después, acababan viendo la «irreligión» de los esclavos como un grave obstáculo. En todo caso, aunque el cristianismo iba de la mano de la

---

[114] Thomas Clarkson: carta del 20 de mayo de 1796, Clarkson Papers, *op. cit.*

liberación negra, también tuvo entre los propios esclavos unas consecuencias sociales impredecibles.

La conversión de los esclavos era, por tanto, un elemento fundamental de las aspiraciones de todos los abolicionistas. Edmund Burke, en su *Sketch of a Negro Code* (Esbozo de un código negro, 1792), detallaba que «se proveerá un ministro competente de alguna iglesia o congregación cristiana para la completa instrucción de los negros». También preveía medidas punitivas para los esclavos que rehusaran la cristianización. En su plan, las iglesias cristianas suministrarían a los esclavos un bagaje de capacitaciones personales y sociales que les permitiera sobrevivir en libertad. Si los esclavos adquirían de forma gradual tales capacidades, la tarea de la emancipación sería mucho más fácil. Lo que nadie advirtió fue que aquella penetración cristiana en los galpones de los esclavos tendría unas consecuencias tan espectaculares; por ejemplo, creó un grupo creciente de británicos partidarios de la libertad de los negros. Las mismas sectas que estaban convirtiendo a los esclavos en el Caribe, sobre todo los baptistas y los metodistas, también se estaban expandiendo rápidamente en Gran Bretaña y alterando el panorama religioso nacional, y los no conformistas británicos, como era natural, se sentían vinculados a sus correligionarios esclavizados; por ejemplo, hasta la década de 1820, había más de un cuarto de millón de metodistas británicos, y quizá 100 000 baptistas británicos dos décadas más tarde, mientras que en toda Gran Bretaña existían casi 15 000 lugares de culto de iglesias disidentes. El no conformismo se había convertido en una fuerza social de primera magnitud en Gran Bretaña y proveía a la campaña antiesclavitud de una nueva red nacional de apoyo. Además, donde estaba creciendo más rápido era en las nuevas zonas en proceso de industrialización y de rápido crecimiento demográfico. Parecía como si la población de aquella «nueva Gran Bretaña» –la Gran Bretaña que solemos asociar con el cambio industrializador– fuera la misma gente que prestaba su apoyo numérico y su voz a la exigencia de poner fin a la esclavitud. Las iglesias no conformistas, gracias a su capacidad para congregar a cada vez más británicos y a pesar de todas sus divisiones teológicas e institucionales, se manifestaron de forma persuasiva y elocuente dentro del movimiento británico proemancipación de las décadas de 1820 y 1830. E igual de importante fue que ese mismo cristianismo no conformista transformó la propia vida de los esclavos.

A partir de 1807, cuando los hacendados ya no podían reabastecerse de mano de obra esclava mediante la compra de más africanos y tuvieron que repensar sus sistemas de gestión, los abolicionistas, las autoridades gubernamentales y otras entidades externas comenzaron a observar las colonias con mucha desconfianza. Todos los implicados a ambas orillas del Atlántico tenían claro que los terratenientes, que siempre se habían mostrado hostiles a la abolición de la trata de esclavos y seguían siendo refractarios a cualquier injerencia externa en los sistemas esclavistas de las islas, se iban a hacer los remolones ante cualquier cambio que les exigiera Londres.

La consecuencia inmediata de la abolición de la trata a partir de 1807 fue un descenso a corto plazo de la población esclava. Al disponer de menos esclavos, los hacendados se vieron obligados a exigir más de su mano de obra. Para ello, la reorganizaron trasladando esclavos de un lugar a otro y, en general, alterando los sistemas de trabajo y las costumbres laborales a las que los esclavos ya se habían habituado desde hacía tiempo. También comenzaron a redistribuir a los esclavos de una finca a otra y, de esa manera, «racionalizaban» la mano de obra conforme a sus intereses económicos generales. Tales cambios solían causar muchas molestias y desasosiego entre los esclavos y, por su parte, las mujeres y los niños acabaron realizando tareas que hasta entonces estaban reservadas a los hombres. Los esclavos privilegiados, cualificados o de categoría superior acabaron haciendo trabajos más duros y exigentes. Los esclavos que llevaban mucho tiempo acostumbrados a unas condiciones laborales mejores acabaron trabajando en los campos. Aquellos cambios tenían sentido desde el punto de vista económico de los hacendados, pero a los esclavos los irritaban y los confundían.

Todo esto sucedía mientras entre la población esclava cundía el rumor de que el rey o el Parlamento y, en general, los británicos estaban muy interesados en liberar a los esclavos, y que lo único que impedía la completa emancipación era la oposición de los terratenientes. La libertad se oteaba en el horizonte, y las expectativas de los esclavos comenzaron a cambiar a medida que las circunstancias de la esclavitud también iban evolucionando, pero, mientras tanto, su vida se había vuelto más agotadora, más exigente y más incierta, por lo menos en las economías azucareras de las islas más antiguas. No obstante las atrocidades y la crueldad, el sistema esclavista que había surgido en las islas azucareras se había convertido en un sofisticado sistema agrícola con su propia forma de disciplina laboral, pero después de 1807 los hacendados comenzaron a alterarlo. A partir de entonces, por ejemplo, hubo más mujeres trabajando en los campos de caña de azúcar. Y también aparecieron más esclavos «de color» en los campos: los niños con una tez más clara ya no podían esperar el trato preferente que se solía dar a los hijos mestizos de blancos y negros. Por otra parte, la abolición tampoco había logrado que los esclavos fueran más sumisos o dóciles por el mero hecho de que los terratenientes se vieran obligados a tratarlos mejor.

Los hacendados asumían que, a medida que las viejas generaciones de africanos fuesen muriendo de forma natural, la nueva generación de esclavos criollos, nacidos ya como esclavos en el Caribe y sin haber conocido jamás la libertad o África (excepto a través del folclore esclavo), resultaría más manejable y sumisa, pero, en realidad, parecía que estaba sucediendo justo lo contrario. Los hacendados también asumían que la agresividad de los esclavos estaba aumentando por culpa de las injerencias externas: por un Gobierno británico crítico e inquisidor, por sus funcionarios coloniales y por la multitud de misioneros que se dedicaban a atraer a los esclavos a las iglesias y a sus rezos. Lo ocurrido tras la abolición de 1807 confirmó sus peores miedos y la rebelión de Bussa en la pacífica (en general) Barbados parecía reforzar sus argumentos. Para ellos, lo que estaba por venir sería todavía peor.

Los territorios de reciente desarrollo en Demerara (Guyana) estaban atrayendo a una nueva clase de inversores y hacendados agresivos (entre quienes figuraba el padre de Gladstone). Allí, los terratenientes tenían a los esclavos sometidos a un sistema draconiano, que desafiaba las expectativas del abolicionismo y del Gobierno. Los misioneros enviados a aquel lugar de clima despiadado se quedaron horrorizados con lo que se encontraron. «En general, se les exige [a los esclavos] una ingentísima carga de trabajo, sin hacer excepción con las mujeres en avanzado estado de gestación», escribía John Smith, misionero de la London Missionary Society. Y continuaba: «Logran amparo legal tan rara vez que muchos de ellos han dejado de solicitarlo, aunque hayan sido víctimas de abuso de forma tan notable».[115] La explotación de los esclavos fue un elemento básico de la historia de la esclavitud atlántica, pero lo peor solía producirse durante las primeras épocas de asentamiento y expansión, es decir, en territorios de frontera pura y dura. El cruel trato dispensado por los hacendados de Demerara a sus esclavos tal vez se podría explicar por su incipiente estado de desarrollo, comparable a principios del XIX con el de Barbados y Jamaica en el siglo XVII. Pero los tiempos y las sensibilidades habían cambiado. Lo que había pasado inadvertido y sin críticas dos siglos antes se había convertido en inaceptable para la sociedad cada vez más exigente de principios del XIX. Visto desde fuera, parecía que los hacendados no habían cambiado y que entonces, en la década de 1820, y al contrario que en las primeras épocas de asentamiento, los misioneros escrutaban cada paso que daban. Las noticias relativas a los atropellos cometidos por los terratenientes llegaban a toda velocidad hasta las congregaciones británicas.

Los esclavos de Demerara hacía tiempo que eran conocidos por su rebeldía y por su tendencia a huir de los asentamientos, que se concentraban, sobre todo, en el litoral y a lo largo de los ríos. En aquella región era habitual infligir castigos bárbaros a los esclavos. Cuando John Smith

---

[115] Extraído de Michael Craton: *op. cit.*, p. 269.

desembarcó allí en 1817, los esclavos acudieron en masa a sus nuevas congregaciones a pesar de la hostilidad de los hacendados. En 1823 los esclavos locales se alzaron en rebelión, pero esta fue rápidamente aplastada por los terratenientes y las fuerzas coloniales. Los inmediatos castigos legales fueron excesivos y sangrientos. Como represalia por la muerte de tres personas blancas, se ejecutó a 250 esclavos. A Smith también lo procesaron y lo sometieron a un larguísimo juicio, que duró un mes y tuvo unas consecuencias todavía más dramáticas, debido a que el encausado había contraído la tuberculosis. El misionero murió encarcelado en febrero de 1824, poco antes de recibir el indulto del rey.

La muerte de Smith causó una oleada de indignación en Gran Bretaña, pero la auténtica indignación debería haber sido por las muertes de tantos esclavos masacrados en aras de un sistema completamente injustificable desde hacía mucho tiempo. No obstante, la muerte de Smith sí que sirvió para llamar la atención sobre la esclavitud. ¿Cómo podía el Gobierno, o los intereses de la industria azucarera, justificar un sistema esclavista que parecía sostenerse solo gracias a unos castigos tan atroces? ¿Qué ventajas se podían derivar de semejante crueldad legalizada y sancionada por las autoridades estatales? La rebelión y la muerte del reverendo Smith reavivaron de inmediato un abolicionismo británico que estaba de capa caída. Transcurridas menos de dos décadas desde la abolición de la trata, cada vez más gente tenía claro que la esclavitud en las Indias Occidentales estaba condenada por culpa de la actuación de sus principales promotores y defensores.

Como es natural, la onda expansiva de la revuelta de Demerara de 1823 alcanzó a otras colonias esclavistas. Los recuerdos de la década de 1790 aún persistían y, en toda América, volvió a cundir el miedo al contagio y expansión de las rebeliones esclavas. Pero la consecuencia más importante de aquella revuelta se produjo en Gran Bretaña, en donde los humanitaristas aprovecharon la muerte de Smith como herramienta para incitar a un tibio Gobierno a avanzar hacia la emancipación de los esclavos. En Gran Bretaña, cada vez eran más quienes estaban dispuestos a lavarse las manos ante todo el sistema esclavista del Caribe, aunque solo fuera porque no veían posibilidad alguna de llegar a hacer justicia a los esclavos, por no hablar ya de liberarlos. El ambiente de profunda indignación y el sentimiento de que había que acabar con la esclavitud quedaron recogidos en una cita bíblica que Smith consiguió transmitir de tapadillo desde su celda: «Estamos atribulados por todas partes, pero no abatidos; perplejos, pero no desesperados; perseguidos, pero no abandonados; derribados, pero no aniquilados».[116] Sin embargo, el problema práctico seguía ahí: ¿qué se podía hacer?

---

[116] James Walvin: *Black Ivory: a History of British Slavery*, Londres, 1992, p. 278.

Visto desde Gran Bretaña, en la década de 1820, el Caribe estaba en un estado deprimente. Los datos de los censos revelaban que la población esclava estaba en retroceso y seguiría disminuyendo hasta que una nueva generación de esclavos alcanzara la edad de procreación. El régimen laboral al que estaban sujetos los esclavos era más estricto que nunca y, además, se los sometía también más que nunca a separaciones familiares forzosas y a la pérdida de privilegios muy importantes. Por todas partes las nuevas fuerzas del cristianismo, normalmente en forma de misioneros e iglesias no conformistas, iban minando el antiguo sistema esclavista. El rechazo (y, en muchos casos, hostilidad) de los hacendados a los misioneros y a los esclavos cristianos no hacía sino confirmar la necesidad de acabar con la esclavitud. Justo cuando en Gran Bretaña se estaban eliminando las discriminaciones religiosas (sobre todo contra los católicos), resultaba irónico ver cómo a los esclavos recién convertidos de las Indias Occidentales los acosaban y les dificultaban la práctica del culto cristiano. Sobre toda aquella escalofriante situación se proyectaba la sombra de una violencia que parecía el sello distintivo de la gestión de los hacendados e incluso de la administración colonial. La resistencia de los esclavos provocó una represión tan violenta que los británicos de la época apenas creerían.

Por aquel entonces, la violencia infligida a los esclavos no presentaba novedad alguna: al fin y al cabo, seguía siendo un sistema concebido sobre la base de la violencia, alimentado por la crueldad y mantenido por una brutalidad draconiana. Sin embargo, lo que había cambiado era el clima cultural de Gran Bretaña. En una época en que los británicos estaban moderando poco a poco su propio gusto por la violencia legal y punitiva (en la legislación y en las fuerzas armadas, por ejemplo), era difícil contemplar la situación del Caribe y ver otra cosa que no fuera una cultura brutal y anticuada, cada vez más desfasada respecto a la metrópoli imperial. A mediados de la década de 1820, las islas esclavistas parecían supervivientes de una época pasada. En 1823 llegó el momento, una vez más, de convocar a las tropas abolicionistas.

La nueva campaña abolicionista arrancó de verdad en 1822, partiendo de la idea de que era posible socavar los cimientos de la esclavitud mediante un ataque a los aranceles aduaneros sobre el azúcar. El azúcar cultivado por esclavos era un producto muy subvencionado y basado en un sistema que encarecía los demás azúcares producidos a menor coste, hasta alcanzar el mismo precio que el de las Indias Occidentales. Sin los aranceles aduaneros al azúcar, las islas caribeñas británicas no serían competitivas. El plan del abolicionismo era sencillo: exponer el azúcar producido por esclavos a la libre competencia para que acabase colapsando debido a su propia ineficiencia. Algunos de los primeros argumentos abolicionistas (en los primeros textos cuáqueros de Benezet, por ejemplo) se habían basado en una crítica de carácter económico a la esclavitud, pero no solía ser esa la objeción central. En todo caso, el aspecto económico de la esclavitud parecía indiscutible: era un sistema rentable que no suscitaba disputas reales. No obstante, llegados a la década de 1820, en el mercado mundial ya se ofrecían otros azúcares más baratos. A finales de aquella década, la crítica económica al azúcar producido por esclavos había sido aceptada por comentaristas de toda clase, y se creía que la libre competencia en el sector azucarero acabaría socavando el sistema esclavista de las Indias Occidentales. En 1827, *The Edinburgh Review* opinaba que, «de hecho, no existe más que una manera de acabar con la esclavitud en las Indias Occidentales y consiste en permitir que el producto cultivado por mano de obra comparativamente más barata compita con el que cultivan los esclavos».[117] James Cropper, un cuáquero con intereses en las Indias Orientales, era una figura destacada en la crítica económica al azúcar de producción esclava. Junto con otros abolicionistas, daba por hecho que el apoyo de la opinión pública sería –una vez más– fundamental y estaba convencido de que, para ello, necesitaban replicar la campaña contra la trata de esclavos.

Con esta idea en mente se fundó a finales de enero de 1823 la Society for the Mitigation and Gradual Abolition of

---

[117] Citado en James Walvin: *England, Slaves and Freedom, 1776-1838*, Londres, 1986, p. 145.

Slavery (Sociedad para la Mitigación y Abolición Gradual de la Esclavitud). En el transcurso de un año, Clarkson –él otra vez– había sido uno de los principales responsables de la creación de 250 sociedades a lo largo de toda Gran Bretaña. Durante la década siguiente, esas sociedades (con gran número de mujeres entre sus filas) aportaron el impulso necesario para la campaña proabolición de la esclavitud. Desde Londres, una comisión central dirigía la campaña, con el país dividido por distritos, y se animaba a todos a recabar apoyos y organizar peticiones en demanda de la libertad para los negros. Desde el primer momento, la campaña resultó muy eficaz e influyente, una clara manifestación de rechazo nacional a la esclavitud. También fue más influyente que nunca gracias al impulso y las actividades de las mujeres abolicionistas, muchas de las cuales colaboraban desde sus propias asociaciones.

Ahora bien, el núcleo ideológico de la campaña era muy diferente de sus predecesoras. Aunque seguía basándose en las objeciones morales y religiosas de siempre, ahora el meollo del argumentario lo ocupaban los aspectos económicos de la esclavitud. Así, y por primera vez, en la década de 1820 el esclavismo fue atacado por una poderosa combinación de objeciones. El argumento de que la esclavitud era tan injusta como antieconómica atraía a muchos británicos. El *lobby* de las Indias Occidentales se enfrentó entonces a una tarea imposible: intentar demostrar tanto la moralidad como la utilidad económica del sistema esclavista, pero se vieron superados en ambos frentes por los hechos y por los argumentos abolicionistas. ¿Qué justificación moral se podía aducir para el tratamiento dispensado recientemente a los esclavos de Demerara, o para la persecución de los cristianos negros en las colonias? ¿Y por qué los consumidores británicos tenían que pagar más caro el azúcar con el único fin de mantener en pie el sistema esclavista? A mediados de la década de 1820, los hacendados estaban claramente a la defensiva, contemplando las multitudes de británicos bien organizados y articulados, todos unidos en pro de la liberación de los negros cuanto antes. En efecto, el abolicionismo había ganado tanto la batalla moral como la económica. La fuerza y la capacidad aplastante del abolicionismo estribaban en que, según Thomas Clarkson, el movimiento «era la voz de la nación».

A principios de 1823, la Cámara de los Comunes estableció un principio básico, que consistía en avanzar hacia una emancipación gradual. El infatigable Clarkson logró el apoyo a ese principio desde todos los rincones del país, desde todas las facciones políticas y, cosa muy importante, desde la mayoría de las iglesias. A pesar de la oposición en la Cámara de los Lores, la liberación de los negros ya no dividía a la nación, sino que, al contrario, se había convertido en una cuestión que unía al pueblo británico como ninguna otra. Sin embargo, el objetivo ya no consistía solo en liberar a los esclavos, sino en «civilizarlos», es decir: «cristianizarlos, hacerlos más útiles para sí mismos y para sus familias, hacer que sean mejores servidores de sus señores y hacer que sean miembros más útiles para la sociedad en general».[118]

Los abolicionistas estaban convencidos de que lograrían suscitar tal indignación en la opinión pública que la emancipación sería inevitable y el Parlamento sería incapaz de negarse a dichas demandas. La Sociedad para la Mitigación y Abolición Gradual de la Esclavitud contaba con el respaldo de una pléyade de personalidades contemporáneas. Algunos de los argumentos más contundentes en contra de la esclavitud se presentaban revestidos de un lenguaje y una imaginería religiosos, lo que no es de extrañar, puesto que los británicos de toda condición habían acabado asumiendo que la esclavitud era anticristiana y, además, buena parte de la oposición procedía de las iglesias.

Tras 1823 se rescataron las antiguas y exitosas tácticas empleadas para lograr la abolición de la trata, pero, esta vez, para promover la emancipación, y la campaña volvió a basarse en peticiones, publicaciones y conferencias –a menudo, de una duración increíble– pronunciadas ante grandes multitudes. No eran raros los discursos de dos o tres horas; locales rebosantes de público, gente que se

---

[118] Thomas Clarkson: «Speech Used at Forming of Committees, 1823-1824», Clarkson Papers, *op. cit.*

quedaba fuera, cientos de personas desafiando las inclemencias del tiempo para acudir a la conferencia... Todo ello da testimonio de la impresionante popularidad de la campaña abolicionista. En medio de todo aquello, las mujeres abolicionistas y sus propias organizaciones eran fundamentales, pues estaban en el meollo de la campaña participando como organizadoras, conferenciantes o entre el público. La aportación de las mujeres a la campaña abolicionista fue importante no solo por sí misma, sino también por formar parte de un cambio mucho más amplio y profundo en lo que respecta al activismo político femenino. Las publicaciones abolicionistas iban calando masivamente entre una población cada vez más alfabetizada. Entre 1823 y 1831, la Sociedad para la Mitigación y Abolición Gradual de la Esclavitud (o la Sociedad Antiesclavitud posteriormente) distribuyó más de tres millones de textos (medio millón solo en 1831). A esto hay que añadir las publicaciones producidas por grupos abolicionistas locales y los materiales aparecidos en la prensa local y londinense.

A pesar de todo aquel apoyo social, la causa abolicionista iba perdiendo fuerza en el Parlamento. Wilberforce, viejo y cansado, ya estaba cediendo el liderazgo parlamentario a Thomas Fowell Buxton. Pese a la opinión pública, a la altura de 1830 poco se había avanzado en las cámaras. Además, en aquel mismo año la emancipación era una más de las numerosas reformas que se dilucidaban allí: por encima de todo estaba la reforma del propio Parlamento. Una nueva generación de abolicionistas empezaba a hartarse de la aparentemente inagotable paciencia de sus líderes respecto a la liberación de los negros y, así, en 1832, el Agency Committee, fundado por George Stephen y Emmanuel y James Cropper (ambos cuáqueros), comenzó a presionar a favor de la emancipación inmediata. No obstante, en aquel mismo año toda la vida política británica quedó sobrepasada por el pánico nacional causado por la terrible epidemia de cólera que acabó con la vida de 32 000 personas. Muchos pensaban que aquel desastre era un castigo divino por algún pecado nacional. ¿Y qué pecado podía ser mayor que el de la esclavitud? Por otro lado, y como si pretendiera confirmar la ira del Todopoderoso, la sombra de la revuelta de los esclavos jamaicanos de 1831-1832 se cernía sobre la vida social británica.

La revuelta de Jamaica fue un levantamiento masivo en el que participaron 60 000 esclavos y se saldó con la muerte de 14 blancos y 540 negros. Liderada por el carismático predicador Sam Sharpe y encabezada por esclavos baptistas, la revuelta se expandió sin control por Jamaica occidental incendiando haciendas por todas partes. En esta ocasión, había algo diferente respecto a las revueltas de Barbados de 1816 y la de Demerara de 1822. Sharpe, a pesar de seguir siendo esclavo, personificaba el poder de la cristiandad negra y el perturbador mensaje inherente a la imaginería bíblica. «Pensaba y sabía por la Biblia que los blancos no tenían más derecho a esclavizar a los negros que los negros a esclavizar a los blancos.»[119]

Las noticias de la revuelta jamaicana y de su brutal aplastamiento causaron otra oleada de indignación en Gran Bretaña. En vísperas del debate sobre la reforma del Parlamento, los misioneros regresados desde Jamaica soliviantaron a la opinión pública británica con las últimas novedades, lo que añadió un elemento emocional a los debates tanto sobre la libertad de los negros como sobre la ley de reforma del sistema electoral. Cuando se convocaron nuevas elecciones en agosto de 1832 –con el nuevo sistema electoral–, los abolicionistas aprovecharon la oportunidad para obligar a los candidatos a manifestar sus opiniones acerca de la emancipación. Unos doscientos parlamentarios se declararon partidarios de la liberación de los negros. Así fue como la reforma del Parlamento allanó el camino hacia el fin de la esclavitud.

El nuevo Gobierno formado por el conde de Grey decidió acabar con la esclavitud, pero los Lores (otra vez) se mantuvieron en la acérrima defensa de los hacendados. Sin embargo, a partir de aquel momento, los debates parlamentarios ya giraban en torno a cuándo se liberaría a los esclavos y en qué condiciones concretas. Por fin, el proyecto de ley para la abolición de la esclavitud presentado

---

[119] Extraído de Michael Craton: *op. cit.*, p. 321.

en agosto de 1833 puso en marcha la emancipación de los negros en agosto de 1834. Ahora bien, se trataba de una forma de liberación muy limitada: se liberaría de forma inmediata a todos los esclavos menores de seis años, mientras que los demás se convertirían en «aprendices» por seis años, durante los cuales tendrían que trabajar la mayor parte de su tiempo (de forma gratuita) para sus expropietarios. Las Bermudas y Antigua optaron por la liberación inmediata de todos los esclavos locales.

El Parlamento aprobó, además, la asignación de 20 millones de libras destinados (para un reparto per cápita) no entre los esclavos, sino entre los propietarios de esclavos. Lord Harewood, por ejemplo, que ya era inmensamente rico gracias al negocio azucarero y a las plantaciones en las Indias Occidentales pertenecientes a su familia, recibió más de veintiséis mil libras por los 1277 esclavos que aún poseía. Muchos se hicieron una pregunta obvia: ¿por qué no se compensaba a los esclavos en vez de a los propietarios?

El sistema de aprendizaje (vigilado por una nueva hornada de jueces enviados desde Gran Bretaña) era una clara compensación a la demanda de mano de obra de los hacendados, pero sus defectos eran evidentes, lo cual fue esgrimido por los abolicionistas para seguir exigiendo la liberación completa. Por eso continuaron ejerciendo presión con las mismas tácticas de siempre. Contaban, de forma clara, con el apoyo de la «nueva» Gran Bretaña: los sectores urbanos, industriales y protestantes-disidentes. Aunque la esclavitud tendía a contar con el apoyo del mundo rural y de los Lores, poco podía hacer ya el *lobby* esclavista y, así, el 1 de agosto de 1838 se anticipó el final del aprendizaje y se estableció la completa emancipación.

Los hacendados y la sociedad colonial que estos venían dominando desde hacía tanto tiempo, convencidos de que los exesclavos no olvidarían su larga lista de agravios personales y colectivos, nunca dejaron de temer que la liberación de los negros vendría acompañada de ajustes de cuentas. En todo caso, los exesclavos celebraron su recién adquirida libertad de la manera más pacífica. A lo largo de todo el Caribe los libertos lo festejaron con desfiles y grandes concentraciones públicas. Y, sobre todo, acudieron a las iglesias en masa.

Aquel giro de acontecimientos fue impresionante. Al fin y al cabo, se trataba de un sistema que, durante casi tres siglos, había conformado las relaciones entre los negros y los blancos de América basándose, desde el principio, en la violencia. Sin embargo, mientras que la esclavitud se había terminado en Haití a raíz de las rebeliones de la década de 1790 y en los Estados Unidos desaparecería con la matanza que supuso la guerra civil, el sistema británico llegó a su fin sin hacer ruido.

Del mismo modo que los dos grandes hitos que marcaron el fin de la historia de la esclavitud británica –la abolición de la trata en 1807 y la emancipación entre 1834 y 1838– llegaron con leyes del Parlamento de Londres, también es cierto que habían sido los intereses metropolitanos los que habían diseñado y configurado el sistema de trata y esclavitud durante los dos siglos anteriores. A pesar de las enormes distancias que separaban Gran Bretaña de las costas africanas y de las plantaciones americanas, la metrópoli siempre había sido el eje sobre el que giraba todo el sistema. Leyes del Parlamento, órdenes ejecutivas del Gobierno, proclamaciones reales, decretos del Consejo real, jurisprudencia..., todo ello iba encaminado a fomentar y dar cobertura legal a la participación, entusiasta y generalizada, de los intereses financieros y comerciales británicos en la esclavitud. Pero, como se ha visto, las distancias entre el centro de la vida política británica y el núcleo de la esclavitud colonial crearon ciertos problemas particulares.

Para los abolicionistas era fácil en el año 1834, por ejemplo, considerar la esclavitud de los negros como un mal lejano, una institución inhumana que se había arraigado y desarrollado en un mundo extraño y remoto (África y América). No obstante, la esclavitud, tanto en lo que respecta a su origen como a su desarrollo, a sus consecuencias económicas y a la ideología subyacente, era una cosa tan británica como el té de las cinco. El hecho de que la esclavitud hubiera que buscarla a miles de kilómetros de las costas europeas, más allá del horizonte, daba a los británicos de principios del siglo XIX una extraña sensación de placidez. Para los británicos que acudían en masa a las concentraciones abolicionistas, abarrotaban las iglesias no conformistas o hacían cola para firmar peticiones proabolición, era fácil pensar que su curiosidad e indignación, que la ofensa a su religiosidad, estaban motivadas por un hecho completamente extraño; era reconfortante imaginar la esclavitud como un fenómeno tan remoto en el plano cultural como en el geográfico. Conseguir el merecido final de la esclavitud contribuyó a convencer al pueblo británico de su propia valía y dignidad morales.

Después de 1838, el abolicionismo se convertiría en un poderoso elemento dentro de la campaña global de los británicos para convencer a todos los países del mundo de que debían abandonar su vinculación con la esclavitud y seguir el ejemplo del Reino Unido. De este modo, el sentimiento abolicionista que había arrancado en 1787 pasó a formar parte del imperialismo cultural británico durante el siglo siguiente. Al mismo tiempo, los británicos pronto olvidaron su papel protagonista en la promoción de la esclavitud a ambas orillas del Atlántico durante dos siglos: el lobo esclavizador del siglo XVIII se convirtió en el pastor abolicionista del siglo XIX.

El final de la trata de esclavos en 1807 no acabó con la esclavitud en las colonias. Tendrían que pasar otros treinta años hasta que los británicos, por fin, liberasen a los esclavos. El cuáquero abolicionista (y posteriormente cartista) Joseph Sturge explica en sus memorias (1864) la razón por la que transcurrió tanto tiempo entre la abolición y la emancipación:

> Más de una vez se ha comentado lo extraño que resulta que se hubiera permitido un intervalo tan largo entre la abolición de la trata de esclavos y cualquier intento serio de extinguir la esclavitud. El primer acontecimiento se produjo en 1808, y no fue hasta 1823 cuando el señor Buxton presentó ante la Cámara de los Comunes la primera resolución jamás tramitada en esa asamblea encaminada a cuestionar, aun de forma muy cauta, la legalidad de la esclavitud de los negros. Sin embargo, son varias las razones a las que se puede atribuir esa relativa inacción, entre las cuales no es la menos importante el hecho de que, durante el susodicho período, la opinión pública estaba tan absorta en el terrible conflicto que enfrentaba a este país con Francia, y en las desastrosas consecuencias de él derivadas, que le quedaba poco tiempo e ímpetu que dedicar a otras cosas. Pues he ahí uno de los muchos amargos frutos de la guerra, ya que esta tiende a hacer que las naciones se tornen egoístas y aparten su mente de toda medida, en pro de las mejoras internas o de las reformas filantrópicas, en beneficio del absorbente y apasionante cuidado de su propia seguridad o gloria. Mientras el país se desangraba por todas partes o yacía exhausto por las heridas causadas durante veinte años de contienda, ¿cómo iba a satisfacer las simpatías de la gente por una desdichada y despreciada raza cuyas calamidades, por duras que fuesen, difícilmente podían considerarse superiores a las propias? Tampoco parece, desde luego, que los excelentes hombres que durante tanto tiempo y con tanto éxito trabajaron para que el tráfico de personas quedara proscrito por la ley y por la opinión pública contemplaran la emancipación inmediata como algo practicable o

seguro aunque, sin duda, esperaban que la abolición de la trata de esclavos habría de conducir finalmente, y tras un necesario y muy gradual proceso, a la erradicación de la esclavitud. Así pues, sus primeros empeños tras la victoria de 1807 se limitaron a conseguir toda la legislación suplementaria que se estimase necesaria para impedir el incumplimiento de lo dispuesto en la Ley de Abolición. Y en verdad que quedaba todavía mucho que hacer en ese sentido. En efecto, dado que el delito de importar esclavos a los reales dominios, cosa prohibida en virtud de aquella ley, solo era punible con penas pecuniarias y confiscaciones, pronto se descubrió que muchos súbditos británicos, dispuestos a arriesgarse a tales sanciones a cambio de los pingües beneficios obtenidos, seguían dedicándose a la trata. Para poner fin a esto, el señor Brougham presentó en 1811 un proyecto de ley que se tramitó en ambas cámaras del Parlamento, mediante el cual la trata de esclavos se calificaba como delito grave, enfrentándose el delincuente a 14 años de destierro o a cinco años de presidio. Pero incluso esta ley, admirable y eficaz a la vista de su resultado general, seguía dejando abierto un coladero para el incumplimiento puesto que uno de sus artículos dejaba fuera de su jurisdicción la trata de esclavos intercolonial. Con el fin de corregir los abusos originados por esta excepción, se aprobó la ley de Registro de Esclavos en 1819, sobre todo gracias al esfuerzo infatigable del señor Stephen. Tampoco fue un avance menor el hecho de que, gracias a la influencia ejercida por el partido antiesclavista de Inglaterra –representado a la sazón por el señor Zachary Macaulay–, se incluyera en el Tratado de Viena un artículo en el que se condenaba solemnemente la trata de esclavos y que, además, obligaba a las grandes potencias firmantes del texto a colaborar en su extinción.

Dedicados, pues, a la consolidación y extensión del triunfo logrado contra la infame actividad de la trata, los antiesclavistas tuvieron que esperar durante muchos años viendo cómo la otra parte del problema seguía en suspenso. Sin embargo, la atención se fue centrando de forma gradual en las condiciones de los esclavos de nuestras colonias de las Indias Occidentales.[120]

La primera tarea que afrontaron los abolicionistas después de 1807 fue la de convencer a los demás países marítimos europeos de la necesidad de la abolición internacional de la trata de esclavos. El poder del abolicionismo británico influyó claramente en los debates diplomáticos de las diversas sesiones del sistema de congresos celebrados entre 1814 y 1822, tal como se observa en esta carta, fechada el 25 de octubre de 1814, enviada por lord Castlereagh a lord Liverpool:

Viena

Milord:

Juzgo oportuno poner en conocimiento de su señoría que, no obstante las repetidas proposiciones del duque de Wellington acerca de esta cuestión en París, y a pesar de mis quejas presentadas aquí al príncipe Talleyrand, todavía no he recibido respuesta alguna a mi nota oficial del día 8 del corriente en relación con la trata de esclavos.

Cuanta más ocasión tengo de observar la actitud de las potencias extranjeras sobre la cuestión de la abolición, más percibo la

---

[120] Joseph Sturge: *Memoirs*, 1864.

sensación de los perjuicios resultantes no solo para los intereses del problema en sí mismo, sino para nuestras relaciones exteriores en general, debido a la exhibición de impaciencia popular excitada y mantenida en Inglaterra respecto a este asunto.

Es imposible persuadir a las naciones extranjeras de que este sentimiento no está contaminado de intereses colonialistas, y sus gobiernos, que pueden ponderar mejor los motivos reales y virtuosos que nos guían en este asunto, ven en la impaciencia de nuestra nación un poderoso instrumento a través del cual esperan, en el momento oportuno, forzar al Gobierno británico a ceder en relación con algún otro objetivo político.

Soy consciente de que hemos cumplido un deber insoslayable, dadas las circunstancias en que nos hemos visto, al presentar a los gobiernos francés y español nuestras propuestas, pero estoy aún más convencido de que, en este momento, estaríamos más cerca de nuestro objetivo si al Gobierno se le hubiera permitido perseguirlo con sus medios ordinarios de influencia y persuasión, en vez de verse en la coyuntura de tener que comprar concesiones en esta materia a costa de casi cualquier sacrificio.

Será mi deber tanto como mi orgullo personal hacer todos los esfuerzos posibles en la persecución de este objetivo, pero no puedo dejar de pensar que la manera como los esfuerzos del Gobierno sobre este asunto fueron recibidos el año pasado, y la frialdad, o incluso el tono de desaprobación con que los más eficientes acuerdos encaminados a una abolición final fueron recibidos tanto en el Parlamento como en el país, no han favorecido nuestros medios para cumplir con nuestras obligaciones públicas sobre esta cuestión ni sobre cualquier otra cuestión de política exterior.

[...]

Su señoría está lo suficientemente informado de cómo están aquí las cosas hasta ahora como para ser consciente de que me habría sido imposible sacar este tema a debate. Aprovecharé la primera ocasión favorable para hacerlo, pero, debido a las razones que he expuesto, preferiría no aventurar una decisión mientras las cuestiones principales de naturaleza política no avancen, al menos, hacia una decisión.[121]

Tras la abolición de la trata en 1807, la actividad de los misioneros se volvió más impactante e influyente gracias a la conversión generalizada y sistemática de los esclavos del Caribe. Sin embargo, aquellos predicadores se enfrentaban a una tarea desalentadora, tal como se refleja en estas instrucciones de la Missionary Society a sus misioneros destinados en las Indias Occidentales en 1812: había que convertir, pero sin perturbar el equilibrio social de las colonias esclavistas:

> Vais a predicar el Evangelio a unos pobres africanos esclavizados por el hombre. Los han arrancado de su país natal y los han rebajado a una condición vil y degradante. Como tales, serán objeto de vuestra misericordia, mas no los visitáis para liberarlos de su condición servil, pues eso no está en vuestra mano. Ni sería apropiado, sino muy erróneo, insinuar cualquier cosa que los pueda tornar descontentos con su estado de servidumbre o los pueda mover a tomar medidas perjudiciales para sus amos: ello malograría el objetivo de vuestra misión y suscitaría un rechazo tal que acabaría impidiendo muchas otras misiones. Aquellas pobres

---

[121] Vincent Harlow y Frederic Madden (eds.): *British Colonial Developments, 1774-1834, Select Documents*, Oxford, 1953, pp. 550-551.

criaturas son esclavas en un sentido mucho peor: son esclavas de la ignorancia, del pecado y de Satán, y vosotros vais allí a rescatarlas de esa infeliz condición mediante el Evangelio de Cristo.[122]

Abolida la trata, pronto llegó el registro de esclavos: un censo de todos los esclavos de las colonias. El objetivo consistía en llevar a cabo un seguimiento de la población esclava y verificar que no se realizaban importaciones ilícitas, tal como lo resume en sus memorias (1859) George Stephen, abolicionista y fundador del Agency Committee:

16 de septiembre de 1854

Mi estimada señora:

El principio del registro de esclavos consistía en la identificación de todo esclavo mediante su edad, sexo, estatura, país de origen, marcas y características personales. Todas esas circunstancias distintivas se debían registrar en libros públicos, bajo la supervisión y responsabilidad de funcionarios públicos asignados especialmente a esa tarea. Los nacimientos y las defunciones también se debían registrar, y tal registro sería indispensable como prueba del título de propiedad (por así llamarlo) de esa persona. La falsificación del registro se habría de dificultar, aunque nunca imposibilitar, mediante el envío anual de un duplicado a una oficina central de Londres.

Es obvio que tal sistema impediría, en buena medida, la adquisición ilícita de esclavos mediante el contrabando. No acabaría completamente con ella porque, ocultando las defunciones de una

---

[122] *Ib.*, p. 549.

hacienda, fraude nada difícil, cada vacante se cubriría con nuevas importaciones, siempre y cuando se encontrasen nuevos esclavos que coincidieran, en líneas generales, en cuanto a sexo, edad y aspecto con el fallecido. Ese tipo de fraudes se cometieron con mucha profusión, sobre todo en Mauricio, hasta el último día de vigencia de la esclavitud. Con todo, y en general, el sistema de registro aplicado en su totalidad funcionó bien y contribuyó mucho más que cualquier medida punitiva al cumplimiento total de las leyes de abolición de la trata de esclavos.[123]

Cuando el ataque a la esclavitud se reavivó en la década de 1820, lo hizo incorporando una crítica –cada vez más convincente– desde el punto de vista económico. Las condiciones privilegiadas de las que gozaba el azúcar de producción esclava, el emergente éxito de las ideas librecambistas y la oferta de azúcar cultivado por mano de obra libre en otros lugares contribuyeron a reforzar este argumento. A continuación vemos la argumentación de James Cropper, el cuáquero abolicionista, en una carta dirigida a Wilberforce en 1821:

> Liverpool, 3 del 5.º mes de 1821
>
> Respetado amigo William Wilberforce:
> 1. Sé que todo cuanto tenga que ver con la gran causa que es el objeto de mi carta será disculpa suficiente para el hecho de dirigirme a vos.

---

[123] George Stephen: *Anti-Slavery Recollections,* 1859.

2. En primer lugar, debería exponer que me dedico al comercio con las Indias Orientales y que, por tanto, tengo interés en esa medida que probablemente llegue pronto al Parlamento relativa a un incremento de los derechos aduaneros al azúcar de las Indias Orientales, y contra la cual los comerciantes afectados aquí han enviado una petición a la Cámara. Sin embargo, en su petición no introdujeron nada respecto a su influencia en la trata de esclavos.

3. Cuando se inició el comercio con las Indias Orientales, creo que se estaba probando un gran experimento: el de la libre competencia entre los productos de Oriente cultivados por *hombres libres* y los cultivados en Occidente por *esclavos*. Del resultado de aquella competencia, incluso con las trabas impuestas al azúcar consistentes en una diferencia de 10 chelines por quintal en el arancel, yo no albergaba duda alguna, pues estaba convencido de que el cultivo a manos de hombres libres, en su propio país de nacimiento, habría de ser mucho más barato que transportar esclavos desde África hasta las Indias Occidentales. El alto coste de los fletes, junto a otros impedimentos causados por la cédula de constitución de la Compañía de las Indias Orientales, impedía la competencia con los artículos voluminosos, pero ya habíamos visto los efectos en el caso del índigo: la introducción de ese cultivo en Bengala es reciente, mas actualmente se ha dejado de cultivar en otros lugares, en gran medida debido, sin duda, a lo barata que resulta su producción allí. Con estas premisas, no dudé en introducirme a fondo en el mercado de las Indias Orientales que, aunque ahora está sobreexplotado hasta el punto de no ser ya rentable, a este respecto, para mí, no ha sido una decepción. Las importaciones de algodón han reducido notablemente los precios de este producto, lo cual ha contribuido a extender su consumo, hasta el punto de que, desde el comienzo de dichas importaciones,

las manufacturas de algodón de Gran Bretaña han aumentado casi un 50 por ciento.

4. Aparte de esta gran ventaja, hay una que los amigos de la humanidad considerarán aún más importante, a saber, que el precio del algodón probablemente se reducirá tanto (si no lo ha hecho ya) de aquí a un plazo de tiempo no muy lejano que no compensará importar más esclavos. Un amigo mío, que ha estado recientemente en América, afirma que los hacendados le dijeron que la caída de los precios no es del todo un quebranto para ellos, puesto que así tienen menos necesidad de explotar con dureza a los negros y, de ese modo, estos proliferarían más rápido. Parece, pues, que un precio bajo puede ser rentable si se trata bien a los negros, aunque podría no ser rentable si de ellos se hace un abuso tal que exija un suministro continuado de nuevos negros. Los esclavos de América están proliferando rápidamente y el bajo precio del algodón va a acelerar esa proliferación, de manera que, con la contribución del suministro procedente de la India, cuando vuelvan a tener allí buenas cosechas (vienen de tener dos malas seguidas), cabe esperar que pronto, si es que no se ha producido ya, también se pondrá fin, de una vez por todas, a la importación de esclavos para el cultivo de ese producto.

5. En este país se viene consumiendo cada vez más el azúcar de las Indias Orientales y, aunque el volumen total sigue siendo una bagatela, a la vista de lo que ha sucedido con el índigo y el algodón, no es de extrañar que los comerciantes y hacendados de las Indias Occidentales estén alarmados y pidan más protección, pues estoy convencido de que, si se permitiera una competencia justa mediante una reducción arancelaria –o una completa igualdad–, el sistema actual, en la medida en que puede impedir el crecimiento natural de la población esclava, habría de verse alterado. Solo los

precios altos pueden sostener la trata de esclavos; solo los precios altos, que son la causa de la sobreexplotación de los esclavos, pueden hacer que dicha trata sea necesaria. Se dice ahora que la población esclava de América está aumentando a razón del cuatro por ciento anual, pero yo creo que nuestras importaciones desde las Indias Occidentales no muestran un crecimiento que indique tal aumento allí. Una caída de los precios del azúcar podría tener ese efecto en las Indias Occidentales.

6. Cabría preguntar por qué los hacendados de las Indias Occidentales reclaman un aumento en los aranceles que gravan el azúcar de las Indias Orientales. Ellos desean, sin duda, bien subir el precio del azúcar, bien impedir su caída. ¿Y cómo es posible que, a pesar de la inmensa diferencia en las distancias que tienen que recorrer, con una diferencia de 10 chelines por quintal a su favor, sigan temiendo la competencia del azúcar procedente de las Indias Orientales? ¿No es ello un claro reconocimiento de que su sistema de cultivo no puede existir a menos que se sostenga gravando al país con impuestos? Resulta evidente que existe un nivel de precios necesario para sostener el cultivo a manos de esclavos sometidos a un trato que impide el aumento de su población y que puede requerir el suministro de nuevas importaciones. Con un nivel de precios inferior, el cultivo esclavista puede continuar, no así la importación de esclavos, y el algodón parece que se está acercando a dicho nivel. Sin embargo, en América, donde el cultivo de azúcar ha comenzado, se dice (sin discrepancia de opiniones) que se paga muchísimo mejor que el algodón, y de ahí deduzco que el azúcar todavía no se está acercando a ese punto. Creo que debe de existir un punto todavía más bajo llegado el cual todo sistema esclavista debe abandonarse. ¿No han llegado a ese punto los cultivos y manufacturas de este país? ¿Quién se haría cargo aquí

de miles de hombres si se le ofrecieran a cambio de nada? Se ha calculado que una familia que se sostenga por sus propios medios con 18 chelines semanales, si tuviera que mantenerla nuestra casa de trabajo parroquial, costaría 28 chelines semanales. En tales circunstancias, ¿cómo podría existir la esclavitud en este país si fuese legal? ¿No es razonable concluir que, mientras un hombre tenga un precio, la producción no alcanzará su precio más bajo y que, mientras ese hombre tenga un precio elevado, existirá al menos la gran tentación de quebrantar las leyes que impiden su importación?

7. Estoy convencido de que, si no fuera porque la cédula de la Compañía de las Indias Orientales nos dejó fuera del intercambio con aquel país, la trata de esclavos africanos hace tiempo que habría dejado de existir (o ni siquiera habría comenzado) y, si se la somete a la libre competencia, ya no podrá continuar mucho más tiempo.

8. Es, sin duda, un gran provecho para este país proveerse de azúcar a bajo precio. ¿Y qué ofrecen los hacendados de las Indias Occidentales al pueblo de Inglaterra como incentivo al abandono de tal ventaja? ¿Acaso es la continuidad de la explotación de los negros, cosa que retardará el crecimiento de su población e impedirá la bajada gradual de su precio y acabará con la tentación de importarlos? Sin duda que al pueblo inglés no se le debe gravar manteniendo alto el precio de un producto que podría contribuir a mantener ese infame tráfico.

9. La trata de esclavos en la costa de África ha alcanzado últimamente una extensión tremenda, y vanos e infructuosos habrían sido nuestros empeños por abolir dicha trata (por lo menos en cuanto a su extensión, pues otros hay que pueden realizarla) si al pueblo de Inglaterra se le ha de gravar con unos precios altos por el azúcar, cosa que no puede tener más utilidad que la de sostener

dicha trata. No tenemos más que despejar el camino, en vez de poner nuevos obstáculos y, entonces, podremos esperar una reducción de los precios del azúcar, al igual que ya ha sucedido con el algodón y otros productos similares.

10. Ahora que las opiniones ilustradas han condenado, de forma casi universal, los sistemas de restricción y prohibición del comercio internacional, ¿está justificado que sigamos incrementándolos, especialmente cuando ese arancel aplicado en este país puede contribuir a sostener tan infame tráfico?

11. No cabe duda de que los hacendados de las Indias Occidentales conciben su proposición como una prohibición. Y, si es así, reclaman al Gobierno que sacrifique casi 50 000 libras al año, cantidad que corresponde a la diferencia existente entre los aranceles tributados por el azúcar de las Indias Orientales y el de las Occidentales.

12. Si estas consideraciones son correctas, y espero que por lo menos sean merecedoras de estudio, la cámara legislativa debería hacer una pausa y reflexionar a fondo antes de adoptar el proyecto propuesto. Toda persona de buena voluntad debe regocijarse ante la perspectiva que se nos presenta y debe estar más dispuesta a acelerar que a entorpecer ese curso de acontecimientos que parece ocasionar estos cambios, partiendo de una base más sólida que cualquier ley o prohibición.

Se despide con todos los respetos vuestro amigo,

J. C.[124]

---

[124] James Cropper, carta a William Wilberforce, día 3 del 5.º mes de 1821, en *Letters Addressed to William Wilberforce*, Londres, 1822.

Por mucho que intentara evitarlo, el *lobby* de las Indias Occidentales acabó dándose cuenta a principios de la década de 1820 de que su poder estaba en retroceso. A continuación reproducimos las actas de junio de 1823 del West India Committee –otrora una voz poderosa– en las que reconocen la menguante influencia de los hacendados y tratantes en Gran Bretaña:

> Además de cualquier incentivo a tomar ese camino, es manifiestamente fundamental para la tranquilidad pública de las colonias que los negros respeten a quienes ejercen autoridad inmediata sobre ellos, y no al Parlamento británico, al Gobierno británico, a la opinión pública británica –como sus protectores– y a los responsables de cualquier concesión o beneficio que se les pueda otorgar pues, si toda severidad o castigo ha de atribuirse a los señores afincados, también a ellos habrá de atribuirse la gracia y el mérito que correspondan a los actos de generosidad.
>
> Si las cámaras legislativas coloniales no toman ese camino, esta comisión no puede esperar más que constantes y enconados debates en la Cámara de los Comunes, que no dejarán de poner en peligro la seguridad de las colonias y, en última instancia, algún acto de interferencia por parte del Parlamento británico, a lo que el gobierno se verá inevitablemente arrastrado por la fuerza de la opinión pública.
>
> Mientras tanto, ninguna cuestión que afecte a las Indias Occidentales, ni siquiera las relativas a aspectos puramente comerciales [y solicitudes de desgravación], será atendida favorablemente, ni siquiera con justicia, por parte del conjunto de la opinión pública británica. Se ha anunciado que se va a renovar la proposición de

igualar los aranceles al azúcar de las Indias Orientales con el de las Indias Occidentales, pese a contar con el rechazo de una gran mayoría, y cualquier irritación futura de la opinión pública podría causar un giro fatal en la decisión del Parlamento [...].

Es ocioso ocultar el hecho de que las diversas facciones que, por diferentes motivos, son hostiles a los intereses de las Indias Occidentales son, cuando menos, tan cautas y actúan con una organización mucho más amplia, y con mayores medios de influencia en la opinión pública, que los propietarios y comerciantes relacionados con las colonias. Todos los ministros han de depender, en mayor o menor medida, de la opinión pública y del Parlamento y, por lo tanto, estarán tan dispuestos a congraciarse con ellos como con nosotros. Así pues, no podemos vencerlos por la vía de la influencia: debemos confiar en la razón, y la única manera de apoderarnos de esa arma consiste en hacer por nuestra cuenta todo cuanto sea apropiado, y hacerlo de forma rápida y eficaz.[125]

La postura de los hacendados y tratantes se debilitó en parte por los datos revelados por los registros de esclavos. Era patente que la población esclava de las islas estaba en declive. Los abolicionistas asumían que tal declive era el resultado directo de los rigores padecidos por la mano de obra esclava en las explotaciones azucareras. Ese es el argumento esbozado a continuación por James Stephen, el abolicionista y miembro de la secta de Clapham, en su obra *Slavery Delineated* (1830):

---

[125] Harlow y Madden: *op. cit.*, pp. 557-559.

El mejor criterio para conocer si son buenas o malas las condiciones de las clases trabajadoras de cualquier país podemos hallarlo en el incremento o disminución de su número [...]. Tal es la superfecundidad de la especie humana, y más aún entre quienes trabajan la tierra, que una rápida proliferación puede ser compatible con los grandes sacrificios y privaciones, como me temo que sucede en muchas partes de Inglaterra en esta época. Pero que las condiciones de aquellos son pésimas se puede deducir con certeza, pues la capacidad reproductiva de la naturaleza, a pesar del clima propicio a su constitución, se ve tan debilitada que su número desciende sobremanera.

Las emigraciones, las hambrunas o las destructivas guerras pueden, sin duda, constituir excepciones a esta regla, mas de esas causas de despoblación los esclavos de nuestras colonias azucareras están mayormente exentos. Se les impide la emigración voluntaria; ahora, igual que antes de la abolición en general, la ley los protege frente a los traslados forzosos; no tienen que prestar servicio militar alguno, más que a pequeña escala y en muy raras ocasiones, y tampoco se tiene conocimiento de ninguna hambruna que se haya producido en ninguna colonia en muchos años. Aun así, el descenso numérico entre los esclavos prediales siempre ha sido lamentablemente alto y excede siempre cualquier magnitud de la misma calamidad que se pueda hallar en cualquier otro lugar y en circunstancias normales a lo largo de la historia de la humanidad. Durante estos últimos seis años, que son los abarcados por los datos oficiales presentados ante el Parlamento, es decir, entre 1818 y 1824, la disminución es de un tres por ciento.

Mas estos datos generales ofrecen una imagen muy insuficiente de la pérdida de negros de campo comunes porque, en ellos, se incluyen los domésticos de toda clase, los esclavos empleados en diversas ocupaciones en las ciudades y puertos, los artesanos o menestrales y los capataces negros de las plantaciones, que no están forzados ni sobreexplotados, y entre los cuales es notorio, sobre todo en el caso de los domésticos, que se da una gran longevidad y un considerable crecimiento natural de la población. Sería muy interesante e importante discriminar los datos conforme a esas categorías diferentes de esclavos.

Que la disminución numérica se produzca de forma preeminente o exclusiva entre los negros de campo no demuestra, necesariamente, que el exceso de trabajo sea la causa de la pérdida de población. Las condiciones y el trato que allí reciben puede ser, en otros aspectos, malos y perjudiciales, pero, si esa misma calamidad se produce solo en las colonias azucareras, donde se reconoce que el trabajo forzado es el más severo, y es proporcional a las cantidades de producción de azúcar; si no se observa merma alguna, sino que, al contrario, se da un aumento de la población esclava bajo condiciones iguales o más favorables allí donde no se cultiva ese producto y, por lo tanto, el trabajo es menos severo, y si allí donde no existe el trabajo forzoso en absoluto, la misma raza, en el mismo clima, se multiplica con gran rapidez, entonces no cabe duda de que debemos, en buena razón, achacar esa calamidad a aquella causa particular.[126]

Al igual que en la década de 1790, las mujeres abolicionistas se convirtieron en una poderosa arma para el ataque final a la esclavitud. Durante las décadas de 1820 y 1830, llegaron al Parlamento miles de peticiones femeninas

---

[126] James Stephen: *Slavery Delineated*, 1830.

firmadas por decenas de miles de mujeres. Muchas de ellas eran fruto de una profunda indignación ante las violaciones que sufrían las mujeres esclavas. El siguiente fragmento pertenece a una petición femenina enviada desde Birmingham en 1833:

> No pueden dejar de dirigirse a vuestra honorable Cámara por una causa que tanto afecta al honor y el bienestar de tantas otras de su mismo sexo. Y si en este acto alguien creyera que el celo de estas vuestras peticionarias las ha llevado a sobrepasar los límites dentro de los cuales se suele circunscribir y emplear con recato la influencia femenina, esperan que ello no se atribuya a una falta de sentido del deber por parte suya o de esa honorable Cámara, sino a un sentido aún más hondo del deber para con una parte tan grande de sus compatriotas.[127]

A algunos observadores los sorprendía que muchos grupos abolicionistas femeninos –como el que describe aquí la cuáquera Jane Smeal a su amiga abolicionista Elizabeth Pease en Glasgow, en 1836– fueran sostenidos no por las mujeres adineradas, sino por mujeres de clase trabajadora y clase media:

> Las féminas de esta ciudad que disponen de mucho tiempo de ocio para dedicarlo a causas filantrópicas creo que son muy numerosas, pero, infelizmente, no son de esa clase las que participan

---

[127] Extraído de Claire Midgley: *Women Against Slavery: The British Campaigns,* Londres, 1992, p. 97.

de modo activo en esta causa, ni tampoco las nobles, las ricas ni las instruidas se hallan entre las que defienden o respaldan nuestro empeño [...]. Nuestras suscriptoras y miembros más eficientes pertenecen todas ellas a las clases medias y trabajadoras, pero muestran gran celo y colaboran con mucha armonía.[128]

Las noticias que llegaban de las Indias Occidentales durante las décadas de 1820 y 1830 desempeñaron un papel fundamental a la hora de sumar cada vez más apoyos a la causa de la liberación de los negros. Las rebeliones de los esclavos y los relatos de los misioneros que operaban entre ellos endurecieron la postura de los británicos contra la esclavitud. Este alegato de 1833 enviado por William Knibb, misionero destinado a Jamaica, ejemplifica el típico llamamiento de los misioneros al pueblo británico en favor de los esclavos de las Indias Occidentales:

> Durante casi ocho años, he caminado por la isla de Jamaica, quemada por el sol y maldita a causa de la esclavitud, tiempo durante el cual vuestra gratitud ha sido expresada a menudo ante el feliz conocimiento de que Dios bendecía los medios empleados. En casi todas las partes de Jamaica, se han establecido iglesias cristianas, que bien podrían rivalizar con cualquier otra del mundo en cuanto a la devota asistencia a los medios de gracia, y por el sencillo a la vez que ferviente celo de sus feligreses.
> Por valles y montañas, por calles y aldeas, han resonado los rezos y plegarias del africano a quien se le había enseñado que

---

[128] *Ib.*, p. 85.

Jesús murió para salvarlo, y los dulces y sencillos compases de la multicolor población esclava a menudo han hecho las delicias de nuestros oídos. El éxito ha llegado a vuestros misioneros de tal modo que parecía prometer el comienzo del milenio.

Mas no preciso decir que todo se ha perdido, que nuestras arpas han quedado colgadas de los sauces y que las voces de los rezos ya no se oyen por nuestras calles. Se ha hecho un satánico esfuerzo conjunto para erradicar toda religión; han destruido los santuarios de Dios con hachas y martillos, y el furioso grito «¡Arrasadla, arrasadla hasta los cimientos!» ha resonado por toda la isla. Así pues, sintiendo que el esclavo africano y criollo jamás volverá a disfrutar de las bendiciones de la instrucción religiosa, ni conocerá las bondades de ese evangelio que Cristo nos mandó predicar entre todas las naciones, y con el que tanto bendijo a Jamaica, a menos que la esclavitud se erradique, yo me presento como el irreductible e inagotable abogado de la emancipación inmediata.

[...]

En Jamaica, ese sistema enemigo de la vida se tambalea ya sobre sus cimientos, y sus defensores están confusos. La aprobación del proyecto de ley de reforma va a acelerar su destrucción, y confío en que los cristianos se unan a políticos y filántropos para remar todos juntos en la misma dirección, de modo que la Tierra se libre de esa maldición [...]. Y ahora, hermanos cristianos, estoy aquí como un débil e inservible defensor de 20 000 baptistas jamaicanos que no disponen de lugares de culto ni descanso dominical ni casas de oración. Y creo a ciencia cierta, y juro por mi fe, que a la mayor parte de esos 20 000 los azotarán cada vez que los sorprendan rezando. En compañía de esta raza tan agraviada he pasado la parte más feliz de mi vida, y mi espíritu sigue allí: ¡si pudiera, a la sombra de un árbol o sobre la cima de un monte, invitarlos a participar de

Cristo! Ruego por mi propia iglesia, en la que tengo 980 feligreses y 2500 candidatos al bautismo, en medio de una población de 27 000. Ellos rezan por vosotros; rezad vosotros por ellos. Por el camino de la oración hemos triunfado, debemos triunfar y triunfaremos. Dios es el redentor de los oprimidos, y los africanos no han de permanecer por siempre en el olvido.[129]

La Ley de Reforma de 1832 selló de forma efectiva el destino de la esclavitud. La nueva Cámara de los Comunes aceptó estas disposiciones, propuestas por Henry Stanley el 14 de mayo de 1833, para la emancipación inmediata:

1. Que es opinión de esta Comisión que se deben adoptar medidas inmediatas y efectivas encaminadas a la completa abolición de la esclavitud en todas las colonias, disponiendo la regulación de las condiciones de los negros de manera que se conjugue su bienestar con los intereses de los propietarios.

2. Que es oportuno que todo niño nacido tras la aprobación de cualquier ley, o que tenga menos de seis años en el momento de la aprobación de cualquier ley del Parlamento a tal efecto, sea declarado libre, sujeto no obstante a las restricciones temporales que se juzguen necesarias para su sustento y manutención.

3. Que todas las personas esclavas en este momento tengan derecho a registrarse como aprendices y a adquirir así todos los derechos y privilegios de la libertad, con sujeción a la obligación de trabajar para sus propietarios actuales bajo las condiciones y durante el plazo que establezca el Parlamento.

---

[129] *Memoirs of William Knibb*, 1849.

4. Que, para hacer frente al riesgo de pérdidas que puedan sufrir los propietarios establecidos en las posesiones coloniales de Su Majestad debido a la abolición de la esclavitud, Su Majestad podrá adelantar por la vía del préstamo, ejecutado periódicamente, una suma no superior a 15 millones de libras, que se devolverán de la manera y con los intereses que establezca el Parlamento.

5. Que Su Majestad podrá sufragar los gastos que se puedan generar para el establecimiento de una magistratura estipendiaria en las colonias y para ayudar a las cámaras legislativas a que sostengan la educación religiosa y moral de la población negra emancipada.[130]

---

[130] Harlow y Madden: *op. cit.*, pp. 587-588.

Epílogo

La esclavitud que sobrevivió

Cuando la gente tuvo noticia de la fundación en 1839 de Anti-Slavery International, heredera de la Sociedad Antiesclavista, muchos se mostraban desconcertados. ¿Qué sentido tiene hoy hacer campaña contra la esclavitud? No cabe duda de que la esclavitud desapareció hace mucho tiempo. Pero lo cierto es que, en el año 2006, cuando se escribe este libro, a esa organización le sobra trabajo en su lucha contra la esclavitud en diversos lugares del mundo. La pervivencia de la esclavitud es uno de los aspectos más desconcertantes de la historia de dicha práctica.

En los medios, no dejan de aparecer periódicamente informaciones sobre la esclavitud actual. Es un tema que hace poco ha llamado la atención de *National Geographic* y, a lo largo de los últimos años, no han parado de surgir en los medios de comunicación británicos artículos sobre la esclavitud contemporánea en Níger, en Ghana y en diversos países de Asia. Aunque esos relatos suelen causar asombro incluso entre los lectores bien informados, no son nada sorprendentes para los estudiosos de la esclavitud ni para aquellos que, como Anti-Slavery International, trabajan en el campo de la lucha contra la esclavitud y otros abusos.

Existe un gran problema, por lo menos en Occidente, que consiste en que nos hemos acostumbrado a pensar en la esclavitud basándonos exclusivamente en lo que sucedió en el ámbito atlántico, es decir, en el cruel destino que sufrieron los millones de africanos enviados a América. Sin embargo, tal como he intentado mostrar al principio de este libro, de la misma manera que existieron otras formas de esclavitud en otras partes del mundo mucho antes de que surgiera la trata de esclavos transatlántica, la esclavitud también sobrevivió mucho después de que se le pusiera fin en Brasil en el año 1888. En algunos lugares persistió como resultado directo del sistema atlántico. En África, la esclavitud se reforzó gracias a la trata transatlántica y, en muchos casos, sobrevivió debido a la continuidad de la voraz demanda de africanos en otras partes del mundo, especialmente en las sociedades islámicas, en donde los africanos eran objeto de compraventa y se transportaban como esclavos mucho antes y mucho después del comercio transatlántico.

La participación británica en la esclavitud experimentó una notable transformación a principios del siglo XIX. Durante el siglo anterior a 1807, los británicos habían sido los principales transportistas de africanos a través del Atlántico. Hasta 1838, las colonias británicas de las Indias Occidentales habían albergado a una de las comunidades esclavas más grandes de toda América. Sin embargo, todo aquello cambió, y cambió muy rápido.

Lo que los británicos y otros descubrieron a lo largo del siglo XIX, sobre todo cuando se embarcaron en una nueva fase de expansión imperial, fue que la esclavitud era omnipresente, igual que lo había sido antes del inicio de los imperios esclavistas en América. Pero entonces, a partir de la década de 1830, los británicos empezaron a actuar movidos por otro tipo de imperativo moral: un celo abolicionista que, en el siglo XIX, brillaba con tanta intensidad como había brillado su entusiasmo esclavista en el siglo XVIII. Los británicos no solo abolieron su trata de esclavos (1807) y sus sistemas esclavistas (1838), sino que, además, se embarcaron en una impresionante cruzada, que duró todo el siglo XIX y se prolongó hasta el XX, para lograr que todo el mundo siguiera su ejemplo. Los países de toda Europa, y de toda América después, comenzaron a recibir presiones para que adoptasen los principios y las prácticas antiesclavistas. Muchos de ellos, en especial los franceses, se quejaron de lo que consideraban un viraje repentino por parte de los británicos. ¿Qué autoridad moral tenían los británicos para sostener su recién adquirida actitud abolicionista? Sin embargo, las críticas de este tipo (que fueron muchas) no disuadieron a los británicos.

Estos no se contentaban solo con derribar los sistemas esclavistas importados a América. Allí donde los británicos se encontraban con sistemas esclavistas indígenas –en África, en la India o en Arabia–, también recurrían a la diplomacia y al poderío militar y naval para garantizar el cumplimiento de la abolición. La campaña antiesclavista británica fue global. En conjunto, los británicos acabaron pareciéndose a ese renacido evangélico que reniega de su pecaminoso pasado esclavista para abrazar el piadoso abolicionismo. Desde fuera, para muchos, todo aquello rezumaba huera hipocresía. Si observamos con perspectiva la historia de Gran Bretaña, efectivamente, aquella cruzada parece un giro de acontecimientos bien curioso, puesto que la promovía el mayor país esclavizador del siglo XVIII.

El antiesclavismo parecía triunfante. Durante el transcurso del siglo XIX los sistemas esclavistas de toda América fueron desapareciendo o colapsando. Solo pasaron cincuenta años entre el fin de la esclavitud británica y la abolición de la esclavitud en Brasil, el último país americano en erradicarla. Llegado el año 1888, la esclavitud había quedado barrida de toda América.

No obstante, en África no se podía decir lo mismo. Justo en el momento en que los americanos dejaron atrás su apetito de esclavos negros, puede que en África existieran más esclavos que nunca, incluso más que los que se habían transportado a través del océano durante toda la historia de la esclavitud transatlántica. Hasta qué punto los sistemas esclavistas africanos habían sido creados y perfeccionados por obra de la demanda externa –europeos, americanos y árabes– sigue siendo un tema de debate.

Sin embargo, lo que está fuera de toda duda es que siguió habiendo demanda de africanos en Arabia. Se siguió trasladando a africanos hacia el norte, desde el sur del Sáhara, por las rutas comerciales tradicionales, y también hacia el este, desde África oriental y el Cuerno de África hasta los mercados de esclavos de todo el mundo islámico. Desde Marruecos en el oeste hasta el corazón de Arabia (actual Arabia Saudí) en el este, los oficiales navales y los funcionarios consulares británicos intentaban detener la persistente demanda árabe de esclavos negros. Se trataba esta de una región en la que la esclavitud era muy anterior al sistema esclavista atlántico y en donde continuó mucho después de que este desapareciera. De hecho, sobrevivió durante más de un milenio, hasta llegar al siglo XX, y quizá haya capturado a más africanos que los que fueron engullidos por los barcos negreros del Atlántico.

Debido a un extraño giro de la historia, la esclavitud acabó reintroduciéndose en regiones del mundo occidental que llevaban siglos sin existencia de esclavos. Los historiadores han empezado recientemente a estudiar las formas de esclavitud que se establecieron en los regímenes dictatoriales de mediados del siglo XX. A primera vista, lo que sucedió en la Alemania nazi y en los países conquistados, o en los vastos territorios de la Rusia estalinista y sus estados satélite, podría parecer que queda muy lejos del tema de este libro, pero lo cierto es que hubo muchas semejanzas. Al principio tuve dudas cuando me topé con los argumentos que defienden que la esclavitud era un elemento básico y necesario de ambos regímenes tiránicos, sobre todo durante la Segunda Guerra Mundial. Me parecía que la Alemania nazi y la Rusia estalinista del período bélico se situaban en una posición cualitativamente distinta de la de los imperios esclavistas americanos. Hoy ya no estoy tan seguro, en buena medida debido a los impresionantes y convincentes estudios académicos que han revelado todos los detalles (y el horror) de la mano de obra esclava tanto en el imperio nazi como en el estalinista. Los desplazamientos violentos y masivos de gente, la reubicación de grandes comunidades y nacionalidades, los millones de presos destinados a trabajos forzados en condiciones brutales y, a menudo, indescriptibles..., todo ello era habitual en el momento álgido de aquellas tiranías. Además, las cifras, medidas en millones en ambos casos, son comparables a las cantidades enviadas en barco a través del Atlántico; por ejemplo, se cree que la Alemania nazi empleó a más de doce millones de trabajadores esclavos durante la Segunda Guerra Mundial, mientras que el número de personas enviadas a los campos de trabajo de Stalin (el Gulag) sigue sin conocerse, aunque no cabe duda de que fueron millones.

Las consecuencias de aquellos hechos acaecidos a mediados del siglo XX, cuando esos dos países europeos (ambos empleadores de mano de obra esclava) se destrozaron mutuamente, siguen planteando problemas políticos y legales para los actuales Estados alemán y ruso. Por las instituciones políticas de Berlín y Moscú siguen resonando las exigencias de reparación, de petición de perdón y de enmienda, además de la insistencia en el reconocimiento histórico. Por otra parte, y aunque con menos estridencia y fuerza (excepto tal vez en los Estados Unidos), otras voces similares han empezado a reclamar una respuesta parecida al daño causado a millones de personas por los antiguos imperios esclavistas del Atlántico. La esclavitud negra se ha convertido en uno de esos escasos fenómenos históricos cuyos ecos y ramificaciones históricos perduran hasta hoy. Cuantas más cosas descubrimos acerca de la esclavitud atlántica, menos parece que el tema vaya a desaparecer de las controversias políticas actuales o a regresar al lugar de donde salió: al discreto mundo del debate académico. El año 2007, segundo centenario de la abolición de la trata de esclavos británica, ofreció una ocasión apropiada para reflexionar sobre la historia de la esclavitud atlántica y sus notables consecuencias para los pueblos de tres continentes: América, Europa y África.

BIBLIOGRAFÍA

He incluido las sugerencias de lectura según el tema de cada capítulo. Para los lectores que deseen acceder a textos más especializados sobre la esclavitud, el mejor punto de partida es el anuario bibliográfico editado por Joseph Miller *et alii* en *Slavery and Abolition* (Routledge, Londres). La versión más reciente se puede encontrar en Thomas Thurston y Joseph C. Miller, «Slavery: Annual Bibliographical Supplement (2004)», en *Slavery and Abolition*, edición de Gad Heuman, Londres, vol. 26, núm. 3, diciembre de 2005.

Capítulo 1. La esclavitud en el mundo clásico

BUCKLAND, W. W.: *The Roman Law of Slavery*, Cambridge, 1908/1970.

BUSH, M. L. (ed.): *Serfdom and Slavery*, Londres, 1996.

FINLEY, M. I.: *Ancient Slavery and Modern Ideology*, Londres, 1980.
FINLEY, M. I. (ed.): *Classical Slavery*, Londres, 1987.
FISHER, N. R. E.: *Slavery in Classical Greece*, Londres, 1993.
WIEDEMANN, Thomas: *Greek and Roman Slavery*, Londres, 1981.

Capítulo 2. La esclavitud en la Europa medieval

BONASSIE, Pierre: *From Slavery to Feudalism in South-Western Europe*, Cambridge, 1991.
DOCKES, Pierre: *Medieval Slavery and Liberation*, Londres, 1982.
FLETCHER, Richard A.: *The Conversion of Europe*, Londres, 1997.
HELLIE, Richard: *Slavery in Russia*, Chicago, 1982.
HILGARTH, J. N.: *The Spanish Kingdoms, 1250-1516*, Oxford, 1978, 2 vols.
HILTON, Rodney: *Bondsmen Made Free*, Londres, 1977.
O'CALLAGHAN, Joseph F.: *The Learned King: the Reign of Alfonso X of Castille*, Filadelfia, 1993.
ORIGO, Iris: *The Merchant of Prato*, Harmondsworth, 1979.
PELTERET, David Anthony Edgell: *Slavery in Medieval England: from the Reign of Alfred until the 12th Century*, Woodbridge, Suffolk, 1995.

Capítulo 3. La esclavitud y el islam

HOLT, P. M., Ann K. S. LAMBTON y Bernard LEWIS (eds.): *The Cambridge History of Islam*, vol. II, Cambridge, 1970.

HUNWICK, John (ed.): *Sharia in Songhay*, Oxford, 1985.

LEWIS, Bernard: *The Muslim Discovery of Europe*, Londres, 1982.

MARMON, Shaun E. (ed.): *Slavery in the Islamic Middle East*, Princeton, 1999.

SEGAL, Ronald: *Islam's Black Slaves: the History of Africa's Other Black Diaspora*, Londres, 2001.

WILLIS, John Ralph (ed.): *Slaves and Slavery in Muslim Africa*, 2 vols., Londres, 1985.

Capítulo 4. Los orígenes de la esclavitud en el Atlántico

BLACKBURN, Robin: *The Making of New World Slavery*, Londres, 1997.

CURTIN, P. D.: *The Rise and Fall of the Plantation Complex*, Cambridge, 1990.

ELTIS, David: *The Rise of African Slavery in the Americas*, Cambridge, 2000.

LOVEJOY, P. E.: *Transformations in Slavery: a History of Slavery in Africa*, Cambridge, 1983.

PHILLIPS, W. D.: *Slavery from Roman Times to the Early Transatlantic Trade*, Manchester, 1985. [Trad. esp.: *La esclavitud desde la época romana hasta los inicios del comercio transatlántico* (trad. de Elena Pérez Ruiz de Velasco), Madrid, Siglo XXI de España Editores, 1989.]

POSTMA, Johannes: *The Dutch and the Atlantic Slave Trade*, Cambridge, 1990.

Capítulo 5. La aparición de los británicos

BECKLES, Hilary: *A History of Barbados*, Cambridge, 1990.

CANNY, Nicholas (ed.): *The Oxford History of the British Empire*, vol. I, *The Origins of Empire*, Oxford, 1998.

KLEIN, Herbert: *The Atlantic Slave Trade*, Cambridge, 1999.

PORTER, Andrew (ed.): *Atlas of British European Expansion*, Londres, 1991.

«Slavery in the Americas», en *William and Mary Quarterly*, vol. LIX, núm. 3, julio de 2002.

Capítulo 6. Los barcos negreros

ELTIS, David, *et al.*: *The Trans-Atlantic Slave Trade: a Database on CDROM*, Cambridge, 2000.

KLEIN, Herbert: *The Atlantic Slave Trade*, Cambridge, 1999.

«New Perspectives on the Atlantic Slave Trade», *William and Mary Quarterly*, vol. LVIII, núm. 1, enero de 2001.

RICHARDSON, David: «The British Empire and the Atlantic Slave Trade, 1660-1807», *Oxford History of the British*

Empire, ed. P. J. Marshall, vol. II, *Eighteenth Century*, Oxford, 1998.

Capítulo 7. El trabajo de los esclavos

AXTELL, James: *Beyond 1492: Encounters in Colonial North America*, Nueva York, 1992.

BURNARD, Trevor: *Mastery, Tyranny and Desire*, Chapel Hill, 2004.

CROSBY, Alfred W.: *Ecological Imperialism: the Biological Expansion of Europe, 900-1900*, Cambridge, 1991.

HALL, Douglas: *In Miserable Slavery: Thomas Thistlewood in Jamaica, 1750-1786*, Londres, 1992.

HIGMAN, B. W.: *Plantation Jamaica, Capital and Control in a Colonial Economy*, Kingston (Jamaica), 2005.

MEINIG, D. W.: *The Shaping of America: a Geographical Perspective on 500 Years of History*, vol. I, *Atlantic America, 1492-1800*, New Haven, 1986.

SCHWARTZ, Stuart: *Sugar Plantations in the Formation of Brazilian Society, Bahia 1550-1835*, Cambridge, 1985.

Capítulo 8. La resistencia de los esclavos

CRATON, Michael: *Testing the Chains: Resistance to Slavery in the British West Indies*, Nueva York, 1982.

HEUMAN, Gad (ed.): *Out of the House of Bondage: Runaways, Resistance and Marronage in Africa and the New World*, Londres, 1986.

HEUMAN, Gad, y James WALVIN (eds.): *The Slavery Reader* (parte 7, «Slave Resistance»), Londres, 2003.

PRICE, Richard (ed.): *Maroon Societies*, Nueva York, 1973.

Capítulo 9. La sociedad esclava

FREY, Sylvia R. y Betty WOOD: *Come Shouting to Zion*, Chapel Hill, 1998.

GOMEZ, Michael: *Exchanging our Country Marks*, Chapel Hill, 1998.

HEUMAN, Gad: *The Caribbean: a Short History*, Londres, 2006.

HEUMAN, Gad y James WALVIN (eds.): *The Slavery Reader* (parte 4, «Family, Gender and Community»), Londres, 2003.

ISAAC, Rhys: *Landon Carter's Uneasy Kingdom*, Nueva York, 2004.

MORGAN, Philip D.: *Slave Counterpoint: Black Culture in the Eighteenth-Century Chesapeake & Lowcountry*, Chapel Hill, 1998.

Capítulo 10. La abolición de la trata de esclavos

DAVIS, David Brion: *The Problem of Slavery in the Age of Revolution, 1770-1823*, Nueva York, 1975.

DRESCHER, Seymour: *From Slavery to Freedom: Comparative Studies in the Rise and Fall of Atlantic Slavery*, Nueva York, 1999.

Eltis, David y James Walvin (eds.): *The Abolition of the Atlantic Slave Trade*, Madison, 1981.

Hochschild, Adam: *Bury the Chains: The British Struggle to Abolish Slavery*, Londres, 2005.

Jennings, Judith: *The Business of Abolishing the British Slave Trade, 1783-1807*, Londres, 1997.

Oldfield, John: *Popular Politics and British Anti-Slavery*, Manchester, 1995.

Wise, Steven M.: *Though the Heavens May Fall: The Landmark Trial that Led to the End of Human Slavery*, Londres, 2006.

Capítulo 11. La liberación de los esclavos

Ferguson, Moira: *Subject to Others: British Women Writers and Colonial Slavery, 1670-1834*, Londres, 1992.

Green, William A.: *British Slave Emancipation: the Sugar Colonies and the Great Experiment, 1830-1865*, Oxford, 1976.

Midgley, Clare: *Women Against Slavery: the British Campaigns, 1780-1870*, Londres, 1992.

Turley, David: *The Culture of English Antislavery, 1780-1860*, Londres, 1991.

Turner, Mary: *Slaves and Missionaries: the Disintegration of Jamaican Slave Society, 1787-1834*, Urbana (Illinois), 1982.

WALVIN, James: *England, Slaves and Freedom, 1776-1838*, Londres, 1986.

WOOD, Marcus: *Blind Memory: Visual Representations of Slavery in England and America, 1780-1865*, Manchester, 2000.

DOCUMENTOS

En todo momento, he intentado citar documentación accesible en medios impresos. Los lectores que deseen profundizar en las fuentes documentales pueden comenzar por las siguientes recopilaciones, que han sido imprescindibles para este libro.

CRATON, Michael, James WALVIN y David WRIGHTS (eds.): *Slavery, Abolition and Emancipation*, Londres, 1976.

DONNAN, Elizabeth: *Documents Illustrative of the History of the Slave Trade to America*, Washington DC, 4 vols., 1930-1935.

KITSON, Peter J. y Debbie LEE (eds.): *Slavery, Abolition and Emancipation*, 8 vols., Londres, 1999.

MULLIN, Michael (ed.): *American Negro Slavery*, Nueva York, 1976.

ROSE, Willie Lee (ed.): *A Documentary History of Slavery in North America*, Nueva York, 1976.

AGRADECIMIENTOS

Jamás habría podido investigar ni escribir este libro sin la ayuda y el apoyo de numerosos colegas y amigos. Simon Winder, de Penguin, fue el primero que me metió la idea en la cabeza: espero que el resultado le parezca que ha valido la pena. Buena parte de las lecturas y tareas de investigación las realicé en tres bibliotecas que me han acogido y ayudado. En primer lugar, en La Trobe University, en cuyo Institute for Advanced Studies tuve el privilegio de trabajar como *fellow*. Su directora, Gilah Leder, y mi viejo amigo Alex Tyrrell tuvieron la amabilidad de hacer que mi estancia fuera agradable y productiva. En segundo lugar, James Horn, por entonces director de la Rockefeller Library de la Colonial Williamsburg Foundation, me permitió disfrutar de las instalaciones de aquella biblioteca. En tercer lugar, Andrew O'Shaughnessy, director del Jefferson's Studies Center de Kenwood, quien me permitió trabajar en Monticello (Virginia). Recibí gran ayuda de dos colegas de York: Rosemary Morris y Peter Rycraft. Ambos me orientaron indicándome importantes textos relativos a unas áreas que me resultaban desconocidas. Charles Walker, mi agente, ha vuelto a apoyarme de principio a fin. Estoy muy agradecido tanto a Chloe Campbell como a Anne Askwith por el excelente trabajo de corrección que han hecho con mi texto: su trabajo lo ha mejorado mucho. En todo caso, mi mayor deuda, como siempre, es con Jenny Walvin.

ÍNDICE

Introducción. Esclavitud y abolición 7

PRIMERA PARTE

LA ESCLAVITUD ANTES DE LA EDAD MODERNA 13

1. La esclavitud en el mundo clásico 15
2. La esclavitud en la Europa medieval 33
3. La esclavitud y el islam 47

SEGUNDA PARTE

LA ESCLAVITUD EN EL MUNDO ATLÁNTICO 57

4. Los orígenes de la esclavitud en el Atlántico 59
5. La aparición de los británicos 79
6. Los barcos negreros 107

TERCERA PARTE

AMÉRICA 139

7. El trabajo de los esclavos 141
8. La resistencia de los esclavos 169
9. La sociedad esclava 191

CUARTA PARTE

ABOLICIÓN Y EMANCIPACIÓN 215

   10. La abolición de la trata de esclavos 217
   11. La liberación de los esclavos 283

Epílogo. La esclavitud que sobrevivió 343

Bibliografía 353

Documentos 360

Agradecimientos 361